WESTEND

Für Gudrun.

Mit meinem Dank für das Interesse und jegliches Engagement

Herzlichst

[illegible]

6-11-2019

JEAN FEYDER

LEISTET WIDERSTAND!

Eine andere Welt ist möglich

Vorwort von Jean Ziegler

WESTEND

Mehr über unsere Autoren und Bücher:
www.westendverlag.de

Die Deutsche Nationalbibliothek verzeichnet diese Publikation in der Deutschen Nationalbibliografie; detaillierte bibliografische Daten sind im Internet über http://dnb.d-nb.de abrufbar.

MIX
Papier aus verantwortungsvollen Quellen
FSC www.fsc.org
FSC® C083411

ISBN 978-3-86489-200-4

Umschlaggestaltung: Buchgut, Berlin
Satz: Publikations Atelier, Dreieich
Druck und Bindung: CPI – Clausen & Bosse, Leck
Printed in Germany

Inhalt

Die sanfte Gewalt der Vernunft
Vorwort von Jean Ziegler

Bertolt Brecht schreibt: »Ja, ich glaube an die sanfte Gewalt der Vernunft über die Menschen. Sie können ihr auf die Dauer nicht widerstehen. Kein Mensch kann lange zusehen, wie ich einen Stein fallen lasse und dazu sage: er fällt nicht. Dazu ist kein Mensch imstande. Die Verführung, die von einem Beweis ausgeht, ist zu groß. Ihr erliegen die meisten, auf die Dauer alle..«

Jean Feyder ist ein außergewöhnlich talentierter Diplomat, ein brillanter Autor und ein starrköpfiger Realist. Er glaubt an die sanfte Gewalt der Vernunft, um diese kannibalische Weltordnung zu stürzen.

Jean Feyder war lange Jahre Botschafter des Großherzogtums Luxemburg beim europäischen Sitz der Vereinten Nationen und den anderen internationalen Organisationen in Genf. Er hat dort mit großer Sachkenntnis und viel persönlichem Mut einen politischen Einfluss ausgeübt, der in keinem Verhältnis stand zur diplomatischen, wirtschaftlichen Bedeutung seines Heimatlandes (Luxemburg hat eine Einwohnerzahl vergleichbar mit jener des Kantons Genf). Wenn er redete war es mucksmäuschenstill in dem freskenbemalten Saal der Welthandelsorganisation oder im Saal der »Allianz der Zivilisationen«, wo der UNO-Menschenrechtsrat tagt. Der chinesische Botschafter, die amerikanische Botschafterin hörten genau hin.

Jean Feyder tritt bescheiden auf. Seine intellektuelle Brillanz wirkt nie arrogant. Er redet leise, aber er war und ist – wie mir Siad Doualeh, der somalische Poet und Botschafter Djiboutis, oftmals versicherte –, die »Stimme der Menschen ohne Stimme«, »unser Mann«, »wir vertrauen ihm«.

Der Mann aus dem Kleinstaat Luxemburg besetzte in der multilateralen Diplomatie regelmäßig entscheidend wichtige Posten, zum Beispiel den Vorsitz des Rates für Handel und Entwicklung in der UNCTAD.

Alle fünf Sekunden stirbt auf unserem Planeten ein Kind unter zehn Jahren an Hunger oder seinen unmittelbaren Folgen. Der »World-Food-Report« der FAO, in dem die Zahl der Opfer zu finden ist, die von niemand bestritten wird, besagt, dass die Landwirtschaft heute 14 Milliarden Menschen – also fast das Doppelte der gegenwärtigen Weltbevölkerung – ernähren könnte. Das Problem ist nicht mehr fehlende Produktion, sondern fehlender Zugang zu Nahrung. Fazit: Ein Kind, das an Hunger stirbt, wird ermordet.

Wir leben unter der Weltdiktatur der Oligarchen des globalisierten Finanzkapitals. Vergangenes Jahr haben die 500 größten transkontinentalen Privatkonzerne über die Hälfte des weltweiten Bruttosozialproduktes kontrolliert. Diese Konzerne bestimmen zwar den wissenschaftlichen und technologischen Fortschritt, entziehen sich aber jeglicher sozialer staatlicher, parlamentarischer, gewerkschaftlicher Kontrolle. Es gilt nur ein einziges Prinzip: Die Profitmaximierung in möglichst kurzer Zeit und das häufig unter Missachtung der Menschenwürde.

Sie besitzen eine politische, ideologische, wirtschaftliche Macht, wie sie kein Kaiser, kein Papst, kein König je gekannt hat. In seiner Funktion in der UNCTAD versuchte Jean Feyder unermüdlich, Abkommen gegen den Zerfall der Rohstoffpreise durchzusetzen – für viele Völker der südlichen Hemisphäre eine Frage des Überlebens. Er machte sich zum Anwalt von asymmetrischen Wirtschaftsabkommen zwischen den Industrieländern und Dritt-Welt-Staaten (die Bevorzugung ärmerer Länder im internationalen Waren- und Kapitalverkehr), weil er wusste, dass ein ungehemmter globalisierter Freihandel die Industrialisierung und wirtschaftliche Entwicklung im Süden unmöglich macht.

Jean Feyder ist ein informierter, kluger, unbeugsamer Feind der neoliberalen Wahnidee. Sein Buch zeugt von seiner analytischen Potenz und Überzeugungskraft. Ich selbst habe als UNO-Sonderberichterstatter für das Recht auf Nahrung und später als Vizepräsident des beratenden Ausschusses des UN-Menschenrechtsrates schwierige Momente erlebt. Die Diffamierungskampagnen, welche einzelne Staaten gegen nicht genehme UNO-Mandatsträger führen, sind heftig und zuweilen unerträglich. In diesen schwierigen Momenten habe ich vom diplomatischen Talent und dem freundschaftlichen Rat von Jean Feyder profitiert. Dafür bleibe ich ihm zutiefst dankbar.

Ich habe mich oft gefragt, wie die außergewöhnliche Position von Jean Feyder im komplexen, konfliktgeladenen Universum der multilateralen Diplomatie zu erklären ist. Das Geheimnis, so scheint es mir, sind seine Allianzen. Jean Feyder ist eng befreundet mit Heiner Flassbeck, einer der ganz großen Wirtschaftswissenschaftler unserer Zeit. Flassbeck ist nicht nur einer der einflussreichsten, kreativsten Theoretiker, er war auch lange Jahre der prestigereiche Chefökonom der UNCTAD.

Gleichzeitig ist Jean Feyder ein enger Freund von Mamadou Cissoko. Mamadou Cissoko, den Feyder häufig in den Völkerbundpalast in Genf eingeladen hat, ist eine beeindruckende Erscheinung. Der über Siebzigjährige mit seiner unverkennbaren grauen Wollmütze auf dem mächtigen Schädel, seiner Intelligenz und Schlagfertigkeit, seinem schallenden Lachen ist ohne Frage der wichtigste Bauerngewerkschafter Afrikas. Von Haus aus Lehrer, hat er schon in jungen Jahren seinen Beruf an den Nagel gehängt und ist 1974 in sein Dorf Bamba Thialène, 400 Kilometer östlich von Dakar, zurückgekehrt und Bauer geworden. In den folgenden Jahrzehnten hat er mit ROPPA die mächtigste Bauerngewerkschaft Westafrikas aufgebaut. Unvergesslich bleiben die Sitzungen, in denen Mamadou mit zorniger Stimme im Völkerbundpalast den versammelten Botschafterinnen und Botschaftern den Kampf des ROPPA gegen den Landraub durch die Konzerne erläutert hat.

Jean Feyders Buch *Leistet Widerstand!* ist ein wichtiges und vor allem ein außerordentlich informatives Werk mit vielen präzisen Fallanalysen und faszinierenden Erlebnisberichten: Das Martyrium des palästinensischen Volkes findet ebenso Beachtung wie der anscheinend aussichtslose Kampf der Bauern in Nicaragua. Die kannibalische Weltordnung scheint für den Moment allmächtig. Aber die letzten Kapitel – ausgehend von der erneuten Lektüre der Werke von Stéphane Hessel und Eduardo Galeano – handeln von Hoffnung.

Hoffnung… Wir schulden Jean Feyder für seinen jahrzehntelangen Kampf und für dieses Buch Bewunderung und Dankbarkeit.

Denn zu Recht sagt Bertolt Brecht: »So viel ist gewonnen, wenn nur einer aufsteht und Nein sagt!«

Jean Ziegler ist Vizepräsident des Beratenden Ausschusses des UNO-Menschenrechtsrates und Autor des Buches *Der schmale Grat der Hoffnung* (C. Bertelsmann, 2017).

Einleitung

Ich habe 2012 in Genf meine Karriere im diplomatischen Dienst Luxemburgs abgeschlossen. In den sieben Jahren zuvor konnte ich Luxemburg bei allen dort ansässigen UNO-Organisationen vertreten, wie bei dem Menschenrechtsrat, der Weltgesundheitsorganisation (WHO), der Weltarbeitsorganisation (ILO), der UNO-Konferenz für Handel und Entwicklung (UNCTAD) und auch bei der Welthandelsorganisation (WTO). Die dort behandelten Aufgaben und Probleme waren mit bereits bestens bekannt, denn ich hatte zuvor als Direktor für Entwicklungszusammenarbeit in Luxemburg wertvolle Informationen und Erfahrungen über zahlreiche Themen sammeln können, die vor allem die Entwicklungsländer betreffen. Das Interesse für die Nord-Süd-Beziehungen hat mich mein Leben lang begleitet und, damit verbunden, der Widerstand gegen Hunger, Armut, Ausbeutung und Unterdrückung der Bevölkerungen in den Entwicklungsländern.

Die UNCTAD wurde dreißig Jahre vor der WTO gegründet als eine Organisation, die den Welthandel besser regulieren sollte. Sie entwickelte ein System der bevorzugten Behandlung ärmerer Länder sowie eine Reihe von Abkommen, um den Verfall der Rohstoffpreise aufzuhalten und Ländern, die von deren Export abhängen, ein angemessenes Einkommen zu sichern. Im Verlaufe der wachsenden Liberalisierung des Welthandels unter dem Impuls der Industriestaaten, wurde die UNCTAD dann in den 1980er Jahren mehr und mehr ins Abseits gedrängt zugunsten des Allgemeinen Zoll- und Handelsabkommens (GATT) und der 1994 gegründeten WTO. Sie lieferte dennoch immer wertvolle Berichte und war eine wichtige Plattform für kritische Diskussionen.

Mir wurde von 2009 bis 2010 bei der UNCTAD der Vorsitz des Rates für Handel und Entwicklung anvertraut. Dieser Rat hatte insbesondere die Aufgabe, den Fortschritt der Millenniums-Entwicklungsziele zu prüfen, die sich die UNO in Zusammenarbeit mit Vertretern der Weltbank, des IWF und des Ausschusses für Entwicklungshilfe der OECD zehn Jahre zuvor gesetzt hatte. Ich nutzte diese Gelegenheit, bedeutende Schwächen der Entwicklungsstrategie aufzuzeigen und diese auch in New York bei Sitzungen des UN-Wirtschafts- und Sozialrats (ECOSOC) klarzustellen – eine Strategie, die lediglich die Symptome der Armut behandelte, nicht aber deren Ursachen. Der Vorsitz dieses Rates erlaubte es mir, insbesondere auf die neoliberalen Handelsspielregeln aufmerksam zu machen, die arme Entwicklungsländer dazu gebracht haben, ihre Märkte zu früh zu öffnen und Kleinproduzenten und Kleinbauern einer existentiell ruinösen Konkurrenz der Industrieländer auszusetzen, die keine wirkliche Entwicklung zulässt.

Unser Rat befasste sich auch mit der humanitären Krise in Haiti, das Anfang 2010 von einem äußerst schweren Erdbeben erschüttert worden war. Ich wies immer wieder darauf hin, wie die Wirtschaft dieses Landes von den Liberalisierungsmaßnahmen zerstört wird. Ich erklärte etwa, dass Reis dort das wichtigste Nahrungsmittel sei und dass noch vor zwanzig Jahren die Kleinbauern in Haiti ihren gesamten Eigenbedarf selbst produzieren konnten. Diese Bauern mussten dann erleben, wie die strukturellen Anpassungsprogramme der Weltbank und des IWF es den USA erlaubten, ihren Reis zu Dumpingpreisen nach Haiti zu importieren, und heute 90 Prozent des Reismarktes für sich in Anspruch nehmen. So wurden die Kleinbauern mit ihren Familien aus dem Markt verdrängt und ihre Lebensgrundlagen zerstört. Für viele blieb nur die Abwanderung in die Slums von Port-au-Prince. Seit vielen Jahren fordert neben der Zivilgesellschaft insbesondere die UNCTAD eine Neuregulierung der Märkte der ärmsten Entwicklungsländer. Bis heute ohne Erfolg.

Bei der WTO hatte ich über vier Jahre den Vorsitz eines Unterausschusses für die am wenigsten entwickelten Länder inne. Während meiner Arbeit konnte ich mich davon überzeugen, dass diese Organisation weitgehend die Interessen der reichen Länder vertritt und unter dem Vorwand ihrer Integrierung in die Weltwirtschaft, die ärmeren Länder in eine falsche Richtung führt. Die WTO stellt die Anpassungsprogramme und die frühzeitige Liberalisierung der Volkswirtschaften von Entwicklungsländern in keiner Weise in Frage. Zusätzlich wurde es diesen Ländern verboten, ihren Bauern Subventionen zu zahlen, während die reichen Länder diese Praxis fortführen durften.

Die Entwicklungsländer wiederum wurden dazu gebracht, Produkte, vor allem Agrarrohstoffe, für den Export zu fördern. Gleichzeitig wurde die einheimische Nahrungsmittelproduktion mehr und mehr vernachlässigt und musste mit Importen ausgeglichen werden. Das führte zu Handelsdefiziten und erhöhten Schulden und schließlich zur Ausbreitung von Armut und Hunger.

Zurück in Luxemburg war es für mich eine logische Konsequenz, mich auf der Seite der Zivilgesellschaft für gerechtere Handelsspielregeln einzusetzen. Ich nahm meine Mitarbeit wieder bei der NGO »Action Solidarité Tiers Monde«, auf, die sich für andere, gerechtere Beziehungen mit den Bevölkerungen im Süden einsetzt. So wurde ich eingeladen, bei einer Plattform von Organisationen, unter ihnen unsere größten Gewerkschaften, mitzumachen, die TTIP und CETA ablehnt und für den Stopp der Verhandlungen eintritt. Bei diesen sollen Schiedsgerichte eingerichtet werden, die sich über das europäische Recht hinwegsetzen, die Demokratie in Europa aushöhlen und den multinationalen Konzernen einseitig Klagerechte zugestehen. Diese erlauben ihnen, gegenüber Staaten Entschädigungen bei diesen Gerichten einzufordern, wenn sie der Ansicht sind, Gesetzesänderungen hätten ihnen Profite entgehen lassen. Wichtige Errungenschaften, wie das Prinzip des Vorsorgerechtes werden in Frage gestellt. Privatisierung bedroht öffentliche Daseinsvorsorge. Unberücksichtigt bleiben die Interessen der Entwicklungsländer. Inzwischen wurde CETA unterzeichnet und den nationalen Parlamenten zur Ratifizierung zugeleitet. Der Widerstand der Zivilgesellschaft geht weiter.

Die aus Afrika kommenden Migranten werfen die Frage der Fluchtursachen dieser Menschen auf, die ihr Leben aufs Spiel setzen, um nach Europa über Lampedusa zu gelangen, wobei Tausende im Mittelmeer ertrinken. Die neoliberalen Entwicklungsstrategien, die den Entwicklungsländern aufgezwungen wurden, zählen zu den tieferen Ursachen für das Elend und die Perspektivlosigkeit, die Menschen dazu bringen, ihr Land zu verlassen. Die Fluchtursachen dieser Menschen sind direkt von den reichen Ländern des Nordens geschaffen.

Trotzdem wird die Frage der Fluchtursachen immer wieder völlig übergangen. So auch beim Migrationsgipfel, der 2015 in der maltesischen Hauptstadt Valletta unter Teilnahme vieler europäischen und afrikanischen Staats- und Regierungschefs stattfand. Hier ging es in der Hauptsache um die Zurückführung von afrikanischen Migranten, wozu die Europäer die Zusammenarbeit der Afrikaner einforderten und ihnen im Gegenzug Finanzhilfen anboten.

Schon seit längerer Zeit hatte ich beobachtet, wie die EU, unter der Führung von Jean-Claude Juncker, afrikanische Staaten mit großem Druck dazu brachte, die Verträge über die sogenannten Wirtschaftlichen Partnerschaftsabkommen (WPA) zu unterschreiben. Unter der Androhung von Handelsbeschränkungen, wurden die Länder gezwungen, ihre Märkte noch weiter zu öffnen, Zölle weiter herabzusetzen und auf unersetzliche Zolleinnahmen für ihre Erziehungs- und Gesundheitshaushalte zu verzichten. Diese Abkommen behindern den Aufbau einer eigenständigen Landwirtschaft und Industrie. CONCORD, die Plattform europäischer NGOs in Brüssel, kam 2015 in einem Bericht über das mit Westafrika abgeschlossene WPA zu dem Schluss, dass dieses Abkommen nicht zur Entwicklung beiträgt, sondern lediglich die Interessen europäischer Konzerne begünstigt. Sowohl die europäische wie die afrikanische Zivilgesellschaft lehnen diese WPA ab. 2016 beteiligte ich mich an den Arbeiten unseres Cercle de coopération des ONG, unserer NGO-Plattform, die Kommissionspräsident Jean-Claude Juncker einen Brief zukommen ließ, um gegen ein erneutes Ultimatum zu protestieren, über das die Kommission alle afrikanischen Staaten aufforderte, unter Androhung von Handelsbeschränkungen die WPA in Kürze zu unterzeichnen. Ich selbst nutzte jede Gelegenheit, die diesem Abkommen zugrunde liegende neokoloniale Politik öffentlich aufzuzeigen und anzuprangern.

Der Milchpulverexport der EU in afrikanische Märkte illustriert diese Ungerechtigkeiten. Die Krise auf dem EU-Milchmarkt bringt die EU dazu, immer mehr Milch in Milchpulver zu verwandeln, die nicht auf dem EU-Markt verbraucht werden kann. Sie wird deshalb immer mehr in die Märkte insbesondere von afrikanischen Entwicklungsstaaten exportiert und dort zu Dumpingpreisen verkauft – auf Kosten der lokalen Produzenten.

Es sind auch die strukturellen Anpassungsprogramme der Weltbank und des Internationalen Währungsfonds, die die Grundlagen eines Landes wie Mali, das mit großer Armut zu kämpfen hat, geschwächt haben. Dies ist einer der tieferen Gründe, die dazu führten, dass infolge der Libyenkrise dem Terrorismus das Tor geöffnet wurde und das Land in eine dauerhafte Krise versetzt wurde.

Bei der WTO-Ministerkonferenz in Nairobi 2015 lehnten die Industriestaaten alle Vorschläge der Entwicklungsländer ab, die Ansätze für eine effektive Hungerbekämpfung geboten hätten. Sie waren etwa gegen eine endgültige Regelung, die es der indischen Regierung erlaubt hätte, Kleinbauern im Land zu subventionieren. Ebenso lehnten die USA auch eine von den Entwicklungsstaaten geforderte Wiederaufnahme der DOHA-Verhandlungsrunde ab. Diese Konferenz, die eigentlich eine Entwicklungsrunde werden sollte, steckt weiter in einer Sackgasse, da es die Industriestaaten vorziehen, ihre Handelsinteressen über bilaterale oder regionale Handelsabkommen durchzusetzen.

2015 wurde bei einem UN-Gipfel in New York eine neue Agenda nachhaltiger Entwicklungsziele vereinbart. Es gibt sicherlich wertvolle Ansätze in dieser Agenda, sie hat allerdings keinen verpflichtenden Charakter und auch nicht die Achtung der Menschenrechte als verbindliches Ziel gesetzt. Das größte Manko jedoch ist, dass weder die bestehende neoliberale Marktordnung in Frage gestellt wird, noch die Finanzindustrie und die Börsenspekulation auf Agrarrohstoffe problematisiert werden. Wie können unter diesen Vorzeichen die großen Ziele, wie die in der Agenda vorgesehene Beendung der

Armut und des Hungers, bis 2030 erreicht werden? Es stellt sich die Frage, ob nicht auch diese Agenda blind ist in Bezug auf die strukturellen Ursachen dieser Probleme.

Wir leben in einer Welt, die mehr und mehr von den Interessen der Konzerne und den Finanzmärkten dominiert wird. Es kommt zu einer leisen Privatisierung der staatlichen Machtausübung. Ein Beispiel hierfür sind die sogenannten öffentlich-privaten Partnerschaften. Wie bei der von Obama ausgerufenen »Neuen Allianz für Nahrungssicherheit und Ernährung« werden unter dem Vorwand der Armutsbekämpfung multinationalen Unternehmen, wie Monsanto, die Tür für neue Märkte in Entwicklungsländern geöffnet und die Regierungen der Entwicklungsländer verpflichtet, dazu ihre Gesetzgebung abzuändern und flexibler zu gestalten. Kleinbauern sind die Leidtragenden dieser Partnerschaften.

Ein Aufenthalt im Vielvölkerstaat Äthiopien von 2013 bis 2014 erlaubte es mir, das Los der Kleinbauern in diesem Lande kennenzulernen, die die große Mehrheit der Bevölkerung ausmachen und von denen die meisten heute wie gestern unter recht armseligen Bedingungen leben, wohnen und arbeiten. Ich hatte eindrucksvolle Gespräche mit einem früheren Landwirtschaftsminister, der eine bedeutende Landreform in Bewegung gebracht hatte, die dem Feudalismus ein Ende setzte. Es folgten Kollektivierungsmaßnahmen, die Mengistu den Bauern aufzwang und diese in die Opposition trieb. Dort konnte ich mich auch über das Phänomen des Land Grabbing informieren, das die Regierung dazu brachte, Hunderttausende Hektar Land an ausländische Multimillionäre zu verpachten, um ihnen eine Agrarproduktion für den Export zu erlauben – auf Kosten der einheimischen Bauern, die von dem verpachteten Land vertrieben werden, manchmal sogar mit Gewalt.

Die Austeritätsprogramme im Süden haben sich seit der Finanzkrise 2008 immer mehr auch in Europa ausgebreitet. Sie haben besonders mehrere EU-Mittelmeerstaaten getroffen. Zu ihrer Lösung hat die Troika Ländern wie Griechenland Programme verschrieben, die über drastische Lohn- und Rentenkürzungen sowie Steuererhöhungen zu dramatischen Einbußen der Kaufkraft geführt haben. So wurde Griechenlands Wirtschaft sehr großer Schaden und seiner Bevölkerung sehr viel Leid zugefügt. Die Schulden Griechenlands haben sich weiter wesentlich erhöht und machen inzwischen 180 Prozent des Bruttoinlandsproduktes (BIP) dieses Landes aus. Was den Misserfolg dieser Politik unter Beweis stellt. Beschämend, wie Europa einfach hinnimmt, dass in Griechenland und zum großen Teil auch in Spanien und in Portugal die Arbeitslosigkeit über die Hälfte der Jugendlichen trifft und viele von ihnen gezwungen sind auszuwandern. Erschreckend, wie Griechenland an Souveränität verliert, wie die Bevölkerung in Armut absinkt und die Kindersterblichkeit zunimmt. Was sich 2015 für Griechenland unter dem Impuls Deutschlands abgespielt hat, ist eine Erniedrigung für das griechische Volk und ein Rückschlag für die Demokratie.

Europa steckt in einer tiefen, existentiellen Krise. Mehr und mehr Bürger haben jedes Vertrauen in die Demokratie und in Europa verloren und bleiben an Wahltagen zu Hause. Oder sie wählen europaskeptische, nationalistische und rechtsextreme Kräfte, die überall auf dem Vormarsch sind. Groß war die Unruhe bei vielen in Frankreich und in Europa, als sich Marine Le Pen bei den Präsidentschaftswahlen im Frühling 2017 für die zweite Wahlrunde qualifizieren konnte. Tatsache ist, die Globalisierung und die immer stärkere Rolle der Finanzwelt und der Konzerne verunsichern immer breitere Schichten der Gesellschaft, die Arbeitsbedingungen werden prekärer und die Aussichten auf bessere Lebensstandards verschlechtern sich.

Für diese Krise hat Deutschland eine besondere Verantwortung zu übernehmen. Die Hartz-IV-Reformen verstießen gegen die im Euroraum vereinbarte Disziplin im Inflationsbereich und bewirkten ein Sozialdumping, das deutschen Unternehmen Wettbewerbsvorteile gegenüber den Konkurrenten der anderen Länder der Eurozone sicherte. Als Resultat sank zwischen 2008 und 2017 die Arbeitslosenquote in Deutschland von 7,4 Prozent auf 4,1 Prozent, während sie beispielsweise in Frankreich von 7,4 auf 10,1 Prozent stieg. Und mit einer auf den Export ausgerichteten Wirtschaft hat Deutschland mittlerweile einen Überschuss seiner Handelsbilanz von über acht Prozent des BIP erreicht. Eine andere Disziplinklausel beschränkt solche Überschüsse auf sechs Prozent. Bei steigenden Ungleichheiten zwischen den Nord- und Südstaaten der Eurozone werden immer stärkere Zweifel an den Überlebenschancen einer gemeinsamen Währung geäußert.

Zu den Missständen in unserer Gesellschaft gehören ebenfalls die Steuerparadiese. Die Luxleaks-Affäre hat gezeigt, wie die Konzerne es fertig bringen, mit der Beihilfe von Staaten wie Luxemburg, die Zahlung von Steuern zu umgehen oder zu minimieren. Die Schaffung eines steuerlich privilegierten Umfelds für multinationale Unternehmen kann zwar durchaus legal sein. Dies bedeutet jedoch nicht, dass die breite Öffentlichkeit diese Praxis als gerecht ansieht. Luxleaks führte dazu, dass grundsätzliche Fragen zur Besteuerung multinationaler Unternehmen aufgeworfen wurden. Warum hat der einfache Bürger, der einfache Beschäftigte in einer Gesellschaft Steuern zu zahlen, sogar immer mehr Steuern, wie auch Klein- und Mittelbetriebe, aber nicht mächtige Konzerne und Finanzgesellschaften, die sowieso den größten Teil der Reichtümer dieser Erde für sich in Anspruch nehmen? Ist dies nicht ein skandalöser Betrug an der Allgemeinheit, letztlich auch an Europa?

Die internationale Hilfsorganisation Oxfam schätzt, dass die EU-Mitgliedstaaten durch die Steuervermeidung multinationaler Konzerne jedes Jahr etwa 50 bis 70 Milliarden Euro verlieren. Diese aggressive Praxis der Steuer-Rulings ist also vor allem auch eine Katastrophe für die Staaten in Europa und der Entwicklungsländer, denen Steuereinnahmen in Milliardenhöhe entgehen. Durch die sogenannte Steueroptimierung entstehen Haushaltslöcher, die durch Sozialabbau und Steuererhöhungen kompensiert werden müssen.

Steueroasen schwächen auch die Demokratie und die Menschenrechte. Sie sind außerdem eine Ursache für die stets steigenden Ungleichheiten auf unserem Planeten, die Oxfam in ihren Berichten beschreibt. Nur acht Milliardäre verfügen demnach über mehr Vermögen als die ärmere Hälfte der Weltbevölkerung. Ein Jahr zuvor waren es noch 62 Milliardäre.

2016 fand in Luxemburg der Prozess gegen die Whistleblower der Luxleaks-Affäre, Antoine Deltour und Raphaël Halet, statt, die die geheimen Steuerdokumente herausgegeben hatten. Sie wurden zu Gefängnis- und zu Geldstrafen verurteilt. Diese Urteile wurden vom Europaparlament und der Zivilgesellschaft scharf kritisiert. Whistleblower, die im Interesse der Allgemeinheit handeln, müssten per Gesetz vor einer späteren Verurteilung geschützt sein.

Meine Zusammenarbeit mit der UNCTAD gab mir auch die Gelegenheit, zu dem Trade and Environment Report 2013 beizutragen, der den Titel trägt *Wake up before it is too late* (zu Deutsch: Wacht auf, bevor es zu spät ist) und der aufgrund des Klimawandels eine sofortige Abkehr von einer umweltschädlichen, konventionell-industriellen Agrarproduktion fordert und einen Übergang zu einer agroökologischen Landwirtschaft, die ohne gesundheitsgefährdende Pestizide auskommt.

Von besonderem Interesse waren auch die Arbeiten des Menschenrechtsrates. Ich nahm des Öfteren Stellung zu den Berichten über die sozialen, wirtschaftlichen und kulturellen Menschenrechte, wie dem Recht auf Gesundheit, auf Erziehung und auf Ernährung, die UN-Sonderberichterstatter vortrugen. Die Vorbereitung meines Buches *Mordshunger* vertieften meine Kenntnisse über die Hungerthematik und das Welternährungsproblem. Ich verfolgte stets mit besonderem Interesse die Vorträge und Berichte von Jean Ziegler, UN-Sonderberichterstatter für das Recht auf Nahrung, und nach 2008 die von Olivier de Schutter. Letzterer erlaubte mir, vor allem die Notwendigkeit und die Vorteile einer *agroökologischen Landwirtschaft* zu erkennen.

Agroökologie ist eine Landwirtschaft, die ohne Pestizide auskommt. Glyphosat, eines der am häufigsten gebrauchten Pestizide, ist wahrscheinlich krebserregend, stellt die Weltgesundheitsorganisation klar. Die Experten, die die EU-Kommission beraten, bestreiten das allerdings und befürworten eine weitere Anwendung dieser Stoffe. Ob diese Experten unabhängig sind, ist fraglich. Wie gefährlich Glyphosat für Mensch und Natur ist, bewies das internationale

Monsanto-Tribunal, das im Oktober 2016 in Den Haag stattfand. Dort hatten 24 Glyphosat-Opfer die Gelegenheit, aus erster Hand über missgebildete Neugeborene, kranke und ruinierte Bauern, verschmutzte Gewässer und zerstörte Böden zu berichten. In ihrem Rechtsgutachten stellt das Tribunal fest, dass die Handlungen Monsantos Reglementierungen und fundamentale Menschenrechte verletzen, zum Beispiel das Recht auf eine gesunde Umwelt, das Recht auf Ernährung, das Recht auf Gesundheit, das Recht auf Information für wissenschaftliche Forschung. Weiterhin wurde die Anerkennung eines Ökozid-Verbrechens im Völkerrecht befürwortet. Das Tribunal wies mit Nachdruck auf den beträchtlichen und sich ausweitenden Graben zwischen Menschenrechten und der Verantwortung von transnationalen Konzernen hin. Wenn Konzerne gegen das Recht auf ein menschenwürdiges Leben verstießen, müsse es möglich sein, sie dafür zu belangen.

Bei meinen Aufenthalten in Entwicklungsländern bekam ich Einblicke in die Entfaltung dieser alternativen Landwirtschaft. Zum Beispiel in Burkina Faso, wo Mathieu Sawodogo in etwa 30 Dörfern agroökologische Methoden über das von der Nichtregierungsorganisation ASTM unterstützte ARFA-Projekt lehrt; in Äthiopien, wo ich das Forschungs- und Ausbildungszentrum »Integrated Biofarm« von Dr. Getachew Tikubet besuchen konnte; auf den Philippinen, wo unser Partner MASIPAG eine Bank für einheimische Reissorten unterhält und Kleinbauern mit der Praxis organischer Landwirtschaft vertraut macht.

Mein Interesse für diese Entwicklung brachte mich dazu, an einer Reise über Ernährungssouveränität und Agroökologie ins Baskenland und ins Piemont teilzunehmen, die von »Food First«, einer kalifornischen Organisation für Ernährung und Entwicklung, organisiert wurde. Hier konnten wir uns Beispiele der Praxis einer organischen und diversifizierten Landwirtschaft ansehen, verbunden mit der Ausnutzung der Wertschöpfungskette auf dem Bauernhof, zum Beispiel über die Produktion von Käse, Apfelsaft, Wurst und den Direktverkauf vom Produzenten an den Konsumenten, die Förderung eines sozialen Zusammenlebens auf lokaler und regionaler

Ebene, den Aufbau von Kooperativen und die Entwicklung des Agrotourismus.

2014 führte mich eine Reise von Food First nach Kuba, die uns Einsicht in die urbane Landwirtschaft und die dort entwickelte Agroökologie vermittelte. Kubas Landwirtschaft war über Jahrzehnte von Importen aus der Sowjetunion abhängig, die nach dem Zerfall schlagartig gestoppt wurden. Das Land befand sich daraufhin in einer absoluten Notlage, schaffte es aber innerhalb weniger Jahre, seine Landwirtschaft völlig umzustrukturieren, Kleinbauern Entfaltungsmöglichleiten anzubieten und über die Anlegung einer urbanen Landwirtschaft um alle Städte herum eine agroökologische Landwirtschaftsproduktion zu entwickeln, die heute den Einwohnern aller Städte gesunde Nahrungsmittel bereitstellt.

Unter Präsident Obama wurden die diplomatischen Beziehungen mit Kuba normalisiert. Das gegen Kuba verhängte Wirtschaftsembargo geht aber weiter. Die über Jahrzehnte gegen Kuba unternommenen Terroraktivitäten der USA haben etwa 3 500 Kubaner das Leben gekostet und bedeutende Wirtschaftsschäden angerichtet. Trotzdem brachte es Kuba fertig, einen der besten Gesundheitsdienste für alle Kubaner gratis bereitzustellen. Es gibt 20 medizinische Hochschulen in Kuba, davon eine Lateinamerikaschule, wo 6 000 Studenten aus Entwicklungsländern ihre Ausbildung erhalten. 20 000 kubanische Ärzte sind in Entwicklungsländern tätig.

Der Tod von Fidel Castro wurde von vielen westlichen Medien zum Anlass genommen, ihn als einen brutalen Diktator oder gar als Tyrannen darzustellen. Tatsächlich aber hat er seinem Land zu einem außergewöhnlichen Ansehen in der Welt, insbesondere unter Entwicklungsstaaten verholfen. Die Revolution in Kuba hat den Rassismus besiegt, die Emanzipation der Frau gefördert, Analphabetismus beendet, Kindersterblichkeit drastisch reduziert und das Kulturniveau gehoben. Auf all diesen Gebieten hat Kuba ein höheres Niveau erreicht als alle Staaten in der Region. Kuba hat zwar auch mit unverkennbaren wirtschaftlichen und sozialen Schwächen zu tun. Dennoch bleibt Kuba eine Referenz für Millionen auf der Welt lebende Arme. Mit seiner entscheidenden Intervention in Angola, verhalf Fidel Castro diesem Land zum Sieg über die Truppen Südafrikas, für Nelson Mandela ein Wendepunkt in der Befreiung des Kontinents von der Apartheid.

Fidel Castro lehnte jeden Personenkult ab. Sein Rednertalent, sein Mut, seine Entschlossenheit, sein Einsatz für Solidarität mit den Unterdrückten und für soziale Gerechtigkeit, sein resoluter Kampf gegen Imperialismus und jede Form von Kolonialismus machten Fidel Castro zu einer außergewöhnlichen Führungspersönlichkeit.

Gerechte Preise für ihre Produkte sind für die Kleinbauern im Süden eine Voraussetzung für ein Mindesteinkommen. Dies gilt auch für die Produzenten, die dort Bananen, Orangen, Tee, Kaffee, Honig oder Zucker produzieren, die für den Export nach Europa bestimmt sind. Fairtrade-Organisationen, wie die Max-Havelaar-Stiftung, bieten ihren Partnern in den Entwicklungsländern solche Preise an. Dies ist mit der Beachtung sozialer und ökologischer Mindeststandards verbunden. Ich konnte mich bei einer Reise nach Nicaragua mit unserer Fairtrade-Organisation selbst davon überzeugen, wie gerechte Preise Kaffeeproduzenten, die in Kooperativen zusammenarbeiten, ein besseres Einkommen garantieren und die Durchführung sinnvoller, sozialer Projekte ermöglichen. Die Schönheit dieses Landes begeisterte alle Teilnehmer dieser Reise. Daniel Ortega, der in den 1980er Jahren die sandinistische Revolution anführte, ist in diesem sehr armen Land seit mehr als zehn Jahren wieder an der Macht und übt diese mit seinem Familienclan aus.

Im Sommer 2016 war ich auf den Philippinen, einem Land, das während vier Jahrhunderten eine äußerst brutale Kolonisierung durch Spanien und dann durch die USA erlebt hat. Rodrigo Duterte hatte gerade als neu gewählter Präsident die Macht übernommen. Seine erste Priorität galt der Bekämpfung der Kriminalität und des Drogenhandels. Sein brutales Vorgehen, bei dem Privatmilizen eine besondere Rolle spielen, kostet Tausenden Drogenabhängigen das Leben, eine Tatsache, die in der westlichen Presse und bei Menschenrechtsorganisationen verständlicherweise auf scharfe Kritik stößt. Duterte hat aber auch den Willen, bedeutende Reformen in seinem Land durchzuführen, ernsthaft Friedensverhandlungen mit der Linksfront zu führen wie auch mit den muslimischen Minderheiten in Mindanao. Er verfolgt eine unabhängigere Außenpolitik, besonders gegenüber den USA. Seine Politik findet insgesamt breite Zustimmung in der Bevölkerung. Eine neoliberale Wirtschaftspolitik hat bisher wohlhabende Eliten begünstigt, die in großer Armut lebende Mehrheit aber leer ausgehen lassen. Die Umsetzung einer Landreform hat Duterte Rafael Mariano, einem früheren Bauernführer einer unserer Partnerorganisationen anvertraut. Die Kleinbauern haben meist ihr Land gepachtet, sie warten seit langem auf die Durchsetzung der Landreform. Duterte gibt ihnen Hoffnung. Sie waren bis jetzt der Unterdrückung durch Polizei und Armee ausgesetzt und werden oft von ihrem kargen Besitz zugunsten von Großgrundbesitzern und Großkonzernen vertrieben. Als Teil einer recht aktiven Zivilgesellschaft kämpfen unsere Partner für diese Landreform, für Ernährungssouveränität und für die Verbesserung der Sicherheit und der Lebensverhältnisse dieser armen Landbevölkerung.

Der Bürgerkrieg in Syrien, die Terroranschläge in Europa und die Flüchtlings- und Migrantenwelle beunruhigen die europäische Gesellschaft. Strategische Irrtümer der westlichen Staaten im Irakkrieg und im Libyen-Konflikt führten zum Entstehen des sogenannten Islamischen Staates. Ihr Vorgehen bedeutet eine klare Verletzung des Völkerrechtes. Der Syrien-Konflikt wurde noch angeheizt durch massive Waffenlieferungen der westlichen Staaten an Länder wie Saudi-Arabien, Katar und die Türkei, die sie an sogenannte »moderate« Rebellen in Syrien weiterleiteten, bevor sie oft in den Händen von Al-Qaida-Gruppen landeten.

Diese illegalen Interventionen der westlichen Staaten haben auch das Vertrauensklima mit anderen Staaten, vor allem mit Russland, nachhaltig zerstört. Die Zusammenarbeit zwischen den Staaten in der UNO wurde beeinträchtigt. Dem Vertrauen in die Demokratie wurde bei vielen Staaten und Bürgern ein dauerhafter Schaden zugefügt. Die Chance, nach dem Zerfall der Sowjetunion eine stabilere Weltordnung zu schaffen, wurde vertan.

Die Terroranschläge stellen auch die Frage nach den Motivationen der Attentäter, der Verbindung zwischen Islam und Dschihadismus und der radikalen, fundamentalistischen Tendenzen, die insbesondere unter muslimischen Staaten zu mörderischen Attacken führen. Die große Mehrheit der Muslime, die in unseren Ländern lebt, ist friedfertig und bereichert unsere Gesellschaften. Aber es gibt auch radikale Minoritäten wie die Muslimbruderschaft und den Wahhabismus, die eine radikalere, fundamentalistische Auffassung des Islams vertreten und wenig Toleranz gegenüber Andersgläubigen oder auch Muslimen aufbringen, die nicht dieselbe Koranauffassung haben. Eine Reihe von Intellektuellen und Forschern befürworten eine Reform des Islams oder sogar eine Trennung zwischen Staat und Religion.

Meine Arbeit für die Entwicklungszusammenarbeit in Luxemburg brachte mich dazu, eine Zusammenarbeit zwischen Luxemburg und Palästina in den besetzten Gebieten vorzubereiten. Wir entwickelten Hilfsprogramme mit der palästinensischen Zivilgesellschaft, unter anderem auch im Agrarbereich. Nach 2012 schloss ich mich in Luxemburg dem Solidaritätskomitee mit Palästina an. Regelmäßige Reisen nach Palästina erlaubten mir, die Lage in den besetzten Gebieten genauer kennenzulernen und zu sehen, wie jeden Tag neue, völkerrechtswidrige Siedlungen gebaut werden, den Palästinensern der Zugang zu Wasserquellen verwehrt wird, Hauszerstörungen, die Unterdrückung und Belästigungen der Bevölkerung in den besetzten Gebieten weitergehen. Der Widerstand der Zivilbevölkerung wird fortgesetzt und weltweit unterstützt. Im Zentrum steht die BDS-Kampagne (Boycott, Divestment and Sanctions), die die Regierung Israels als strategische Bedrohung ansieht und rücksichtslos bekämpft. Im Sommer 2014 beteiligte ich mich an den von unserem Komitee organisierten Protest gegen den Gaza-Krieg. Vor allem die militärische Zusammenarbeit vieler europäischer Staaten mit Israel muss verurteilt werden. Der Bombeneinsatz im Gaza-Krieg wurde auch mit Drohnen geführt, die mit Hilfe der Europäer gebaut wurden. Anlässlich der 2016 vom Komitee organisierten Reise, erklärten uns palästinensische Menschenrechtsverteidiger in Israel, wie die Palästinenser in diesem Staat diskriminiert werden und wie sich Rassismus und Hass gegen sie ausbreiten.

Es sind jetzt 70 Jahre her, seitdem im Verlaufe der »Nakba« (arab. für »Katastrophe«) 750 000 Palästinenser vor und nach der Gründung des Staates Israel mit Gewalt aus ihren Heimatdörfern und Städten vertrieben wurden. Ein Verbrechen gegen die Menschlichkeit, das Israel noch immer nicht anerkannt hat und dessen Opfer niemals eine Entschädigung erhielten. Sie warten immer noch auf die Umsetzung ihres Rechtes, in ihre Heimat zurückzukehren. Und leben seither in Flüchtlingscamps.

Papst Franziskus gehört zu den geistlichen Persönlichkeiten dieser Welt, die die bestehende Weltordnung in Frage stellen. Er prangert die egoistische und grenzenlose Gier nach Macht und Besitz an, die dazu führt, die bestehenden materiellen Ressourcen zu missbrauchen und die Umwelt zu zerstören. Er ruft die Politiker dazu auf, sich nicht mit Reden zu begnügen, sondern konkret und mit Taten Verantwortung zu übernehmen. Er solidarisiert sich in bewegenden Worten mit den Ausgeschlossenen dieser Gesellschaft, den Kleinbauern, den Armen, den Verfolgten. In seiner Enzyklika *Laudato si'* gibt er klare Anweisungen zur Rettung des Planeten.

Für eine bessere, gerechtere Welt hat sich auch der 2013 verstorbene Stéphane Hessel eingesetzt, der mit seinem Buch *Empört Euch!* weltweit Aufsehen erregte. Für ihn befinden wir uns in einer Phase, in der die Wirtschafts- und Finanzoligarchien die Staaten dominieren. Er ermutigte seine Leser, Widerstand zu leisten und ihrer Wut Ausdruck zu verleihen, angesichts der Krisen und der Ungerechtigkeiten in der Welt. Auch er glaubt an die politische Kraft der Zivilgesellschaft. Mit dem Philosophen Edgar Morin setzte er sich dafür ein, eine Solidarität unter den Völkern aufzubauen, das Lokale und das Regionale gegen den Übergriff der Konzerne zu schützen. Beide setzten sich für die Entwicklung einer Sozial- und Solidarwirtschaft mit Sparbanken, lokalen Währungen, Mikrokrediten ein. Fairer Handel und biologische Landwirtschaft schalten den rücksichtslosen Zwischenhandel großer Handelskonzerne aus und drängen die industrielle Landwirtschaft zurück, die die Umwelt verschmutzt und die Böden zerstört. Neben seinem Einsatz für Gerechtigkeit, die Schwachen, die Armen, seiner systematischen Denunzierung von jeder Ungerechtigkeit, von jeder Menschenrechtsverletzung, beeindruckte Stéphane Hessel auch durch seinen Optimismus, seine Integrität und seine Empathie.

Ähnlich wie Fidel Castro wurde auch Hugo Chávez bereits zu Lebzeiten und nach seinem Tod in der westlichen Presse oft als demagogischer Diktator und Populist dargestellt und verteufelt. Doch nur wenige Präsidenten haben sich so oft freien, demokratischen Wahlen gestellt und sie gewonnen. Hugo Chávez hat eine drastische Umverteilung des nationalen Reichtums vorgenommen zugunsten der Armen und der öffentlichen Dienste für Gesundheit, Bildung, Ernährung und Wohnungsbau. Die Kindersterblichkeit sank drastisch und extreme Armut konnte mehr als halbiert werden. Das staatlich geförderte Öl wurde unter Chávez zum Vorzugspreis an Länder in der Karibik und in Zentralamerika geliefert. Er hat große Verdienste in der Integration der Länder Südamerikas, half, die Union der Nationen Südamerikas zu gründen wie auch die Bolivarische Allianz für Amerika. 2012 überstand er einen Staatsstreich und zwei Jahre später ein Referendum, das die Opposition organisierte, um ihn abzusetzen. Die Personalisierung der Macht, Korruption, das Fehlen einer wirtschaftlichen Diversifizierung und eine hohe Kriminalitätsrate zählten zu den Schwächen seines Systems.

Eine gute Kenntnis der Geschichte des Kolonialismus, der Sklaverei, des Imperialismus, der Ausbeutung und Unterdrückung einheimischer Bevölkerungen, des Hungers und der Armut ist eine wichtige Voraussetzung für den Aufbau einer alternativen, gerechteren Weltordnung. Vor hundert Jahren wiegelte T. E. Lawrence, bekannt als Lawrence von Arabien, die Araber gegen die Osmanen auf und versprach ihnen als Gegenleistung den Aufbau eines einheitlichen arabischen Staates. Kaum gegeben, wurde das Versprechen durch das geheime Sykes-Picot-Abkommen gebrochen, in dem sich Frankreich und

Großbritannien über die Aufteilung der eroberten Gebiete verständigten. Die britische Regierung stützte mit der Balfour-Erklärung, die Errichtung einer nationalen Heimstätte für das jüdische Volk in Palästina und förderte damit die Auswanderung europäischer Juden ins »Gelobte Land«. Der damals in Kauf genommene Konflikt zwischen Zionisten und Palästinensern bleibt bis heute ungelöst.

Die ehemaligen Kolonialstaaten verstanden es auch nach der Unabhängigkeit ihrer Kolonien, eigene Wirtschaftsinteressen und Machtansprüche durchzusetzen. Für Lateinamerika hat dies etwa der 2015 verstorbene Autor Eduardo Galeano mit seinem Buch *Die offenen Adern Lateinamerikas* hervorragend unter Beweis gestellt. Dort zeigt er, wie während fünf Jahrhunderten die Plünderung der materiellen und menschlichen Reichtümer der Nationen Zentral- und Südamerikas zugunsten Spaniens, dann Großbritanniens und zuletzt der USA vor sich ging.

Heute sind wir an einem Punkt angelangt, an dem immer weniger Bürger bereit sind, die sich häufenden Krisen und Ungerechtigkeiten gleichgültig hinzunehmen. Immer mehr Menschen sind sich der strukturellen Ungleichheiten der Weltwirtschaft bewusst und wollen etwas gegen die großflächige Ausbeutung der Schwachen, gegen die große Umverteilung von unten nach oben tun. Sie sind überzeugt, dass sich die Politik zu sehr mit kurzfristigen, wahlpolitischen Interessen beschäftigt und gleichzeitig in die Abhängigkeit mächtiger Wirtschafts- und Finanzinteressen geraten ist. Sie kommen zusammen, tauschen sich aus, organisieren sich in einer Vielzahl von NGOs, Bürgerinitiativen, Plattformen, Organisationen, Syndikaten, Dorf- und Stadtgemeinschaften. Ich selbst beteilige mich an einer Reihe solcher Initiativen, über die Bürger sich gegen ein von der Finanz- und Wirtschaftsoligarchie dominiertes System auflehnen. Es ist an der Zeit, Widerstand zu leisten und sich für eine solidarische, soziale und nachhaltige Gesellschaft, für den Abbau ungerechter Strukturen und für alternative Beziehungen mit den Entwicklungsländern, für das Recht auf Selbstbestimmung auch der Palästinenser und für die Rettung der Demokratie und Europas einzusetzen.

1 Neoliberalismus und Ausbeutung der Dritten Welt

Wie Europa Fluchtursachen übersieht und verschlimmert

Die Tragödie, die sich Tag für Tag im Mittelmeer abspielt, geht weiter. Über 23 000 Flüchtlinge und Migranten ertranken dort im Verlauf der letzten 15 Jahre, über 5 000 allein im Jahr 2016. Mehr und mehr Afrikaner riskieren ihr Leben, um nach Europa zu kommen und ein besseres Leben zu finden. Sie flüchten, um in ihren Dörfern und Städten der Armut, dem Hunger und der Perspektivlosigkeit zu entkommen.

Mitte Dezember 2015 fand in Valletta, der Hauptstadt Maltas, ein Gipfel zwischen der Europäischen Union (EU) und der Afrikanischen Union statt. Auf der Tagesordnung stand die Problematik der Migranten, die sich von Afrika auf den Weg nach Europa machen. Die EU war bemüht, den Unterschied zu machen zwischen »politischen« Flüchtlingen, wie denjenigen, die aus Syrien kommen und in Europa willkommen sind und den »wirtschaftlichen« Flüchtlingen, die man dazu bringen will, so schnell wie möglich nach Afrika zurückzukehren. Wie ist es zu verstehen, dass jemand, der vor Elend und Hunger flieht, weniger in seiner Existenz bedroht ist als jemand, der versucht, Bürgerkriegen und Diktaturen zu entkommen? Auf jeden Fall wollte Europa seine zukünftige finanzielle Unterstützung von der Bereitschaft der Afrikaner abhängig machen, bei der Rückführung seiner Migranten mitzuarbeiten. Ein mit 1,9 Milliarden Euro gespeister Spezialfonds wurde geschaffen, um die Afrikaner zu einer solchen Mitarbeit zu bewegen.

Im September 2015 veröffentlichte *Le Monde Diplomatique* einen Brief von Aminata Traoré, der früheren Kulturministerin Malis, der Einblick in die Katastrophe bietet: »Zweihundert deiner Mitbürger und ebenso viele von den meinigen sind auf der Liste der 800 Toten des Schiffsuntergangs, der sich am 18. April auf hoher See bei Sizilien ereignete. Von vielen spricht man bereits nicht mehr, von vielen wird niemals gesprochen, sie sind untergegangen in Gemeinschaftsgräben, zu denen die Sahara-Wüste und das Mittelmeer geworden sind.«

In La Valletta wurden Stimmen laut, die die europäischen Politiker aufforderten, sich mit den Ursachen dieser Migration auseinanderzusetzen und die notwendigen Bedingungen zu schaffen, damit die Afrikaner nicht mehr aus ihrer Heimat fliehen müssen. Dabei hat sich Europa sehr oberflächlich, ja sogar recht scheinheilig benommen. Diese Ursachen sind in der Tat vielleicht komplex, sie können aber aufgezeigt werden. Am 30. April 2015 brachte das erste deutsche Fernsehprogramm in der Sendung *Monitor* eine Reportage mit dem Titel: »Wie die EU Fluchtursachen schafft, statt sie zu bekämpfen«. Gezeigt wurde, dass es in Senegal vor der Küste keine Fische mehr gibt für die armen Fischer, die aufgeben müssen und den Fluchtweg nach Europa beschreiten. Deren Lebensgrundlagen werden von mächtigen Fischtrawlern aus aller Welt, auch aus der EU, zerstört. Und wie in Ghana subventioniertes Hühnerfleisch und Milchpulver aus der EU zu so billigen Preisen angeboten werden, dass die lokalen Kleinproduzenten aus dem Markt gedrängt werden. Eine ernsthafte Infragestellung der EU-Handels- und Fischereipolitik.[1]

Die Stellungnahme der Zivilgesellschaft in Europa und in Afrika

In einem Text, mit dem Titel »Migrationen und Entwicklung«, hat die luxemburgische NGO-Plattform ONG 2015 erklärt, »dass diese Migrationsbewegungen durch andere Faktoren verstärkt werden, die auch die Verantwortung der entwickelten Länder aufwerfen, wie die Klimaveränderungen, die oft verheerende Tätigkeit multinationaler Firmen und der Finanzmärkte, die Ausbeutung von Ländereien und Rohstoffen oder das Fehlen jeder Steuergerechtigkeit. Hinzu kommt die schwache Governance einer Anzahl von Ländern im Süden.«

Die Plattform weist vor allem auf die verheerenden Auswirkungen einer neoliberalen Politik hin, die die reichen Länder seit Jahrzehnten den Entwicklungsländern und vor allem den afrikanischen aufgezwungen haben. Zu ähnlichen Schlussfolgerungen kommen auch viele Netzwerke der westafrikanischen Zivilgesellschaft, wie zum Beispiel das Netzwerk der Bauernvereinigungen ROPPA und die Vereinigung der Frauen Westafrikas. Gemäß einer gemeinsamen Erklärung, die infolge eines Seminars mit dem Titel »Die globale Allianz für den Widerstand« im Oktober 2015 in Mailand herausgegeben wurde, »scheiterte diese Strategie an den negativen Auswirkungen der Freihandelspolitik, insbesondere der strukturellen Anpassungsprogramme, die die öffentlichen Investitionen und die Instrumente der Marktregulierung eingeschränkt haben, was die Importe von Lebensmitteln begünstigte. Das Risiko besteht, dass diese Politik durch die wirtschaftlichen Partnerschaftsabkommen weitergeführt und verschlimmert wird. Der Mangel an Unterstützung für die Landwirtschaft macht die Integration der Jugendlichen in diesem Bereich schwierig und nötigt sie meistens zur Landflucht und, wenn sie es können, zum Exil. Die Armut, der Landraub, die ungerechte Verteilung öffentlicher Güter und der Freihandel sind Übel, die die soziale Krise, die illegale Auswanderung und extremistische Irrwege fördern.«

In Mailand erklärte die afrikanische Zivilgesellschaft, was für die Stabilität und die Entwicklung der Region unabdingbar bleibt: »eine stärkere Berücksichtigung des Klimawandels, die Ansprüche der Frauen und der Jugendlichen, ein in einer Landwirtschaftspolitik integrierter Zugang zu angemessenen finanziellen Mitteln sowie ein stärkerer Marktschutz«.[2]

Die gravierende Migrationsthematik bleibt weiter bestehen. Werden Europas Regierungen jemals ernsthaft daran interessiert sein, sich mit den wahren Fluchtursachen abzugeben? Ein Dialog mit der Zivilgesellschaft könnte dazu beisteuern. Ein weiterer Gipfel zwischen der EU und Afrika fand Ende 2017 in Abidjan statt. Er wurde überschattet von dem Skandal des Sklavenhandels mit afrikanischen Flüchtlingen in Libyen. Auch auf diesem Gipfel kam es zu keiner glaubwürdigen Antwort auf die Migrantenfrage und auf die Notwendigkeit der Schaffung von Arbeitsplätzen für die 30 Millionen Jugendlichen, die jedes Jahr in Afrika neu auf den Arbeitsmarkt kommen.

Die neokoloniale Politik wird fortgesetzt

Am 23. Juni 2000 wurde das Cotonou-Abkommen zwischen den Mitgliedstaaten der EU und der Gruppe der AKP-Staaten in Cotonou, der Hauptstadt Benins, unterzeichnet.

Auf der Grundlage dieses Abkommens führte die EU seit 2002 Verhandlungen mit diesen Staaten über sogenannte Wirtschaftliche Partnerschaftsabkommen (WPA). Erst 2014 kam es zum Abschluss dieser Verhandlungen mit Afrika in fünf verschiedenen Regionen. Die Abkommen wurden dem Europäischen Parlament sofort zur Ratifizierung unterbreitet. Danach sollten sie auch von den Parlamenten der 28 Mitgliedstaaten ratifiziert werden. Da aber einige Staaten, wie Nigeria, das Abkommen noch nicht unterzeichnet hatten, musste die Ratifizierung durch das Europaparlament mehrere Male verschoben werden.

Um dieses Verfahren weiterzubringen, griff die Europäische Kommission zu einem neuen Druckmittel: Sie verschickte im Juni 2016 einen Brief an alle afrikanischen Staaten mit der Aufforderung, die WPA bis Anfang Oktober 2016 zu unterschreiben. Sollte dies nicht geschehen, so würde sich die Kommission genötigt sehen, den Vorzugszugang zum europäischen Markt für die Staaten zu stoppen, die ihre Unterschrift weiter verweigern. Ein unglaublicher Vorgang, bei dem die EU ihre wirtschaftliche Vormachtstellung gegenüber den afrikanischen Staaten arrogant ausspielte. Daraufhin ließen die luxemburgischen NGOs über ihre Plattform Präsident Juncker einen Brief zukommen, in dem sie ihm ihre Bestürzung mitteilten, die dieses für ein Partnerschaftsabkommen unwürdige Ultimatum bei ihnen ausgelöst habe. Der Brief legt weiter die Gründe dar, warum die Zivilgesellschaft sowohl in Afrika wie in Europa die WPA ablehnt, die nicht zur Entwicklung afrikanischer Gesellschaften beitragen. Die WPA riskierten auch, die Migrationswelle von Afrika nach Europa über Lampedusa zu vergrößern. Der Brief schließt ab mit Vorschlägen zu einer neuen europäischen Handels- und Entwicklungspolitik.

Der Brief erhielt eine weite Verbreitung. Eine Abschrift wurde an unsere sechs luxemburgischen Mitglieder im Europaparlament verschickt, an die Presse und an CONCORD, die Plattform der europäischen Entwicklungsorganisationen, mit der Einladung, sich an der Kampagne gegen eine WPA-Ratifizierung zu beteiligen.

Die EU drohte bereits 2014 verschiedenen Ländern wie Ghana und der Elfenbeinküste[3] mit der Beendigung des freien Zugangs zum europäischen Markt und mit der Anwendung des »Allgemeinen Präferenzsystems«, sollten sie nicht bereit sein zu unterzeichnen. Dies hätte zur Erhebung von Zöllen auf die Exporte in die EU für die Produkte dieser Länder geführt.

Nigeria, eines der größten Länder Afrikas, hat dem Druck der EU nicht nachgegeben. Es weigert sich weiterhin, das mit Westafrika abgeschlossene WPA zu unterzeichnen, und verlangt die Aushandlung eines neuen Abkommens. Nigerias Präsident Muhammadu Buhari unterstrich 2016 in einer Rede vor dem Europaparlament seine Sorge, die WPA-Regeln würden den Zielen der Industrialisierung seines Landes zuwiderlaufen. Tansania hat sich aus dem mit Ostafrika abgeschlossenen WPA aus ähnlichen Gründen zurückgezogen. Das südliche Afrika ist die einzige der fünf afrikanischen Regionen, mit denen WPA abgeschlossen wurden und das vom Europaparlament im September 2016 ratifiziert werden konnte. Die Handelsbeziehungen zwischen Europa und Afrika bleiben weiterhin angespannt. Schwellenländer wie China, Indien und Brasilien verstärken unterdessen ihre Präsenz in Afrika und erlauben es diesem Kontinent, seine früher einseitige Abhängigkeit von Europa zu verringern.

Wer sind die Nutznießer der WPA?

»Wer profitiert von dem mit Westafrika abgeschlossenen Wirtschaftlichen Partnerschaftsabkommen?«, ist ein 2015 veröffentlichter Bericht übertitelt, den CONCORD, die Plattform der europäischen NGOs, dieser Frage im Rahmen der Politikkohärenz gewidmet hat.[4]

Dieses Abkommen sehe eine weitgreifende Handelsliberalisierung zwischen den beiden Regionen vor, die, gemäß der EU, 75 Prozent aller Tariflinien abdeckt. Tatsächlich seien aber 82 Prozent des Wertes der europäischen Exportwaren betroffen. Sie wird in drei Etappen und in einem Zeitraum von 20 Jahren erfolgen, wobei der größere Teil sich in 15 Jahren abwickelt.

In dem Bericht wird daran erinnert, dass in der Vergangenheit die Abkommen, die die EU mit den AKP-Staaten abschloss, auf dem Prinzip der Nicht-Gegenseitigkeit beruhten: Die EU sicherte den Exporten Westafrikas einen fast völlig ungehinderten Zugang zum europäischen Markt zu, während sie die Staaten Westafrikas nicht dazu verpflichtete, der EU ähnliche Vorteile auf ihren Märkten anzubieten. Nun aber sollen die Spielregeln der WTO, die eine gegenseitige Handelsliberalisierung vorsehen, maßgeblich sein. Im Bericht wird die Frage aufgeworfen, warum die EU keine Ausnahme zu diesen Regeln bei der WTO angefragt hat, wie das etwa im Falle Moldawiens geschehen ist. Für die EU ist Moldawien »das ärmste Land des europäischen Kontinents und hat nicht die genügende Wettbewerbsfähigkeit, um gegenseitige Verpflichtungen in einem Freihandelsabkommen mit der EU einzugehen«[5]. Die EU weigert sich, auch Westafrika gewisse Privilegien einzuräumen, obwohl es noch ärmer als Moldawien ist.

Dieter Frisch, von 1982 bis 1993 Generaldirektor für Entwicklung der Europäischen Kommission, erklärte im Jahr 2008: »Die Annahme, dass diese Öffnung der Märkte durch die strukturschwachen Partner einer Freihandelszone deren Entwicklung befördern würde, ist mehr als umstritten. Es ist kein einziges historisches Beispiel bekannt, in dem ein Staat, der ganz am Anfang seiner wirtschaftlichen Entwicklung stand, sich tatsächlich entwickelt hätte, indem er seine Wirtschaft ungeschützt dem internationalen Wettbewerb aussetzte.

Vielmehr verlangte diese Entwicklung immer einen gewissen Schutz, den man dann allmählich abbauen konnte, wenn die heimische Wirtschaft stark genug war, um sich der ausländischen Konkurrenz stellen zu können.«[6]

CONCORD schlussfolgert in ihrem Bericht: »Die EU nimmt somit mit einer Hand das zurück, was sie mit der anderen gibt, was eine klare Inkohärenz des WPA-Abkommens mit den Entwicklungszielen in Westafrika darstellt.«[7] Es geht um eine Verletzung der Politikkohärenz, wie sie der Vertrag von Lissabon, Artikel 208, einfordert: »Bei der Durchführung politischer Maßnahmen, die sich auf die Entwicklungsländer auswirken können, trägt die Union den Zielen der Entwicklungszusammenarbeit Rechnung.«

Genau das hat die EU nicht getan. Wo bleibt die Logik, Westafrika das Umgekehrte abzuverlangen, fragen sich die Autoren des CONCORD-Berichts, um dann zu bedauern, dass »die EU, als erste Weltwirtschaftszone übertriebene Handelszugeständnisse von einer der ärmsten Regionen der Welt zu erreichen versucht. Mit dem WPA-Abkommen verliert Westafrika größere wirtschaftliche Instrumente, um die Lebensbedingungen seiner Einwohner zu verbessern. Darüber hinaus, hat sich die EU in keinerlei formeller Weise dazu engagiert, größere und langfristige finanzielle Mittel zur Verfügung zu stellen, um Westafrika zu erlauben, gegenüber der Konkurrenz der europäischen Produkte bestehen zu können und um den Verlust an Steuereinnahmen zu kompensieren. Wer profitiert vom WPA-Abkommen? Es handelt sich vor allem um ein Abkommen im Interesse der Europäer.«[8]

Der zu erwartende Verlust an Steuereinnahmen wird die Lage der Regierungen bei der Lösung ihrer Gesundheits-, Erziehungs- und Ernährungsprobleme verschlechtern. Zugleich stellt das Bevölkerungswachstum Westafrika vor bedeutende Herausforderungen. Letztlich werden vor allem internationale Konzerne von dem Abkommen profitieren, und das auf Kosten der Bevölkerung in Afrika.

Eine andere Politik im Interesse Europas und Afrikas

Gemäß den Empfehlungen des CONCORD-Berichtes geht unsere NGO-Plattform davon aus, dass Artikel 208 des Lissabonner Vertrages über Politikkohärenz besser angewendet werden muss und dass sich Luxemburg und die EU dazu verpflichten sollten, sich für eine andere Handels- Landwirtschafts- und Entwicklungszusammenarbeitspolitik einzusetzen. Eine solche Politik müsste

- »in den Entwicklungsländern, besonders in Afrika, Produktionskapazitäten in allen wirtschaftlichen Sektoren fördern, besonders in der Landwirtschaft und der Industrie, so dass ein Maximum von Arbeitsplätzen geschaffen und ein würdiges Einkommen für die Bevölkerung ermöglicht werden;
- dringend die EU-Politik in all diesen Bereichen neu gestalten, dabei die enormen Entwicklungs- und Produktivitätsunterschiede berücksichtigen und die Handelsbeziehungen auf dem Grundsatz der Nicht-Gegenseitigkeit und einer angemessener Regulierung der Märkte aufbauen;
- die Ratifizierung der EPA-Abkommen aussetzen und eine Impaktstudie eines solchen Abkommens über Entwicklung und Menschenrechte vornehmen und das mit der Beteiligung aller Betroffenen;
- in der Politik der Entwicklungszusammenarbeit eine größere Priorität den ärmsten Bevölkerungen, also der Landwirtschaft und den Familienbetrieben, einräumen angesichts der Tatsache, dass 70 Prozent derjenigen, die an Hunger leiden, eine landwirtschaftliche Aktivität ausüben.«

Handel ist Krieg

Yash Tandon ist indischen Ursprungs und wurde in Uganda geboren. Er hat langjährige Erfahrung mit Handelsverhandlungen, die von der WTO und von der EU geführt wurden. Von 2004 bis 2008 war er Exekutivdirektor des South Centre, einem Forschungs- und Studienzentrum für Entwicklungsländer in Genf, und forscht heute in Oxford. Er gründete SEATINI, das »Southern and Eastern African Trade Information and Negotiations Institute«, ein in verschiedenen, ostafrikanischen Ländern aufgebautes Netzwerk, das sich mit internationalen Handelsfragen und Verhandlungsführung beschäftigt.

Im April 2015 gab Yash Tandon eine Konferenz in Luxemburg zu seinem neuen Buch *Handel ist Krieg.*[9] Dort stellt er das Konzept in Frage, gemäß dem »Freihandel« wirtschaftliche Entwicklung fördere, und postuliert, dass er im Gegenteil Gewalt und die Verarmung von Bevölkerungen verursache. Für Yash Tandon haben weder die EU noch die USA ein wirkliches Interesse an der Entwicklung Afrikas. Die WTO ist eine Kriegswaffe. Ein Krieg um Ressourcen, der sich vor allem in Afrika und in der Ukraine abspiele.

In Kenia hat das »Kenia Small Scale Farmers Forum« (KSSFF) eine Klage vor dem Hohen Gerichtshof gegen die Regierung eingebracht, als diese sich anschickte, ein WPA zu unterzeichnen, ohne vorher die Zivilgesellschaft konsultiert zu haben. Der Gerichtshof verurteilte die Regierung dazu, das WPA nur dann zu unterzeichnen, nachdem sie die Zivilgesellschaft, inklusive die Bauernorganisationen, konsultiert hat.

Ein Land wie Uganda besitzt praktisch nichts. 95 Prozent der Kaffeeeinnahmen werden von den Unternehmen abgeschöpft. Das Land ist eigentlich nicht unabhängig. Nationale Fragen bleiben ungelöst. Der Handel tötet oft mehr als Bomben. »Er hat unsere Wirtschaften total zerstört, so die Aussage Yash Tandons während seiner Konferenz.« So hat Uganda seine acht Baumwollfabriken verloren. In den Geschäften Kampalas finden sie Geflügelfleisch aus Belgien. All dies zwinge zahlreiche Afrikaner dazu, wegzugehen und ihr Leben auf der Flucht nach Europa zu riskieren, folgert Yash Tandon. Eine eigene Landwirtschaft gebe es überhaupt nicht mehr. Der Handel sei aber nicht immer so gewesen. Davon zeugten etwa die Handelsbeziehungen, die Indien während Jahrhunderten mit Afrika pflegte. »Die Geschichte hat uns den Sklavenhandel, dann die Unabhängigkeitskriege gebracht. In der Mitte des 18. Jahrhunderts haben die Kolonialmächte China den Opiumkrieg aufgedrängt.«

Wie vernichtend Freihandel sein kann

Anfang 2005 wurde mit der Abschaffung des Multi Fiber Agreements der Textilhandel weltweit liberalisiert. Davon profitierte vor allem China, das in der Lage war, überall Märkte für seine Textilprodukte zu erobern. So auch in Afrika. In Senegal, erklärte mir der Handelsminister dieses Landes, ist die Textilindustrie völlig verschwunden. Dasselbe sagte sein Kollege aus Sambia bei einer UNCTAD-Ministerkonferenz 2012 in Doha. In seinem Buch *Der Fluch des Reichtums* beschreibt Tom Burgis,[10] wie vernichtend dieser Freihandel sein kann. 300000 Nigerianer, so schreibt er, verloren ihre Arbeitsplätze in der Textilindustrie durch Billigimporte aus China. Mitverantwortlich dafür waren skrupellose, einheimische Millionäre, die diese Importe über Schmuggelwege organisierten. Eine halbe Million Bauern war gezwungen, die Baumwollproduktion aufzugeben, die für die einst bestehenden 175 Textilfabriken bestimmt war. Kein Wunder, wenn dann arbeitslose Jugendliche sich von Terrororganisationen wie Boko Haram anziehen lassen. Nigeria erlebt keinen Boom, wie solide Wachstumsraten vortäuschen, sondern einen Abstieg in die Armut.

In Bezug auf die WPA wies Yash Tandon auf den großen Mangel an Informationen zu diesen Abkommen und ihre Implikationen sowohl für die afrikanischen Staaten wie für die Europäer hin. In Brüssel seien allein die großen Unternehmen gut vertreten, die afrikanischen Botschafter sind Bürokraten, die vor allem besorgt sind, ihre Tagesspesen einzukassieren. Yash Tandon äußerte sich sehr kritisch gegenüber der finanziellen Abhängigkeit Afrikas von Europa. So werde etwa das Sekretariat Ostafrikas in Arusha zu 60 Prozent von der EU finanziert. Was als »Hilfe« dargestellt wird, sei eine reine Erfindung, ein Mythos. Yash Tandon sprach sich auch gegen die Privatisierung des Wissens und des geistigen Eigentums aus: Das, was eigentlich zum Patrimonium der Menschheit gehöre, habe der Westen zu einer Handelsware gemacht. Eine kritische und weitsichtige Stimme, wie man sie zu selten hört.

Kann Europa umdenken?

Langsam scheint sich in Deutschland ein Umdenken unter dem Impuls von Günter Nooke, Berater Angela Merkels für afrikanische Fragen, und dem Entwicklungsminister Gerd Müller anzubahnen. Die Rede ist sogar von einer neuen Handelspolitik und einem Paradigmenwechsel. Günter Nooke lehnt die WPA ebenfalls ab und kritisiert, dass die Entwicklungszusammenarbeit Deutschlands durch unfaire Handelsbeziehungen zu den Ländern des Südens zunichtegemacht wird. Nooke warnt bereits seit Jahren vor den WPAs, schreibt der *Spiegel* im Januar 2017:[11] »Die gegenseitigen Marktöffnungsklauseln schadeten Afrika mehr, als sie nutzen«, gibt er zu Protokoll. Im *Spiegel* wurde deutlich, dass auch Entwicklungsminister Gerd Müller sich inzwischen kritischer über die Handelsbeziehungen zu den afrikanischen Ländern äußert: »Über freien Handel und EU-Subventionen lassen wir den Afrikanern kaum eine Chance im direkten Wettbewerb.« Dort wird auch ein Thesenpapier von Günter Nooke zitiert. »Alles, was auf dem afrikanischen Kontinent produziert werden kann, sollte dort produziert werden.« Europas Interesse könne angesichts Hunderttausender afrikanischer Migranten nicht »in der Lieferung von Waren nach Afrika bestehen, sondern an der Produktion in Afrika, damit dort viele Menschen Arbeit und eine Perspektive finden«.

Das Beispiel der EU-Milchpulverexporte zu Lasten armer lokaler Bauern

Mit der Annahme der Agenda der nachhaltigen Entwicklungsziele im Jahr 2015 hat die Weltgemeinschaft sich zum Ziel gesetzt, Hunger und Armut bis 2030 zu beenden. Dies soll vor allem über die Förderung einer nachhaltigen Landwirtschaft ermöglicht werden. Die Erreichung dieses Zieles wird viel vom Übergang zu einem agroökologischen Landwirtschaftsmodell abhängen, vom Zugang für Millionen von Kleinbauern und Landlosen zu Land und zu Wasser, von der Organisation und Durchschlagskraft der Landbevölkerung sowie von den Konsummustern der kaufkräftigen Bevölkerungsteile in der Welt. Es geht auch um einen wesentlichen Beitrag der Landwirtschaft zur Reduzierung der Treibhausgasemissionen.

Die 2013 reformierte Gemeinsame Agrarpolitik geht in eine völlig andere Richtung. Sie legt ihr Hauptgewicht weiter auf das konventionelle/industrielle Landwirtschaftsmodell, das auf ständiges Wachstum und unaufhaltsame Verbesserung der Produktivität setzt, ohne Rücksicht auf die Schäden weder für die Umwelt noch für die Kleinbauern im Süden. Sie sieht auch in ihren Zielen die Exportorientierung und eine weitere Liberalisierung der Märkte vor. Die Exporte von Agrarprodukten, die eigentlich Dumpingexporte sind, hat es schon immer gegeben, nun sind sie verstärkt in dieser Politik vorgesehen.

Milchkrise in Europa

Die Exportorientierung hat in den vergangenen Jahren sehr negative Auswirkungen für den Milchsektor in Europa mit sich gebracht. Im globalen Wettbewerb, dem sich die europäischen Erzeuger stellen sollen, findet ein gnadenloser Preiskampf statt, was dazu führte, dass die ausbezahlten Milchpreise sehr stark gefallen und viele Bauern in große Schwierigkeiten geraten sind. Obwohl der Absatz der Produktion nicht gesichert war, wurde nach der Abschaffung der Milchquoten immer mehr Milch produziert. Als Russland dann einen Importstopp verhängte und auch China den Marktzugang begrenzte, kam es schließlich zu einem weiteren Preisverfall.

Dass eine Liberalisierung des Marktes nicht immer die beste Lösung ist, zeigt auch das Beispiel Kanadas. Dort gibt es auf dem Milchmarkt eine Einkommenssicherung für Bäuerinnen und Bauern. Durch eine Mengensteuerung wird das Angebot an der Nachfrage ausgerichtet, und der Auszahlungspreis an die Erzeuger orientiert sich an den Produktionskosten der Milch. Er lag 2016 bei knapp 50 Cent je Kilogramm Milch, gegenüber einem durchschnittlichen Milchpreis von weniger als 30 Cent in der EU. Mit dem Inkrafttreten des CETA-Abkommens steigen die EU-Käseexporte nach Kanada und setzen dort den Markt unter Druck. Somit stellt sich die Frage der Nachhaltigkeit einer Landwirtschaftspolitik, die die EU dazu bringt, nun ihre Überschussprobleme nach Kanada zu exportieren und dort das zukunftsweisende Marktsteuerungssystem unter Druck zu setzen.

Die EU-Milch, die nicht konsumiert oder auch nicht für andere Milchprodukte wie Käse verwertet werden kann, wird zu Milchpulver verarbeitet. EU-Molkereien produzieren doppelt so viel Milchpulver, wie in der EU gebraucht wird. Es erfolgt ein steigender Druck, die Überschussproduktion zu exportieren: Bereits 2014 war die EU der weltweit zweitgrößte Milchexporteur und hat dazu 19 Millionen Tonnen Milch verarbeitet.

Das Milchpulver aus Europa wird vor allem in Länder des Nahen Ostens und Nordafrika exportiert, gefolgt von Ostasien und Subsahara-Afrika. Unterliegt seit Beginn des Jahrtausends der Absatz nach Ostasien drastischen Schwankungen, so sind die Milchpulverexporte in afrikanische Länder von einer auf 1,2 Millionen Tonnen gewachsen und dabei recht stabil geblieben. Vor allem der Export von angereichertem Milchpulver ist stark gewachsen und hat sich in den letzten zehn Jahren mit 700 000 Tonnen mehr als verdoppelt. Mit Abstand der wichtigste Absatzmarkt ist Westafrika, allein der Export nach Nigeria hat sich mit 70 000 Tonnen mehr als verdoppelt. 256 000 Tonnen des angereicherten Milchpulvers wurden nach Subsahara-Afrika geliefert.[12]

Ruin der Milchproduzenten im Süden

Die EU-Politik der Exportförderung führt in vielen Entwicklungsländern zu zunehmenden Problemen. Billige Importe verdrängen mehr und mehr heimische Milchbauern von ihren eigenen Märkten. Dies ist der Fall für normales Voll- oder Magermilchpulver. Importe von angereichertem Milchpulver stellen für die lokalen Milchproduzenten eine noch größere Konkurrenz dar. Am drastischsten ist die Lage in kleineren Staaten wie Mali oder Kamerun, die noch vor zehn Jahren keine nennenswerten Mengen importierten und nun Importe von mehreren tausend Tonnen verzeichnen.

Die EU-Handelspolitik fördert die Absatzmöglichkeiten der europäischen Molkereien in Westafrika. Schon jetzt sind die Importzölle für Milchpulver mit fünf Prozent recht unbedeutend. Mit dem WPA wird es selbst diesen geringen Zoll in Zukunft nicht mehr geben. So wird der Zugang für Mutterunternehmen in der EU zu einem wichtigen Absatzmarkt noch verbessert, und die Tochterunternehmen in Afrika erhalten ihren Rohstoff noch etwas günstiger.

Europäische Molkereiunternehmen wie Arla Foods, Friesland Campina und Danone haben nämlich in den letzten Jahren in die Milchverarbeitung in Westafrika investiert, oft indem sie bestehende Unternehmen aufgekauft haben oder dort Anteile erworben haben. Die meisten dieser Molkereien nutzten importierte Rohstoffe, vor allem Milchpulver. Manchmal wird auch Milch aus lokaler Produktion zugekauft.

Verlierer sind die afrikanischen Milchproduzenten, die ihre langjährige Forderung nach besserem Außenschutz nicht durchsetzen konnten. Dabei zählen die meist nomadisch lebenden Viehhalter in Westafrika zu den ärmsten und am stärksten von Hunger betroffenen Bevölkerungsgruppen. Vor allem die Frauen, die traditionell für die Verarbeitung und meist informelle Vermarktung von Milch verantwortlich sind, hätten eine Verbesserung ihrer Einkommenslage dringend benötigt.

Anders ist die Entwicklung in Ostafrika vor sich gegangen: Kenia zum Beispiel hat zwischen 1999 und 2004 seine Importzölle auf Milchpulver von 20 auf 60 Prozent erhöht und ist zum Selbstversorger im Milchbereich aufgestiegen.

Dies zeigt einmal mehr, dass die EU eine andere Landwirtschaftspolitik braucht, die es ermöglicht, die Erzeugung zu begrenzen, die

Preise zu stabilisieren und so den letztlich zerstörerischen Milchexport zu Dumpingpreisen zu stoppen. Die lokale Milchproduktion in Westafrika kann nur gefördert werden, wenn es, wie in Kenia, zu einem Außenschutz für die lokalen Milchproduzenten kommt. Dazu sind die WPAs in keiner Weise hilfreich, noch stehen sie im Einklang mit der Politikkohärenz.[13]

Die WTO-Ministerkonferenz: Nein zur Hungerbekämpfung!

Vom 15. bis zum 17. Dezember 2015 fand in Nairobi die zehnte Konferenz der Welthandelsorganisation WTO auf Ministerebene statt. Die Medien zeigten wenig Interesse an dieser Konferenz. Es gab auch keine Parlamente, die eine demokratische Kontrolle der Arbeiten dieser Konferenz vorgenommen hätten, auf dessen Tagesordnung sich immerhin wichtige Themen befanden in Bezug auf die Bekämpfung des Hungers in der Welt.

Vor dieser Konferenz ließ das Netzwerk »Our World Is Not for Sale (OWINFS)«, in dem 453 NGOs aus 150 Ländern vertreten sind, einen Brief an alle teilnehmenden Minister, verschicken. Zu den Unterzeichnern des Briefes gehörten unter anderem Gewerkschaften, wie die »International Trade Union Confederation« (ITUC), Bauern- und Umweltverbände sowie Aktivisten aus den Bereichen öffentliche Dienste und Entwicklungszusammenarbeit.

In diesem Brief forderte die Plattform die Mitgliedstaaten der WTO dazu auf, während dieser Konferenz konkrete Entscheidungen für die Entwicklung der Ärmsten dieses Planeten zu treffen, hauptsächlich für die Kleinbauern, die die Hälfte der Hungernden darstellen. Dazu sei es dringend erforderlich, dass die WTO den Entwicklungsländern und unter ihnen besonders den am wenigsten entwickelten Ländern mehr politischen Spielraum (policy space) zugestehen würde, in die landwirtschaftliche Produktion zu investieren und die Nahrungssicherheit und die Ernährungssouveränität zu fördern.

Zudem müsse ein spezieller Rettungsmechanismus geschaffen werden, der es den Entwicklungsländern erlauben würde, während einer bestimmten Zeit ihre Zollsätze auf empfindsame Landwirtschaftsprodukte zu erhöhen, um sich so gegen plötzliche Einfuhren schützen zu können, die in der Regel aus den Industriestaaten kommen.

Leider lehnten die reichen Länder, auch die der EU, diesen Vorschlag ab. Ebenso wenig kam es zu einer endgültigen Entscheidung über ein provisorisches Abkommen, auf das sich die WTO in Bali 2013 geeinigt hatte. Das Abkommen sollte es Ländern wie etwa Indien erlauben, öffentliche Reserven für ihre Ernährungssicherheit anzulegen und dazu Produkte von Kleinbauern auch über dem »Marktpreis« abzukaufen – ein Vorgehen, das die WTO-Regeln bislang nicht zuließen.

Dieses doppelte Nein zeigt, wie heuchlerisch die Agenda der nachhaltigen Entwicklungsziele ist, die die Staats- und Regierungschefs der ganzen Welt erst einige Monate vorher, im September 2015, beim UNO-Gipfel in New York verabschiedeten. Wie bereits bemerkt, sieht diese Agenda die Eliminierung des Hungers bis 2030 durch eine Erhöhung der landwirtschaftlichen Produktivität und des Einkommens der Kleinproduzenten vor, insbesondere der Frauen, der einheimischen Gemeinschaften, der Familienbetriebe, der Hirtennomaden und der Fischer. Offensichtlich sind die Industriestaaten aber bislang nicht bereit, dazu auch nur einen Zentimeter von ihrer Position abzurücken. 25 000 Menschen, hauptsächlich Kinder, werden also weiter jeden Tag an Hunger sterben.

Die Abschaffung der Agrarsubventionen: Fortschritt oder Nebelkerze?

Immerhin konnte sich die Konferenz auf die Abschaffung der Exportsubventionen für Agrarprodukte einigen. Die europäische Kommissarin für Handelsfragen, Cecilia Malmström, hat dies ausdrücklich begrüßt. Die Auswirkung dieser Entscheidung ist allerdings gering. Denn weder in den USA noch in der EU kommen solche Subventionen noch zum Einsatz. Heute sind es vor allem die internen Beihilfen der EU, die es den Exporteuren erlauben, auf den Märkten von Drittstaaten unter dem Herstellungspreis zu verkaufen. Diese massiven Subventionen sind von der Entscheidung nicht betroffen. Bei der WTO hat die EU den Kunstgriff fertiggebracht – manche Experten sprechen sogar von einem Betrugsmanöver –, diese internen Beihilfen in der »Grünen Box« zu platzieren, die alle Hilfen enthält, die bei der Berechnung der landwirtschaftlichen Subventionen nicht einbezogen werden, da sie angeblich keine, oder nur geringe wettbewerbsverzerrende Wirkung haben.

Bei zwei weiteren Fragen konnte sich die Konferenz nicht einigen. Die Industriestaaten wollten neue Themen auf die Tagesordnung der WTO setzen, die die multinationalen Unternehmen interessieren, wie Investitionen, das Recht auf Konkurrenz, und öffentliche Aufträge. Diese Forderung wurde erneut von den Entwicklungsstaaten abgewiesen.

Was nun die Verhandlungen der Doha-Runde anbelangt, so hat sich die große Mehrheit der Mitgliedstaaten für eine Fortsetzung der Gespräche eingesetzt, während eine Minderheit, besonders die USA, dies ablehnten. Und obwohl es die erste Konferenz auf Ministerebene war, die in Afrika stattfand, konnten die Entwicklungsländer kaum Erfolge verzeichnen. Die afrikanischen und besonders die am wenigsten entwickelten Staaten blieben bei den wirklichen Verhandlungen ausgeschlossen. In einer eigenen Erklärung haben die afrikanischen NGOs diese Diskriminierung angeprangert.

Wem dient die WTO?

Die Welthandelsorganisation WTO wurde 1994 im Rahmen des Marrakesch-Abkommens, dem Schlussabkommen der Uruguay-Runde, gegründet. Sie löste das Allgemeine Zoll- und Handelsabkommen GATT ab, das 23 Staaten 1947 miteinander geschlossen hatten. Heute vereint die WTO über 160 Staaten.

Es war das erste Mal, dass es bei einer solchen Runde auch zu Abkommen über Landwirtschaft, Dienstleistungen und geistiges Eigentum kam. Auf Handelsebene wurden die Märkte liberalisiert, eines der Hauptziele der WTO. Den Industriestaaten und besonders den USA ist es so gelungen, ihre Interessen weitgehend durchzusetzen und ihre wirtschaftliche Welthegemonie zu festigen. Noam Chomsky bezeichnete im Anschluss die WTO als »ein Instrument der Außenpolitik der USA«, und der französische Soziologe Pierre Bourdieu nannte die WTO den »Big Brother«, der zusammen mit multinationalen Unternehmen, dem IMF und der Weltbank seine Macht über die Welt auf wenig transparente Art und Weise ausübt.

Unter dem Impuls der Entwicklungsländer, die bestrebt waren, das bestehende Ungleichgewicht auszugleichen, rief die WTO 2001 das »Doha-Programm für Entwicklung« ins Leben. Bei dieser Verhandlungsrunde sollte den Interessen der Entwicklungsländer eine besondere und differenzierte Behandlung zukommen. Doch seit 2011 stecken die Gespräche in einer Sackgasse. Mit der Begründung, dass sich die Voraussetzungen seit dem Beginn der Verhandlungen geändert hätten, fordern die USA, dass die Schwellenländer, insbesondere China, ihre Märkte stärker für Industrieprodukte öffnen. Der Vorstoß der USA wird von den betroffenen Ländern abgelehnt, und so muss die versprochene Entwicklung also weiter auf sich warten lassen.

Die festgefahrenen WTO-Verhandlungen werden die reichen Länder noch stärker dazu anspornen, ihre Interessen über den Abschluss von Handelsabkommen zwischen interessierten Ländern zu verfolgen wie über TISA oder über regionale oder bilaterale Abkommen wie CETA.

Rick Rowden vom »Centre for Economic Studies and Planning« in Neu-Delhi schreibt, dass das Hauptziel der WTO einer »progressiven Liberalisierung seit dem Beginn ein eingebauter Irrtum für die Entwicklungsländer war angesichts der Tatsache, dass die industrialisierten Länder gelernt haben, ihre Zollschranken erst dann zu öffnen, wenn ihre Industrien auf den Weltmärkten wettbewerbsfähig geworden waren, vorher nicht. Doch die Entwicklungsländer haben ihre Märkte zu früh geöffnet, die reichen Länder haben sie mit subventionierten Agrarprodukten und mit Industrieerzeugnissen überflutet.«

Er schließt mit der Frage: »Ist es verwunderlich, dass mit einer solchen Entwicklungspolitik einige dieser Millionen von jugendlichen Enttäuschten und Arbeitslosen sich am Ende den zahlreichen Wirtschaftsmigranten anschließen und versuchen, in die USA oder Europa zu kommen oder, was noch schlimmer ist, den Rängen vom ISIS-Staat, Boko Haram oder Al-Shabaab beizutreten?«

Krisenherd Mali: Zwischen Terrorbedrohung, Armutsbekämpfung und europäischer Doppelzüngigkeit

In den letzten Jahren geriet Mali in die Schlagzeilen der Weltpresse wegen politischer Unruhen, Gewaltausbrüchen und Terroranschlägen.

Seit der Unabhängigkeit, die das Land 1960 erlangte, versuchten die Tuareg-Stämme im Norden eine größere Autonomie gegenüber der schwarzen Bevölkerungsmehrheit im Süden zu erlangen. Der Sturz Gaddafis 2011 führte zu unkontrollierten Exporten von Waffen aus Libyen, die in die Hände von Dschihadisten und der Tuareg-Bewegungen fielen. Diese riefen ihren eigenen Staat aus. Anfang 2013 musste Frankreich unter Präsident Hollande militärisch eingreifen, um islamistische Kräfte zurückzuschlagen, die bis in die Nähe der Hauptstadt Bamako vorgedrungen waren.

Im Juni 2015 wurde ein Abkommen in Algier zwischen der Regierung Malis und der Koordinierung der Azawad-Bewegungen (CMA) sowie einer Allianz von bewaffneten Tuareg-Rebellen unterzeichnet. Dennoch fallen im Land weiterhin viele Menschen terroristischen Anschlägen zum Opfer. So starben 20 Menschen bei einem Angriff auf ein Hotel in Bamako im November 2015. 77 Tote und über 100 Verletzte gab es im Januar 2017 bei einem Angriff auf eine Kaserne in der 750 Kilometer nordöstlich der Hauptstadt Bamako gelegenen Stadt Gao. Die UNO versucht, über eine 10 000 Mann starke

Friedenstruppe (MINUSMA) die Sicherheit und Stabilität im Lande wiederherzustellen. Mehrere europäische Staaten beteiligen sich an der Ausbildung einheimischer Militärkräfte.

Armut und Kriminalität

Mali ist eines der ärmsten Länder der Welt und steht im Human Development Index auf 176. Stelle von 187 Ländern. Jeder Zweite lebt von etwa einem Dollar pro Tag. Noch immer sterben 102 von 1 000 Neugeborenen. Nur jeder Dritte lernt Lesen und Schreiben. Ein Einwohner Luxemburgs verfügt über einen durchschnittlichen Jahreshaushalt von über 60 000, ein Malier über nur 1 499 Dollar.

Mali wird auch heimgesucht von Korruption und Plünderung öffentlicher Ressourcen durch Betrüger in Uniform und weißem Kragen. Illegaler Handel mit Drogen, Zigaretten, Öl, aber auch mit Menschen, die aus den subsaharischen Ländern kommend über die Maghreb-Länder nach Europa wollen, breitet sich aus.

15,5 Millionen Menschen leben in Mali auf einer Fläche, die zweieinhalb Mal so groß ist wie diejenige Frankreichs. Durchschnittlich 6,1 Kinder bringt eine malische Frau zur Welt. Das heißt, jedes Jahr wächst die Bevölkerung um drei Prozent. Wenn sich daran nichts ändert, könnten zur Jahrhundertmitte etwa 50 Millionen Menschen in Mali leben, dreimal so viel wie heute. »Es ist eine leise tickende Zeitbombe, die jeden Fortschritt gleich wieder zunichtemacht«, kommentierte der *Spiegel* 2015.[14] Vier Millionen Malier leben im Ausland, etwa 200 000 davon in Europa – und sind wichtige Stütze für ihre verbliebenen Familienangehörigen: Sie haben 2014 mehr als 900 Millionen Dollar in ihre Heimat überwiesen.

Die Entwicklungshilfe Luxemburgs und Deutschlands

Die Entwicklungshilfe ist eine der wichtigsten Einnahmequellen Malis. Dem privilegierten Partnerland stellte Luxemburg für sieben Jahre (2007–2014) ein 55,2-Millionen-Euro-Programm bereit. Sie wurden für Erziehung, Berufsausbildung, Gesundheitsprogramme, ländliche Wasser- und Entwicklungsprojekte investiert. 2014 wurden über zehn Millionen Euro ausgegeben, davon 1,4 Millionen für Projekte von Nichtregierungsorganisationen und 1,7 Millionen für humanitäre Zwecke und Bereitstellung von Lebensmitteln.[15]

Die Mehrheit der Ärmsten lebt auf dem Lande, sie sind Kleinbauern. Immerhin, Mali hat es fertiggebracht, seine Reisproduktivität seit 2005 von zwei auf vier Tonnen pro Hektar zu verdoppeln. Dazu konnte auch Luxemburg einen Beitrag leisten über das Wasserprojekt im San-Tal, das unweit der Stadt Ségou liegt, nordöstlich von der Hauptstadt Bamako. Dort wurden 780 Hektar Reisanbauflächen verbessert, die Bewässerung aus dem Fluss Bani erneuert, die Vereinigung der Reisproduzenten (ARPASO) in ihren Verwaltungsfähigkeiten des Projektes gestärkt und die Alphabetisierung seiner Mitglieder finanziert. Die Reisproduktion konnte verdoppelt und die Nahrungssicherheit in dieser Gegend gewährleistet werden.

Auch die Deutsche Gesellschaft für Internationale Zusammenarbeit (GIZ) ist tätig in Mali, bewässert die Ebenen entlang des Niger, asphaltiert Straßen, baut Schulen und bildet Pioniere aus. Deutschland kündigte 2014 an, mehr Verantwortung in Afrika übernehmen zu wollen und stellte viel Geld für das Engagement zur Verfügung. Unter dem Motto »Fluchtursachen bekämpfen« wurden 330 Millionen Euro in eine Sonderinitiative investiert, die neben Mali, Syrien und den Irak zu Schwerpunktländern erklärte. »Wir brauchen mehr Ausbilder und mehr Entwicklungshelfer«, so der Entwicklungsminister Gerd Müller, »nur in diesem Zusammenhang können wir das Ziel stabiler und funktionierender Staaten erreichen.«

Ein Reporter des *Spiegel* begleitete Jürgen Koch, Leiter des GIZ-Büros, auf einer Fahrt nach Pelengana, nahe der Stadt Ségou. Hier wurde Koch wie ein Staatsgast empfangen. Die Bürgermeisterin hatte sich eine Schärpe um die Brust gelegt, neben ihr der Finanzdirektor, Archivare und Buchhalter. Pelengana gilt als Vorzeigekommune eines millionenschweren Dezentralisierungsprogramms der GIZ. Ein grauhaariger Schuldirektor erklärte: »Wir haben 2486 Schüler, eingeteilt in 30 Klassen. Macht rund 80 pro Klasse. 50 Lehrer.«

Verordnete Strukturreformen, die zum Niedergang führten

Für Jürgen Koch hat der Niedergang eingesetzt, »als die internationale Gemeinschaft in den Achtzigerjahren damit begann, dem Land umfassende Strukturreformen zu verordnen. (...) Wie viele andere hochverschuldete Länder wurde auch Mali dazu gedrängt, seine Staatsausgaben drastisch zu senken.« Unter Aufsicht von Weltbank und IWF privatisierte die Regierung Staatsbetriebe, Tausende Lehrer wurden entlassen. »Das Erbe ist ein kaputter Staat, der kaum noch seinen Verpflichtungen nachkommt. Heute erscheinen die Lehrer oft nicht zum Unterricht, weil ihre mageren Gehälter sie zwingen, Privatstunden zu geben. Oder sie vergeben gute Noten gegen Geld. Vielleicht könnte sich Deutschland die Soldaten sparen, wenn es mehr Lehrer gäbe.«

Auch für Paul Martial von der südafrikanischen Nachrichtenagentur *Izindaba* führte vor allem die eifrige und schnelle Anwendung der von IWF und Weltbank vorgegebenen Strukturanpassungsprogramme zur Zerstörung des Staates: »Mit Beginn der 90er Jahre lernt die Bevölkerung den Abbau bedeutender Sozialleistungen, insbesondere im Gesundheits- und Schulbereich, kennen. Die zwanzig größten Staatsunternehmen wie die Internationale Bank für Mali (BIM), die Telefongesellschaft Malis (SOTELMA), die Malische Gesellschaft zur Entwicklung von Textilien (CMDT), die Energie Malis (EDM) und so weiter wurden zum Teil oder in Gänze für ein Butterbrot an multinationale Konzerne – vor allem an französische wie DAGRIS, Vivendi, Bouygues, Canac-Getma ... – verschleudert. Als schwaches Glied in der Region sollte Mali in die tiefste Krise geraten, die das Land seit seiner Unabhängigkeit erlebte.«

Darüber hinaus beobachtete auch der *Spiegel*-Reporter die verheerende Wirkung der Dumpingexporte aus dem reichen Norden.

Hühnerfüße, Milchpulver oder Abfallprodukte aus hoch subventionierten deutschen Großbetrieben würden in Bamako zu Preisen angeboten, mit denen kein einheimischer Bauer konkurrieren könne. Die Baumwolle komme oft aus den USA, wo die Regierung ihre Farmer jedes Jahr mit rund zwei Milliarden Dollar unterstütze. Viele beklagten sich über die Doppelzüngigkeit von Politikern, die von fairem Handel reden, letztlich aber nur daran interessiert sind, neue Absatzmärkte zu erschließen. Was fehle, sagt ein Bewässerungsexperte, sei Kohärenz. »Und solange sich daran nichts ändert, bleibt sein Kampf ein Kampf gegen Windmühlen. Am Ende all dessen steht ein Verdacht: Könnte es sein, dass auch die Rede von der Bekämpfung der Fluchtursachen nur eine Erzählung ist, die in die Irre leitet? Dass das Interesse, das dahintersteht, eigentlich ein ganz anderes ist?«

Die Agenda der nachhaltigen Entwicklungsziele: Armutsstrukturen bleiben unangetastet

Ende September 2015, wurde bei einem UNO-Gipfel in New York die Agenda der Nachhaltigen Entwicklungsziele von 192 Staats- und Regierungschefs verabschiedet. Diese Ziele werden die Entwicklungsagenda in den nächsten 15 Jahren weitgehend bestimmen. Regierungen, Entwicklungsinstitute und NGOs werden sich während dieser Zeit auf sie berufen, versuchen, zu ihrer Umsetzung beizutragen, diese prüfen und kommentieren.

Diese neue Agenda zählt 17 nachhaltige Entwicklungsziele und 169 sogenannte Unterziele. Eine große, kaum übersichtliche Zahl!

Diese Agenda folgt auf die der Jahrtausendentwicklungsziele, die im Jahr 2000 angenommen wurde und 2015 auslief. Die meisten der alten Ziele sind in der neuen Agenda wieder aufgenommen, sind aber viel ehrgeiziger. So sollen die extreme Armut und der Hunger bis 2030 komplett beendet und nicht »nur« halbiert werden. Bildung für alle soll nicht nur zur Primärschule gesichert werden, sondern auch zur Sekundarschule und sogar zur Vorschule und zu einer Berufsausbildung. Die Rechte der Frauen kommen stärker zur Geltung, und auch der Schutz vor sexuellen Übergriffen findet in der Agenda Erwähnung.

Die größte Neuerung besteht in der Einführung von Nachhaltigkeitszielen, wie etwa der nachhaltigen Bewirtschaftung der Wasserressourcen, Maßnahmen zur Bekämpfung des Klimawandels, in der nachhaltigen Entwicklung der Ozeane und Meere, im Schutz der Landökosysteme, der nachhaltigen Bewirtschaftung der Wälder, im Stopp des Biodiversitätsverlustes und der Wüstenbildung und vieles mehr. Oft werden diese Nachhaltigkeitsziele mit Entwicklungszielen verbunden.

Die neue Agenda definiert nicht nur ökologische, sondern auch wirtschaftliche und friedenspolitische Ziele. So werden auch die Reduzierung der Ungleichheiten und gerechtere Steuersysteme vorgesehen. Hier kommt der Versuch zum Ausdruck, der komplexeren und multidimensionalen Natur der Entwicklung gerecht zu werden.

Alle Ziele sind universell, gelten also für alle Länder, sowohl für diejenigen aus dem Norden wie für die aus dem Süden. Auch die reichen Länder werden zur Eliminierung der Armut verpflichtet. Wir wissen, es gibt auch Armut in unseren Ländern, es gibt immer größere Ungleichheiten nicht nur zwischen den Ländern, sondern auch innerhalb der Länder, auch bei uns. Allerdings sollten diese Hausaufgaben die reichen Länder nicht dazu führen, ihre große Verantwortung gegenüber den Entwicklungsländern zu vergessen.

Einige dieser Ziele sind nicht sehr genau und haben kaum Bezug zur Armutsbekämpfung. So soll etwa die Zahl der Verkehrstoten halbiert werden und Identitätspapiere für alle ausgestellt werden. Wie das gelingen soll, bleibt jedoch unklar. Auch wird allgemein davon gesprochen, eine weitere Versauerung der Ozeane zu verhindern und die organisierte Kriminalität zu bekämpfen. Auch hier bleibt die Agenda konkrete Vorschläge für die Umsetzung der Ziele schuldig. Verschiedene Ziele wiederum erscheinen von Beginn an nicht sehr realistisch, wie zum Beispiel die Sicherung von mindestens sieben

Prozent Wachstum in den am wenigsten entwickelten Ländern und der Absicht, jegliche Form von Gewalt an Mädchen und Frauen zu beenden. So wäre es vielleicht besser gewesen, sich auf weniger, dafür aber glaubhaftere Ziele zu einigen.

Sinnvolle Vorschläge und Schwächen der Agenda

Ziel zwei der Agenda sieht einschlägige Vorschläge zur Beendung des Hungers und dem Erreichen der Ernährungssicherheit vor. Dazu soll bis 2030 die landwirtschaftliche Produktivität und das Einkommen der Kleinproduzenten verdoppelt werden, besonders für Frauen, indigene Völker, bäuerliche Familien, Viehhirten und Fischer. Ein sicherer und gerechter Zugang zu Land und zu anderen produktiven Ressourcen, zu Wissen, finanziellen Dienstleistungen und zu Möglichkeiten in der Wertschöpfung soll gesichert werden. Investitionen in der Infrastruktur, der landwirtschaftlichen Forschung und dem Einsetzen von Saatgutbanken sind zu erhöhen, vor allem mit Hilfe internationaler Zusammenarbeit.

Hervorzuheben ist, dass Ziel zwei nur über eine tatsächlich nachhaltige Landwirtschaft erreicht werden kann. Diese wird allerdings kaum definiert. Lediglich das Erhalten der Diversität von Saatgut und domestizierten Tierarten wird erwähnt. Von einer biologischen Landwirtschaft oder einer Landwirtschaft ohne Pestizide ist nicht die Rede.

Die Menschenrechte kommen zwar in der Präambel vor, deren Einhaltung wird aber nicht als Ziel definiert.

Diese Agenda ist nicht verpflichtend. Sie wird über eine Resolution angenommen, die lediglich Empfehlungscharakter hat. Auch wenn sie eine gewisse politische Bedeutung hat, kann eigentlich jede Regierung damit tun, was sie will.

Unsichere Finanzierung

Mehrere tausend Milliarden Dollar, so schätzt man, werden benötigt, um die Umsetzung dieser Agenda zu finanzieren. Die öffentliche Entwicklungshilfe beläuft sich lediglich auf etwa 130 Milliarden Dollar pro Jahr.

Neue Finanzierungsquellen werden aufgeführt. So werden der Privatsektor und die öffentlich-privaten Partnerschaften angeführt. Auf die Frage, warum private Geldgeber im Bereich der Entwicklungszusammenarbeit kritisch zu sehen sind, werde ich im folgenden Kapitel eingehen.

Nichts ist vorgesehen, um die Finanzmärkte zu regulieren und um gegen die Finanzspekulation auf Lebensmittel vorzugehen.

Nach der Agenda, sollen die Staaten ihre Kapazität verbessern, Steuern zu erheben und Steuerflucht zu vermeiden. Hierbei darf nicht die große Verantwortung der reichen Länder vergessen werden. Laut der NGO »Global Financial Integrity« fließen acht bis zehn Mal mehr Gelder aus dem Süden in den Norden, als in Form von Entwicklungshilfe wieder zurückgeführt wird.

Bleiben die reichen Länder glaubwürdig?

Die reichen Länder haben ein ernstes Problem der Glaubwürdigkeit. Sie haben sich eigentlich seit Jahrzehnten dazu verpflichtet, ihre öffentliche Entwicklungshilfe auf 0,7 Prozent ihres Bruttosozialeinkommens zu erhöhen. 2005 haben die Mitgliedstaaten der EU unter luxemburgischer Präsidentschaft dies über eine klare politische Verpflichtung des Europäischen Rates bekräftigt. Heute stellen wir fest, dass weltweit immer nur fünf Staaten dieses Ziel erreichen: Schweden, Norwegen, Dänemark, Luxemburg und das Vereinigte Königreich. Recht beschämend ist, dass Staaten wie Deutschland oder Frankreich immer nur etwa 0,4 Prozent aufbringen, Italien sogar weniger als 0,2 Prozent, die USA oder Japan kaum 0,2 Prozent. Zusätzlich lässt die Qualität der Hilfe oft zu wünschen übrig, sie wird vor allem bei größeren Ländern, wie den USA, klar für politisch-strategische Ziele missbraucht.

Die neoliberale Weltordnung wird nicht in Frage gestellt

Die wirtschaftliche Entwicklung, so die Agenda, beruht auf Wachstum, das inklusiv und dauerhaft sein muss, begleitet von produktiver Beschäftigung und einer auskömmlichen Arbeit für alle. Doch indem sie darauf besteht, dass der Markt »offen« bleiben muss, gemäß den Regeln der WTO, stellt die Agenda die neoliberale Weltwirtschaftsordnung keineswegs in Frage, ebenso wenig die Liberalisierung der Märkte, die den Entwicklungsländern aufgezwungen wurde. Der Verarmungsprozess, den die strukturellen Anpassungsprogramme der Weltbank und des IWF in den letzten Jahrzehnten in einer Vielzahl von Entwicklungsländern verursacht haben, wird überhaupt nicht thematisiert. Es ist also zu erwarten, dass er sich fortsetzt. Auch Jean Ziegler äußert Kritik an dieser Agenda: Das Ziel, den Hunger zu beenden, könne ohne Verbote der Spekulation auf Agrarrohstoffe an den Börsen, der Landaneignung im Süden durch Hedgefonds, der Agrotreibstoffe, der Geierfonds, von EU-Dumpingexporten und so weiter nicht erreicht werden.[16]

Die armen Länder, besonders in Afrika, brauchen dringend Arbeitsplätze und ein gerechtes Einkommen vor allem für die vielen Jugendlichen, die auf den Arbeitsmarkt kommen. Wie es die Agenda einräumt, sind dazu unbedingt Produktionskapazitäten zu schaffen vor allem in der Landwirtschaft und in der Industrie. Die dort arbeitenden Kleinbetriebe haben aber nur eine Chance zu bestehen und ihre Waren auf einem Markt für gerechte Preise verkaufen zu können, wenn ihre Preise nicht unterboten werden durch industrielle Massenware aus den reichen Ländern oder aus Schwellenländern.

Fördert die EU die Entwicklung?

Wir haben bereits eingangs gesehen, wie die EU-Staaten über den Export von Nahrungsmitteln in afrikanische Märkte zu Dumpingpreisen Millionen von Kleinbauern mit ihren Familien vom Markt verdrängen und ruinieren. Und dass der Ausweg oft nur die Landflucht in die Elendsviertel der Städte ist und immer häufiger auch die Flucht nach Europa über Lampedusa. Die Notwendigkeit, dass armen Ländern die Möglichkeit gegeben werden muss, ihre Kleinproduzenten zu schützen und ihre Märkte neu zu strukturieren, wird in der Agenda der nachhaltigen Entwicklungsziele nicht angesprochen. Das stellt den Weg zu einer wirklichen, dauerhaften Entwicklung in Frage. Es ist heuchlerisch, dass die westlichen Staaten, die den Entwicklungsländern »offene« Märkte aufzwingen, sich nicht scheuen, in ihren Ländern die landwirtschaftlichen Produkte mit sehr hohen Zollsätzen zu schützen, wie dies etwa in der EU der Fall ist, oder mit hohen Subventionen jede Auslandskonkurrenz ausschalten.

Zudem sind durch die Liberalisierung der Märkte und das erzwungene Herabsetzen von Zöllen vielen Entwicklungsländern wichtige Einkommensquellen verloren gegangen. Infolgedessen mussten Kosten bei den Erziehungs- und Gesundheitsprogrammen eingespart werden. Es ist mehr und mehr zu einer Privatisierung von Erziehung und Gesundheitspflege gekommen. Eine Entwicklung, die durch neue regionale oder bilaterale Freihandelsabkommen mit den Entwicklungsländern, wie die WPA, noch verschlimmert wird.

So ergibt sich die Schlussfolgerung, dass die beschriebene Agenda der nachhaltigen Entwicklungsziele, wohl auf die Symptome der Armut eingeht, nicht aber auf ihre strukturellen Ursachen. Das Scheitern dieser Agenda ist damit vorprogrammiert.

Das Trojanische Pferd der öffentlich-privaten Partnerschaften

Anfang Juli 2017 fand in Hamburg, unter der Leitung Angela Merkels, der Gipfel der G20-Staatengruppe statt, der die 19 größten Industriestaaten und Schwellenländer der Welt sowie die EU zusammenbrachte. Das Leitmotiv: »Shaping an Interconnected World« – eine vernetzte Welt gestalten. Dieser Gipfel glänzte durch Uneinigkeit und war geprägt von den Auseinandersetzungen mit Donald Trump, der sich vom Resultat der Pariser Klimakonferenz distanzierte und jedes Bekenntnis zum Freihandel ablehnte. Die Zivilgesellschaft nahm Stellung gegen den Neoliberalismus, die wachsenden Ungleichheiten und forderte konkrete Verpflichtungen für die Bekämpfung des Klimawandels. Überschattet wurde der Gipfel von Polizeigewalt und heftigen Ausschreitungen von Randalierern.

Die Initiative »Compact with Africa«

Es kam kaum zu Gesprächen über Afrika bei diesem Gipfel, an dem sich nur ein einziges afrikanisches Land beteiligte: Südafrika. Eine Pressemitteilung kündigte jedoch die Schaffung einer »Partnerschaft mit Afrika« an und erwähnte, unter den angenommenen Texten, die Initiative »Compact with Africa« (CWA). Diese war bereits im Dezember 2016 von den Finanzministern unter der Leitung von Wolfgang Schäuble vorbereitet worden. Sie spiegelt die Sicherheitsinteressen der Industriestaaten wider, die vor allem darauf bedacht sind, die Migrationsströme zu stoppen, und die wirtschaftlichen Interessen der Investoren, die in Afrika gute Geschäfte machen wollen. Es geht um die Finanzierung großer Infrastrukturprojekte durch die Bereitstellung von Privatkapital und die Absicherung interessanter Renditen – von zwischen vier und fünf Prozent – für Investoren wie Pensionsfonds und Lebensversicherungen. Es wird geschätzt, dass jedes Jahr Investitionen in Höhe von etwa 100 Milliarden Dollar notwendig wären, um Afrika in Sektoren wie Elektrizität, Straßen-, Hafen-, Flughafenbau und Stadtverkehr auf die Höhe der Länder Südostasiens zu bringen. Der Washingtoner Konsens prägt den makroökonomischen Rahmen: Haushaltsdisziplin, freier Kapitalverkehr, Privatisierung und Deregulierung. Die Entwicklung der afrikanischen Industrie und der Landwirtschaft stehen dagegen nicht im Fokus.

Zwischen den verschiedenen afrikanischen Ländern wird kein Unterschied gemacht, und es wird auch kein Bezug zu afrikanischen Konzepten hergestellt, die die Schaffung von Arbeitsplätzen über die

Entwicklung einer Wirtschaft in der Wertschätzungskette vorsehen. Die vorgeschlagenen Investitionen wurden kaum mit den betroffenen Regierungen diskutiert und vorbereitet. Sie laufen Gefahr, die Umwelt zu beschädigen und Bauern und einheimische Bevölkerungen zu vertreiben, die im Voraus in keiner Hinsicht befragt wurden.

Der »Marshallplan mit Afrika«

Der G20-Gipfel führte auch zur Annahme des »Marshallplanes mit Afrika«, der unter Bundesentwicklungsminister Müller während einer Konferenz des »G20-Africa Partnership« im Juni 2017 in Berlin vorbereitet wurde. Mit diesem Plan will Gerd Müller der »zentralen Herausforderung für die nächsten Jahrzehnte« begegnen durch »die Entwicklung der Wirtschaft und die Schaffung von Arbeits- und Ausbildungsplätzen«. »Jedes Jahr kommen 20 Millionen junge Menschen neu auf den Arbeitsmarkt. Für sie gibt es zu wenige Jobs.«[17] In einem Artikel mit dem Titel »Das große Missverständnis« stellt *Der Spiegel* zu diesem Plan, der eine Lösung für Migration, Hunger und Armut in Afrika darstellen soll, zuerst die Frage, ob Geld tatsächlich die Lösung dieser Probleme sein kann.[18]

Verschiedene französische Nichtregierungsorganisationen wie Action contre la Faim, CCFD-Terre Solidaire und Oxfam France, nutzten die Gelegenheit dieser Konferenz, um einen Bericht zu veröffentlichen mit dem Titel »Afrikanische Landwirtschaft: Die Sackgasse der landwirtschaftlichen Entwicklungszentren«[19], der die Dynamik dieser Landinvestitionen in Afrika veranschaulicht.

Es habe den Anschein, so der Bericht, als würden diese Partnerschaften zwischen öffentlichen Behörden und Unternehmen, die als Allheilmittel gegen den Hunger dargestellt werden, in Wirklichkeit die Ernährungsunsicherheit der Bevölkerungen nur weiter verschlimmern. Diese Wachstumszentren entwickeln sich auf Kosten der lokalen Kleinbauern. Große landwirtschaftliche Flächen werden durch Privatunternehmen genutzt, denen Steuerermäßigungen und die Befreiung von Zollabgaben zugestanden werden. So kommt es zu einem unlauteren Wettbewerb zwischen multinationalen Unternehmen und Kleinbauern. Die Einkünfte der afrikanischen Staaten und ihre Fähigkeit, selbst in der Landwirtschaft zu investieren und ihre Bevölkerung zu ernähren, werden beträchtlich geschmälert. Zugleich sind die Bauern, die das betroffene Land bebauen, oft gezwungen, ohne Entschädigung wegzuziehen oder für Hungerlöhne zu arbeiten.

Diese NGOs erinnern daran, dass die bäuerliche Landwirtschaft in Afrika 70 Prozent der Arbeitsplätze sichert, 40 Prozent der Güterexporte, 33 Prozent des BIP und dass sie 80 Prozent der Bevölkerung ernährt. Der Ausbau dieser Zentren gefährdet jedoch die Ernährungsautonomie der lokalen Bevölkerungen.

Wie dies auch die afrikanischen Bauernorganisationen tun, verlangen sie die Einstellung jeder Hilfe für die Entwicklung dieser landwirtschaftlichen »Entwicklungszentren«. Sie rufen zu einer Unterstützung der Kleinproduzenten auf, die wirklich in der Lage sind, den Herausforderungen der Ernährungssicherheit des Kontinentes zu begegnen.

Die Afrika-Initiativen, die der G20-Gipfel in Hamburg verabschiedete, entsprechen einer Grundtendenz der letzten Jahre von Seiten der Industriestaaten, der Weltbank und anderer großer Entwicklungsinstitutionen. Zur Lösung der Probleme der Entwicklungsländer müssen größere Investitionen getätigt werden. Besonders nach der Finanzkrise von 2008 fühlen sich viele Staaten allerdings nicht mehr in der Lage, die notwendigen, zusätzlichen Ressourcen aufzubringen. Daher werden verstärkt der Privatsektor und Unternehmen in diese Bemühungen miteinbezogen. Das Konzept der öffentlich-privaten Partnerschaften, bei denen multinationale Konzerne an der Entwicklungszusammenarbeit beteiligt werden, ist Ausdruck dieser Entwicklung. Ihre Investitionen werden als ein nützliches Instrument angesehen, um gegen die Armut vorzugehen. Es ist also nicht überraschend, dass auch die Agenda über die nachhaltigen Entwicklungsziele diese neuen Partnerschaften erwähnt (Ziel 17).

Obamas zweifelhafte »Neue Allianz für Nahrungssicherheit und Ernährung«

Bereits 2012 hat Präsident Obama beim G8-Gipfel in Camp David die »Neue Allianz für Nahrungssicherheit und Ernährung« ausgerufen, die über eine Partnerschaft mit dem Privatsektor Investitionen für die Landwirtschaft in Afrika fördern soll. So sollen bis 2022 insgesamt 50 Millionen Menschen in Subsahara-Afrika aus der Armut befreit werden. Partnerschaftsabkommen wurden bisher mit zehn afrikanischen Staaten abgeschlossen, darunter Mali, Burkina Faso, Senegal, die Elfenbeinküste, Tansania, Malawi und Äthiopien. Dem Bericht der Neuen Allianz zufolge hatten sich 2014 etwa hundert lokale und globale Firmen dazu verpflichtet, acht Milliarden Dollar bereitzustellen. Tatsächlich wurde aber erst eine Milliarde investiert.

Es bleibt sehr fragwürdig, welche Folgen es hat, wenn Hungerbekämpfung zum Geschäftsmodell wird – ob und wie größere, oft multinationale Unternehmen die Entwicklung von Klein- und Familienbetrieben unterstützen wollen und können, darf bezweifelt werden. Vor allem, da auch hier die Kleinbauern, die eigentlich von diesem Vorhaben profitieren sollten, nicht eingebunden sind.

Dies wird bestätigt durch eine Studie, die von der italienischen Entwicklungsorganisation Terra Nuova und dem in Amsterdam angesiedelten Transnational Institute[20] erarbeitet wurde. Sie belegt, dass diese Programme in Kauf nehmen, dass Kleinbauern von ihren Ländereien vertrieben werden oder sie den internationalen Märkten ausgesetzt werden, was letztlich zu ihrer weiteren Verarmung führt, Konzerne hingegen bereichert. Sie zeigt, wie hier Gesellschaften, philantropisch-kapitalistische Stiftungen, dem Privatsektor nahestehende Foren, bi- und multilaterale Hilfsprogramme sowie afrikanische Autoritäten zusammenspielen. Es enthüllt die falsche Rhetorik, die behauptet, Nahrungsunsicherheit ausräumen zu wollen. Geäußert wird die Befürchtung einer Privatisierung von Gemeinschaftsressourcen, von denen die ländliche Bevölkerung abhängt. Das Risiko besteht, dass im Saatgutbereich beispielsweise Produkte von Privatfirmen gefördert, die Rechte der Bauern, ihr eigenes Saatgut zu benutzen, jedoch eingeschränkt werden. Kurzum, die Investitionen des Privatsektors werden geschützt, nicht die der Bauern, die für 90 Prozent aller Investitionen in der Landwirtschaft verantwortlich sind.

Für Mamadou Goïta, den malischen Direktor des afrikanischen Studienzentrums IRPAD,[21] ist die »Neue Allianz« eine der Initiativen, die die Landwirtschaft in Afrika daran hindern, die Afrikaner zu ernähren. Sie ist auch im Zusammenhang mit Initiativen wie AGRA zu sehen, die darauf abzielen, die Produktivität in der Sahelzone zu erhöhen und das landwirtschaftliche Modell der »Grünen Revolution« zu fördern. Es zeichnet sich aus durch intensiven Einsatz von Kunstdüngern, Pestiziden, Wasser sowie Hybrid- oder gentechnisch verändertes, kurz: GVO-Saatgut. Dieses Modell ist sehr schädlich für Boden und Umwelt.

AGRA wird massiv von der 30 Milliarden Dollar starken Bill-und-Melinda-Gates-Stiftung unterstützt, die 2010 Monsanto-Aktien im Wert von 23 Millionen Dollar erworben hat.

Der Leitfaden dieser Neuen Allianz, so Mamadou Goïta weiter, besteht in der Einbindung transnationaler Unternehmen in den Ernährungsbereich, wie Coca-Cola, Monsanto und Cargill. Jeder afrikanische Staat, der sich beteiligt, muss einen Vertrag mit einem der Unternehmen unterzeichnen wie auch mit einer der G8-Regierungen, die die Durchführung des Vertrages zu überprüfen hat. Und sie muss sich dazu verpflichten, die Reformen durchzuführen, die es den Privatunternehmen erlaubt, die vorgesehenen Investitionen zu tätigen und die Entwicklung der Landwirtschaft zu begünstigen. Der Staat stellt sich in den Dienst der Privatwirtschaft. Öffentliche Ressourcen werden benutzt, um Privatinteressen zu fördern.

Afrikanische Bauernorganisationen, wie das ROPPA-Netz, haben klare Stellung gegen diese sogenannte Grüne Revolution bezogen. Auf Initiative der in Johannesburg ansässigen internationalen NGO Action-Aid haben 2015 über hundert afrikanische und europäische NGOs und Bauernorganisationen eine Erklärung abgegeben, in der sie den Stopp dieser Neuen Allianz fordern, die als eine große Bedrohung für die Nahrungssicherheit und die Agroökologie angesehen wird.

Strukturelle Schwächen

Die grundsätzliche Kritik an all diesen öffentlich-privaten Partnerschaften für Afrika ist, dass sie in keinerlei Hinsicht die neoliberale Politik in Frage stellen, diese sogar eher verstärken. Wie schon an anderer Stelle erklärt, kann nur ein Paradigmenwechsel in der Handels-und Entwicklungspolitik zur notwendigen Schaffung von menschenwürdigen Lebensgrundlagen führen, von genügenden Arbeitsplätzen sowohl in der Landwirtschaft wie auch in der Industrie.

Das fordert auch der oben genannte *Spiegel*-Artikel zum Marshallplan: »Nötig wären etwa faire Handelsabkommen: Vereinbarungen also, die vor allem afrikanischen Unternehmern nutzen und nicht europäischen Nahrungsmittelproduzenten (...) und Brüssel müsste darauf verzichten, europäische Fangflotten und Großbauern mit Subventionen zu päppeln. Denn die sorgen dafür, dass Afrika mit billigem Milchpulver, Tomatenmark und Fleisch überschwemmt und vor der Küste der Fisch weggefangen wird.« Zuletzt stellt in diesem Artikel Klaus Töpfer, ehemaliger UNO-Umweltprogrammleiter, fest: »Unsere Agrar- und Ernährungspolitik oder auch die Handelspolitik wirken sich unmittelbar und mittelbar negativ auf viele Entwicklungsländer und vor allem auf die arme Bevölkerung dort aus.«

In dem arte-Dokumentarfilm »Konzerne als Retter? – Das Geschäft mit der Entwicklungshilfe«[22] zeigen Valentin Thurn und Caroline Nokel, anhand von Beispielen in Kenia, Sambia und Tansania, wie solche öffentlich-privaten Partnerschaften funktionieren und warum das Entwicklungsministerium zunehmend auf Privatwirtschaft setzt. Nur sie, so heißt es auch dort, könne Hunger und Armut in der Welt effizient bekämpfen. Davon haben die Ärmsten der Armen aber bislang noch nicht profitiert. Vielmehr kommt es häufig zum Missbrauch staatlicher Entwicklungshilfe durch die Industrie. Letztendlich besteht ein grundlegender Interessenkonflikt zwischen industrieller und kleinbäuerlicher Landwirtschaft.

Die Rolle Luxemburgs

Auch die ARD-Sendung »Monitor« ging kürzlich auf die Auswirkungen der öffentlich-privaten Partnerschaften ein. Als Beispiel wurde unter anderem der »Africa Agriculture and Trade Investment Fund« (AATIF) genannt, den allein das deutsche Entwicklungsministerium mit 75 Millionen Euro finanziert und der von der Deutschen Bank verwaltet wird. Dieser Fonds hat das offizielle Ziel, das landwirtschaftliche Potential Afrikas zu nutzen, um gegen die Armut zu kämpfen, Arbeitsplätze zu schaffen und die Einkommen der Bauern und der Arbeiter zu erhöhen.

Der Dokumentarfilm zeigte allerdings eine andere Realität: In Sambia hat das von AATIF mit zehn Millionen Dollar ausgestattete Agrivision Africa-Projekt 17 000 Hektar Land gekauft, Land, auf dem lokale Bauern vorher unter anderem Projekte für ihre Selbsternährung durchführten. Gestützt auf eine reichliche Bewässerung werden dort jetzt Weizen, Mais und Soja auf industrielle Weise angebaut, von denen der größte Teil exportiert wird. Ein Manager lobt die Vorzüge des Projektes, wobei er hervorhebt, wie stark das Unternehmen mechanisiert ist, dass es mit wenigen Arbeitsplätzen auskommt und bei den Kosten der Anteil der Gehälter so recht gering bleiben kann. Von den Investitionen komme bei den Menschen so gut wie nichts an, so der Kommentar. Die Einwohner beklagen sich über die schlecht bezahlten Gelegenheitsjobs und die Arbeitsbedingungen. Viele wurden durch den Landraub ihrer Lebensgrundlage beraubt. Eine Frau klagt, dass sie nicht mehr in der Lage sei, ihre Kinder zu ernähren, nachdem ihr das Stück Land genommen worden war, das sie vorher bestellen konnte. Jane Nalonga, die für das afrikanische Forschungszentrum SEATINI arbeitet und beim G20-Gipfel zu Gast war, kommentiert: »Ausländische Investoren wollen nur Profit. Allein darum geht es. Für Afrika wird das mit einer Katastrophe enden.«

Die Konstruktion dieses Fonds ist so angelegt, dass die Gewinne in erster Linie den privaten Investoren zukommen, während bei Verlusten zuerst die öffentliche Hand haftet, also der Steuerzahler. Da in

Deutschland die notwendigen, vor allem rechtlichen Voraussetzungen für die Gründung eines solchen Fonds nicht gegeben sind, wurde dieser »im Steuerparadies« Luxemburg in der Form einer Investmentgesellschaft angelegt. Genauer geschah dies über eine »SICAV-SIF« – Société d'Investissement à capital variable – fonds d'investissement spécialisé – auf Initiative der Deutschen Bank und der Kreditanstalt für Wiederaufbau (KfW), stellvertretend für das deutsche Bundesentwicklungsministerium. Somit leistet Luxemburg über seinen Finanzplatz der Bevölkerung Afrikas einen desaströsen Dienst in ihrem Kampf gegen Hunger und Armut.

Armut und Ausbeutung in Äthiopien

Ende Dezember 2012 und Anfang Januar 2013 konnte ich mit meiner Familie Äthiopien bereisen. Wir nutzten die Gelegenheit, um uns nicht nur über das Land, seine Geschichte, seine politische Lage zu informieren, sondern auch, um die sozialen und wirtschaftlichen Verhältnisse vor allem auf dem Land besser kennenzulernen sowie das Phänomen der Landaneignung – des »Land Grabbings«.

Äthiopien ist ein sehr armes Land. Schätzungsweise 39 Prozent der Äthiopier leben unter der Armutsgrenze. 2016 stand das Land im UNO-Index für menschliche Entwicklung (Human Development Index) an 174. Stelle von 188 Ländern. Die Lebenserwartung beträgt 52 Jahre für Männer und 57 Jahre für Frauen. Im Durchschnitt gibt es einen Arzt für 30 000 Einwohner. Das Land ist zweimal so groß wie Frankreich. Es hat eine Bevölkerung von etwa 90 Millionen Einwohnern und ein starkes Bevölkerungswachstum von 2,6 Prozent, also rund zwei Millionen Neugeborene jedes Jahr.

Äthiopien ist ein ungeheuer vielfältiges Land mit mehr als 80 ethnischen Gruppen, von denen jede ihre eigene Sprache hat, sechs Klimazonen, eine eigene Zeitrechnung und ein eigenes Alphabet. Die größte Bevölkerungsgruppe ist die der muslimischen Oromo mit 40 Prozent, gefolgt von den christlich-orthodoxen Amharen, die

27 Prozent der Bevölkerung ausmachen. Auf der politischen und kulturellen Ebene wird das Land von den Amharen dominiert: Ihre Sprache ist die offizielle Amtssprache und vor allem in den Städten als Verkehrssprache weit verbreitet. An den Oberschulen und an den Universitäten wird vorwiegend auf Englisch unterrichtet.

Die politische Lage

Seit dem Ende des Bürgerkrieges im Jahr 1991 kontrollieren und dominieren die Tigray weitgehend die Koalitionspartei »Revolutionäre Demokratische Front der Äthiopischen Völker« (FDRPE), die eine große Mehrheit im Parlament innehat. Äthiopien ist ein autoritär geführter Staat, in dem Versammlungs- oder Meinungsfreiheit von der Regierung unterdrückt werden und die Medien staatlich kontrolliert sind. Oppositionsparteien und NGOs werden streng überwacht, und Repressalien der Regierung gegen »Fundamentalisten« sind an der Tagesordnung. Das alles schürt den Unmut der Muslime, die zwar zahlenmäßig in der Überzahl, politisch aber wenig einflussreich sind. International üben sowohl die USA als auch die Weltbank einen großen Einfluss auf die innere Entwicklung des Landes aus. In den vergangenen Jahren ist auch China über den Bau von Straßen und sonstiger Infrastruktur zunehmend stark vertreten.

Die Forschungsarbeit von Dessalegn Rahmato

In Addis Abeba trafen wir uns in einem engen Büro mit Dessalegn Rahmato, einem äthiopischen Forscher, der für das von skandinavischen Ländern und von den Niederlanden unterstützte Forum für Soziale Studien arbeitet. Er ist Autor mehrerer Veröffentlichungen über Landwirtschaft und widmet sich vor allem der Landentwicklung und dem Problem des Land Grabbing, das sich in seinem Land ausbreitet. Die Regierung fördere vor allem die industrielle Landwirtschaft, so Rahmato, die allerdings nicht dazu beitrage, die Ernährungssicherheit auf dem Lande zu verbessern. Die Ursachen der

Armut auf dem Lande sieht er in der demografischen Entwicklung, der Knappheit der Ländereien und dem Fehlen von Technologien. Die gesamte Landwirtschaft war bisher organisch, vor allem im Kaffeeanbau, aber vor kurzem habe die Regierung begonnen, Pestizide einzuführen. Bauernorganisationen, die sich dem Wandel widersetzten, wurden durch die amtierende Regierung kurzerhand aufgelöst und dann neu aufgebaut. Sie stehen unter staatlicher Kontrolle.

Misere der äthiopischen Bauern

80 Prozent der Bevölkerung sind in der Landwirtschaft tätig. Es sind Kleinbauern, die im Durchschnitt einen Hektar Land bebauen, oft sogar noch weniger. Die große Mehrheit der Bauern verfügt nur über äußerst einfache Geräte. Überall auf den Feldern konnten wir Ochsengespanne beobachten, die einfache Holzpflüge zogen. Die Weizenfelder werden per Hand mit einer Sichel geerntet. Ochsen- oder Pferdegespanne treten im Kreis auf Weizenhalme, um die Körner abzutrennen.

In seinem Buch *Der Bauer und der Staat*[23] schreibt Dessalegn Rahmato: »Nach mehr als 50 Jahren von Programmen der ›Landentwicklung‹ und der Bereitstellung von bedeutenden Mitteln, und trotz neuer Regierungen und Entwicklungsideologien geht es den äthiopischen Bauern in vieler Hinsicht heute nicht besser als zu Beginn der 1950er Jahre. Gewiss, es gibt ein minimales Netz von Landstraßen, einige moderne Transportmittel, einen Ausbau von Erziehung und Gesundheitsdiensten, die in Dörfern verteilt sind, aber die Gewinne von all dem sind unbedeutend neben den kolossalen Leiden, die die Landbevölkerung im Laufe dieses halben Jahrhunderts zu erdulden hatte. In dieser Zeit gab es fünf bittere Hungersnöte, von denen einige international überhaupt nicht wahrgenommen wurden, sowie zahlreiche Landepidemien, bei denen bis zu zwei Millionen Menschen umgekommen sind. (...)«

Rahmato berichtet ferner über die Millionen Bauern, die an Malaria leiden oder von Choleraepidemien und HIV/AIDS betroffen sind.

Die Ernährungslage, die Kindersterblichkeit sowie der Zugang zu Gesundheitsdiensten, Erziehung und Trinkwasser sind in Äthiopien vor allem auf dem Lande erschreckend. Ein Befund, der von den Berichten der internationalen Hilfsorganisationen bestätigt wird. Gemäß unabhängiger Beurteilungen ist über die Hälfte der Landbevölkerung bettelarm, und ein Drittel steht notleidend am Rande des Abgrundes. Gerade die Ärmsten litten am stärksten durch den Verlust lebensnotwendiger Ressourcen und die Umweltzerstörung. Kurzum, das letzte halbe Jahrhundert war eine Zeit des Elends und des ungemilderten Leidens für die Landbevölkerung.

Weisheit und Engagement eines früheren Landwirtschaftsministers

Ebenso beeindruckend war unsere Begegnung mit Zegeye Asfaw, einem 78 Jahre alten Rechtsgelehrten, der seine Laufbahn im Dienst der Verwaltung von Haile Selassie begonnen hatte. Er berichtete, dass die Lage damals geprägt war von der Vorherrschaft der Großgrundbesitzer, welche die Bauern auf ihren Feldern ackern ließen und ihnen den größten Teil der Ernten abnahmen. Jegliche Versuche, dieses System zu reformieren, schlugen damals fehl.

Dann kam es 1973 zu einer Hungersnot, von der die Außenwelt allerdings nichts erfuhr. Das Militär konnte die Macht ergreifen und vertraute Zegeye Asfaw den Ministerposten für Landwirtschaft an. Binnen fünf Jahren führte er eine umfassende Landreform durch, enteignete Großgrundbesitzer und erstattete den Bauern unbefristete Nutzungsrechte. Das sei eine wahre Revolution gewesen, denn zum ersten Mal in der Geschichte des Landes hätten die Bauern frei über die Früchte ihrer Arbeit verfügen können. Leider unternahm das Regime von Mengistu Haile Mariam Kollektivierungsaktionen, die die Bauern nach und nach auch gegen ihn aufbrachten. 1978 verschlechterten sich die Beziehungen zwischen Zegeye Asfaw und dem Regime. Er wurde bezichtigt, Separatisten der Oromo zu unterstützen und wurde daraufhin für zehn Jahre ins Gefängnis geworfen. Nach der Machtübernahme der FDRPE kam Asfaw frei und wurde wieder Landwirtschaftsminister. Bereits nach einem Jahr musste er aufgrund von Streitigkeiten innerhalb der Koalition allerdings wieder zurücktreten und verbrachte daraufhin drei Jahre im Exil in London.

Nach seiner Rückkehr entschied sich Zegeye Asfaw dafür, beim Aufbau und der Entwicklung der Zivilgesellschaft in Äthiopien mitzuarbeiten. Er gründete die NGO HUNDEE und hilft seitdem den Oromo-Bauern, sich zu organisieren, indem sie etwa Getreidebanken errichten und Kooperativen gründen. HUNDEE kann mit belgischer und holländischer Unterstützung eine Finanzinstitution für Mikrokredite errichten, die in der Zwischenzeit auch SOS Faim Luxemburg zu seinen Partnern zählt. Die NGO konzentriert sich auf die Verteidigung der Rechte der Frauen und insbesondere derjenigen, die an Fistula leiden – einer Geburtsverletzung, die vor allem bei sehr jungen Frauen nach Zwangsheiraten auftritt – und an Genitalverstümmelungen, die in Äthiopien noch weit verbreitet sind. HUNDEE arbeitet eng zusammen mit Busa Gonafaa, einer anderen Mikrofinanzinstitution, der Teshomé Davesso vorsteht und Zegeye Asfaw begleitet. Busaa Gonafa wird von SOS Faim ebenfalls unterstützt.

Zegeye und Teshomé erklärten uns, dass die Regierung den NGOs misstraut und Gesetze erlassen hat, welche die Organisation und Ausführung der Hilfsmaßnahmen erschwert. Auf unserer Reise konnten wir uns dennoch von ersten Erfolgen der beiden NGOs überzeugen, etwa bei einem Treffen mit einer Gruppe Frauen, 40 Kilometer westlich von Addis Abeba. Die Frauen berichteten darüber, wie sie es schaffen, ihre Lage unter anderem mit Hilfe der Rinder zu verbessern, die sie dank des Projekts finanzieren konnten.

Land Grabbing

In meinen Begegnungen warf ich auch die Frage des Land Grabbing auf. Dessalegh Rahmato hat sich mit dieser Entwicklung lange beschäftigt und dazu eine lehrreiche Studie veröffentlicht,[24] die durch verschiedene Organisationen aus den Niederlanden finanziert wurde, darunter LANDac, Hivos, Agriterra, Triodos-Facet und das holländische Außenministerium.[25] Es stellte sich heraus, dass Äthiopien eines der Länder in Afrika ist, in dem das Phänomen des Land Grabbings am meisten verbreitet ist. In Äthiopien wurden in zehn Jahren etwa 3,5 Millionen Hektar verpachtet – eine Fläche, die größer ist als Belgien. Ein weiteres, ähnlich großes Areal soll in den nächsten Jahren verpachtet werden. Etwa 8000 Anfragen für Landpacht wurden von den Behörden bereits genehmigt. Erst 20 Prozent wurden bislang umgesetzt.

Über ein Drittel der Pächter sind Kleinbetriebe von 100 oder weniger Hektar, die in der Kaffeeproduktion, der Blumen- und Viehzucht, der Milchproduktion, oder dem Früchte- und Gemüseanbau tätig sind.

Die größte ausländische Holding ist das indische Unternehmen Karuturi Global mit Sitz in Bangalore, das in der Provinz Gambella 300000 Hektar Land für die Dauer von 50 Jahren für den Anbau von Reis, Rohzucker und Ölpalmen erwarb und zusätzlich 11000 Hektar in Bako Tibee in der Provinz Oromia. Karuturi Global hatte bereits eine bedeutende Rosenzucht nahe der Hauptstadt Addis Abeba, ähnlich wie auch in Kenia, in Betrieb. Ein weiteres Unternehmen dieser Größenordnung ist Saudi Star, das einen Vertrag für 129000 Hektar erhielt, zusätzlich zu den bereits erworbenen 10000 Hektar in der Provinz Gambella für die Produktion und den Export von Reis nach Saudi-Arabien und andere Golfstaaten. Saudi Star gehört Mohammed Al Amoudi, der sowohl saudischer wie äthiopischer Herkunft ist. Er ist einer der reichsten Männer der Welt und hat sich in Äthiopien ein regelrechtes Imperium errichtet. Begleitet wurde der Transfer von Land in der Provinz Gambella von der Umsiedlung Hunderttausender von Einheimischen. Die Mehrheit von ihnen wurde im Rahmen des sogenannten Siedlungsprogramms ohne jegliche Konsultierung in Auffanglager umgesiedelt. Öffentliche Proteste blieben aus Angst vor Repressionen durch die lokalen Behörden in der Regel allerdings aus.

Die Pachtverträge über Ländereien werden für eine Dauer von 25 bis 50 Jahren abgeschlossen. Die Regierung verspricht sich von den Abkommen große Gewinne, da die Produktion für den Export bestimmt ist und Devisenerträge aus dem Außenhandel winken. Darüber hinaus sollen die ausländischen Investitionen neue Arbeitsplätze schaffen, einen Technologietransfer ermöglichen und die Infrastruktur sowie soziale Dienste, wie etwa die Gesundheitsversorgung, Bildung und den Zugang zu Trinkwasser verbessern.

Für Rahmato sind diese Ziele jedoch kaum realistisch. Die Investoren würden mit großzügigen Steuerversprechen angezogen, was dazu führe, dass die Erlöse für das Land »lächerlich gering« seien. Die Steuern schwanken zwischen einem Minimum von einem Dollar pro Hektar pro Jahr und einem Maximum von zehn Dollar.

Der Autor dieser Studie reiste unter anderem auch in die Provinz Gambella, um sich vor Ort ein Bild über die Folgen dieser Operationen zu machen. In der Gegend leben hauptsächlich drei indigene Minoritätsgemeinschaften: die Annuak (100 000 Menschen), die Nuer (113 000 Menschen) und die Majangir (60 000 Menschen). Die Gespräche, die er dort führte, machten ihm die jetzt mehrfach offensichtlichen Schäden, die für die Lebensbedingungen entstehen, deutlich: Verlust von Agrarland, Weiden, Wasserquellen und Zugang zu Brennholz und zu nützlichen Pflanzen. Die Landtransfers werden ohne jegliche Konsultierung der betroffenen Bevölkerungen vorgenommen und ohne jegliche Entschädigung für diese Gemeinschaften. Diese lehnen die Relokalisierung (resettlement) durch die Regierung strikt ab und fordern, dass die angebotenen sozialen Dienste dort geschaffen werden, wo sie schon immer gelebt haben.

In der Provinz Gambella ist zudem ein großer ökologischer Schaden zu befürchten, da unter anderem die Tierwanderungen zwischen Gambella und dem Nachbarland Sudan durch die Landpachtoperationen gestört werden.

Ernsthafte Risiken

Für Rahmato ergeben sich folgende Schlussfolgerungen: Die Agrarstruktur wird entscheidend verändert durch einen Übergang von der kleinbetrieblichen Landwirtschaft hin zu einer Landwirtschaft auf breiter Ebene, die durch das Auslandskapital dominiert wird. Diese industrielle Landwirtschaft wird begleitet von dem massiven Einsatz von Maschinen, großen Mengen von Pestiziden, chemischen Düngern und GMO-Saatgut. Dies stellt langfristig gesehen eine ernste Bedrohung für die ländliche Wirtschaft, für die Lebensgrundlagen der Bauern und Hirten und für das Ziel der Nahrungssicherheit dar. Diese neue Landwirtschaft wird nach und nach die Kleinbauern ausgrenzen und ungleiche und entgegengesetzte Klassen schaffen. Die neuen, hauptsächlich ausländischen Kapitalinvestoren sind nur durch die Aussicht auf Profit motiviert und den Bedarf, ausländische Märkte zu bedienen. Daraus ergeben sich Monokulturen, die umweltschädlich sind und nach wenigen Jahren die Böden auslaugen, was sie für zukünftige Generationen untauglich macht.

Der Staat nutzt seine Hegemonialstellung auf das Land aus, um Kleinbauern und ihre Gemeinschaften zu enteignen, ohne sie vorher zu befragen oder sich mit ihnen zu verständigen. Die vereinbarten Verträge sind wenig transparent, was dazu führt, dass das Vertrauen der Bevölkerung untergraben wird.

Hinzu kommt, dass die nationalen und regionalen Verwaltungen weder darauf vorbereitet noch dafür ausgerüstet sind, die abgeschlossenen Verträge zu kontrollieren und umzusetzen.

Diese Verträge sehen keine Verpflichtung für die Investoren vor, selbst einen Teil zur Ernährungssicherheit im Land beizutragen oder für die lokalen Märkte zu produzieren, auch nicht in Notfällen, sondern sie dienen vor allem den Golfstaaten und zum Teil auch Indien, welche die Ernährungssicherheit in ihren eigenen Ländern absichern wollen. Es ist ein Paradox, das die Regierung eines der anfälligsten Länder der Welt den Zugang zu großen Landgebieten und Wasserressourcen an ausländische Investoren vergibt, um zu deren

Ernährungssicherheit oder den Profiten ihrer Unternehmen beizutragen, statt die eigene Wirtschaft zu fördern.

Auch der erhoffte Transfer von Know-how und Technologie hat bislang kaum stattgefunden. Die Konzerne nehmen landwirtschaftliche Hightech-Produkte in Anspruch, die für Kleinbauern jedoch kaum nutzbar oder zugänglich ist.

Man sieht auch keine Devisenerlöse, denn Gewinne können steuerfrei zurückgeführt werden. Hinzu kommt, dass die unverhältnismäßigen Begünstigungen für das ausländische Kapital kontraproduktiv sind, da sie den Aufbau einer lokalen Unternehmerschicht verhindern und zu einer staatlichen und wirtschaftlichen Abhängigkeit führen.

Der frühere Landwirtschaftsminister Zegeye Asfaw teilte diese Schlussfolgerungen weitgehend. Das Argument, die Ländereien seien unbebaut oder unbewohnt, entspricht nicht der Realität. Der Widerstand der betroffenen Bauern und einheimischen Gemeinschaften gegen die Umsiedlung endete schon des Öfteren mit Toten. So hätten etwa bei Auseinandersetzungen mit der Armee und Polizeikräften im Omo-Tal bereits 140 Menschen ihr Leben verloren.

Inzwischen konnten wir erfahren, dass Karuturi Ltd., die kenianische Blumenproduktionseinheit von Karuturi Global, Anfang 2014 Bankrott ging und unter Konkursverwaltung gestellt wurde. In Kenia lebten die Arbeiter seit Monaten unter unmenschlichen Bedingungen, ohne Bezahlung, ohne Wasser und Elektrizität. Karuturi schuldet obendrein der kenianischen Regierung Steuern auf Gewinne, die durch gefälschte Rechnungen und durch Verrechnungstricks verdeckt wurden.[26]

In Äthiopien war Karuturi nicht in der Lage, mehr als einen kleinen Bruchteil der erworbenen Ländereien zu bebauen, und lokale Quellen berichten, dass die Höfe ihre Aktivitäten eingestellt haben. Die äthiopische Regierung hat Karuturi um eine Stellungnahme gebeten und gedroht, die gegebene Erlaubnis zurückzuziehen.[27]

Zaghafte Lösungsansätze: Die Arbeit des Welternährungsprogramms (WFP)

Der Senegalese Dieng, der die Dienststellen des UNO-Ernährungs-Programms WFP in Äthiopien leitet, bestätigt uns die Bedeutung der Nahrungsmittelhilfe für Äthiopien. Sie kommt etwa 15 Millionen Äthiopiern zugute. Vier Millionen empfangen sie kostenlos, unter ihnen auch etwa 400 000 Flüchtlinge – 300 000 aus Somalia und 100 000 aus Eritrea und dem Sudan. Weitere vier Millionen Menschen erhalten Hilfen der WFP im Gegenzug zu Arbeiten im Rahmen des Programms »Food for Work«. Eine Million Kinder erhalten kostenfreies Essen in der Schule. Äthiopien ist der größte Empfänger für Nahrungsmittelhilfe, die jeden Tag zwei Millionen Dollar kostet. Sie wird vor allem durch die USA und die EU finanziert. Die Regierung hat Vorräte für 400 000 Tonnen Nahrungsmittel aufgebaut, um zukünftigen Krisen begegnen zu können, und das Ziel besteht darin, sie für eine Zeitdauer von drei Monaten zu erweitern.

Dieng ist der Ansicht, dass Äthiopien, wie auch ganz Afrika, sich selbst ernähren könnte. Er bedauert, dass die Geldgeber nicht größere Hilfsmittel aufwenden für die strukturelle Entwicklung der Landwirtschaft. Es käme darauf an, die bäuerliche Landwirtschaft (small-scale farming) zu unterstützen. Unter den gegebenen Umständen findet er das Ziel der Regierung, Äthiopien bis 2015 zum Selbstversorger zu machen, wenig realistisch.

Um die Ernährungssicherheit des Landes zu erhöhen, stützt sich die Regierung auf Think-Tanks wie die Agricultural Transformation Agency (ATA), die von einem Amerikaner geleitet wird. Auch die von Bill Gates unterstützte AGRA ist in Äthiopien stark präsent – unter anderem mit der Folge, dass Äthiopien den großflächigen Einsatz von Kunstdünger eingeführt hat. Dieng äußert sich kritisch gegenüber der Rolle, die die Weltbank und der Internationale Währungsfonds in Afrika gespielt haben.

Was tut Europa?

Die Frage der Ernährungssicherheit wird während eines Mittagessens angesprochen, das Xavier Marchal, der die EU in diesem Lande vertritt, organisiert. Mehrere europäische Botschafter oder Botschaftsvertreter sowie ein amerikanischer und ein kanadischer Delegierter nehmen auch daran teil.

Die bedeutenden Anstrengungen der Regierung werden hervorgehoben, um die landwirtschaftliche Produktion zu steigern. Diese hätte sich in den letzten Jahren verdoppelt. Es wird auf die große Herausforderung hingewiesen, die das Bevölkerungswachstum darstellt. Der Vertreter Irlands erwägt die allgemein schwache Produktivität in der Landwirtschaft. Bei den Kartoffeln, so sagt er, produziert Äthiopien pro Hektar nur drei Tonnen gegenüber 19 Tonnen in Irland, was das enorme Wachstumspotential verdeutlicht. Über ein Forschungsprogramm versucht Irland zu einer Verbesserung beizutragen.

Beim Verlassen des Nationalparks Simien, näherten wir uns einem Bauern, der gerade seinen Weizen drosch. Er verrichtete diese Arbeit zusammen mit seinem älteren Sohn und hielt zugleich seinen jüngsten Sohn bei der Hand. Er habe eine Familie und acht Kinder, sagte er uns, davon gingen zwei zur Schule. Sein Weizenfeld sei einen halben Hektar groß und werde ihm acht Zentner einbringen.[28] Auf dem Markt in der naheliegenden Stadt Debark erhoffe er sich dafür einen Umsatz von ungefähr 3 000 Birrs (etwa 120 Euro). Er habe auch ein Bohnenfeld von eineinhalb Hektar, aber dieses Jahr sei die Ernte nicht sehr gut gewesen und bringe deutlich weniger ein. Dann habe er noch einen Gemüsegarten und einige Ziegen zum Schlachten. Wir wollten wissen, welche Hilfe er von seiner Regierung bekommt und ob er Mitglied einer Bauernorganisation sei. Nein, er sei in keiner Organisation und bekomme auch keine Hilfe der Regierung – Steuern müsse er allerdings zahlen.

Trotz eigener Produktion muss Äthiopiens große Mengen Weizen importieren – mit der Folge, dass das Handelsdefizit des Landes bei Grundnahrungsmitteln weiterhin ansteigt. Gemäß der Statistik der Welternährungsorganisation Food and Agriculture Organization FAO waren es im Jahr 2000 erst 1 164 000 Tonnen und bereits 1,7 Millionen Tonnen im Jahr 2010. Die Kosten dafür beliefen sich 2000 auf 163 Millionen Dollar und auf 475 Millionen im Jahr 2010. Wäre es nicht vorteilhafter gewesen, die Regierung hätte diese Summen für die Steigerung der Produktivität im Weizensektor eingesetzt? Die Regierung hat die Absicht, die Lagervorräte des Landes auszubauen, um sich in Zukunft besser gegen Nahrungsmittelkrisen abzusichern. Das ist natürlich sinnvoll, dennoch müssten die Anstrengungen, die Landwirtschaft strukturell und langfristig zu entwickeln, mindestens ebenso groß, wenn nicht sogar größer sein. Dazu fehlen allerdings die finanziellen Mittel: Die internationale Hilfe zur Stärkung der Landwirtschaft belaufen sich gerade einmal auf ein Prozent. Nur 40 Millionen Euro stellt etwa die EU jedes Jahr bereit, wohingegen sie für die Nahrungsmittelhilfe das Mehrfache dieser Summe aufwendet.[29] Auch innerhalb der UNO sind die Prioritäten klar: Die FAO, die primär mit der Entwicklung der Landwirtschaft beauftragt ist, erhält gerade einmal ein Fünftel des Budgets des WFP.

Die Mikrofinanzinstitution Decsi

In Mek'ele, der 280 000 Einwohner zählenden Hauptstadt der Provinz Tigray, werden wir von Atakilt Kiros, dem Chef der Kreditbank Decsi (Debedit Credit & Savings Institution), einem Partner von SOS Faim empfangen, der uns im Verlauf des Tages die Geschichte und die Entwicklung der Decsi erklärt, die 1994 gegründet wurde. Heute gewährt sie Darlehen an Bauern, aber auch an arme Frauen, an Klein- und Mittelbetriebe, an Kooperativen und sogar an Gefängnisinsassen. Decsi hat heute 143 Vertretungen überall in Äthiopien und beschäftigt 2 500 Mitarbeiter. Die Verbesserung der Ernährungssicherheit in ländlichem und städtischem Bereich ist eines ihrer Hauptziele. Heute vermag Decsi ihre Operationen zu 60 Prozent durch Einlagen seiner Kunden zu finanzieren und so die Abhängigkeit von seinen ausländischen Partnern zu begrenzen. Die wirtschaftliche und soziale Lage auch der Ernährungssicherheit hat sich in Tigray wesentlich verbessert und auch sonst im Lande, sagt dieser dynamische, kompetente und auch sozial engagierte Manager, der sich mit einem Monatsgehalt von 600 Dollar zufriedengibt. Tags darauf hat Kiros uns den Besuch von zwei ländlichen Entwicklungsprojekten organisiert, wo wir uns Bewässerungssysteme für Kooperativen anschauen können.

2 Aushöhlung von Demokratie und Rechtsstaatlichkeit

Das fragwürdige CETA-Abkommen

Mit der Wahl von Donald Trump zum neuen Präsidenten der USA ist die Handelspolitik der westlichen Staaten völlig durcheinandergeraten. Galten die USA bisher als einer der Hauptakteure der Handelsliberalisierung weltweit zusammen mit der EU und Japan, so hat jetzt Donald Trump eine riesige Umkehr vorgenommen, indem er zu einer Art Protektionismus aufruft. Er hat sich von dem transpazifischen Handelsabkommen (TTIP) zurückgezogen, das Obama mit elf anderen Pazifikstaaten unterzeichnet hatte. Er drohte mit einer Erhebung der Zölle auf Importe aus Mexiko, bevor er dann in eine Neuverhandlung des NAFTA-Vertrages einwilligte. Unternehmen werden aufgefordert, in den USA statt im Ausland zu investieren. Mit Donald Trump ist auch ein endgültiger Stopp der Verhandlungen zu dem zwischen der EU und den USA vorgesehenen TTIP-Abkommen eingetreten. Er will so die Wirtschaft in den USA neu beleben und verlorene Arbeitsplätze zurückgewinnen.

Mitte Februar 2017 hat das Europaparlament das zwischen der EU und Kanada abgeschlossene Handels- und Wirtschaftsabkommen (CETA) gebilligt. Es gab 408 Stimmen dafür, 254 dagegen und 33 Enthaltungen. Seit April sind die Teile des Abkommens vorläufig in Kraft getreten, die in die alleinige Zuständigkeit der EU fallen. In den Mitgliedstaaten läuft der Ratifizierungsprozess durch die nationalen und regionalen Parlamente. Wenn nur eines der Parlamente CETA ablehnt, kann das Abkommen nicht in Kraft treten, das Ende Oktober 2016 von der EU und Kanada unterzeichnet worden war.

Selten zuvor gab es zu den Verhandlungen und dem Abschluss eines Handelsvertrages solch massive Proteste und Demonstrationszüge, so viele Petitionen und Pressemitteilungen von Seiten der

Zivilgesellschaft. Überall in Europa gingen Hunderttausende auf die Straße. 3,5 Millionen Europäer haben im Rahmen einer Europäischen Bürgerinitiative (EBI) eine Petition gegen CETA und TTIP unterschrieben. Dennoch lehnte die Kommission diese Initiative ab. Anfang Mai 2017 bestätigte der Europäische Gerichtshof (EuGH) in einem Urteil, dass die Ablehnung dieses Bürgerbegehrens durch die Kommission nicht rechtmäßig war! Ein einmaliger Erfolg! Denn damit hat der EuGH die Strategie der EU-Kommission durchkreuzt, die Bürgerinnen und Bürger bei der Entwicklung internationaler Verträge außen vor zu lassen. Auch wenn das Urteil viel zu spät kommt, es stärkt die EBI als zentrales Instrument der partizipativen Demokratie. Die Proteste gegen CETA werden während der Ratifizierungsverfahren durch nationale und regionale Parlamente weitergehen.

Sie führten zur Ausarbeitung von Zusatzprotokollen zum CETA-Abkommen, deren Rechtsverbindlichkeit aber durch Rechtsgutachten in Frage gestellt wurde. Generell kann ein Protokoll zudem nicht im Widerspruch zum Vertragstext selbst stehen, der unverändert blieb. Für die Zivilgesellschaft wurde die Substanz des Vertrages nicht verbessert.

Gemäß einer offiziellen Studie der EU-Kommission und der kanadischen Regierung aus dem Jahre 2008 soll CETA zu einer Wachstumssteigerung des Bruttonationaleinkommens in der Europäischen Union von lediglich 0,08% führen! Die gemeinsame Analyse von zahlreichen zivilgesellschaftlichen Organisationen kommt gar zu der Schlussfolgerung, dass CETA nicht nur kein Wachstum generieren wird, sondern darüber hinaus Arbeitsplätze gefährdet, und dies auf Kosten demokratischer, sozialer und ökologischer Interessen.

Das Schiedsgericht: Eine Gefahr für die Demokratie

Eines der Hauptprobleme beim CETA-Abkommen stellt das im Kapitel über den Investorenschutz vorgesehene Schiedsgericht dar. Dieses Gericht würde es multinationalen Unternehmen erlauben, Staaten auf Entschädigungen zu verklagen, wenn ihnen aufgrund neuer Gesetze zu erwartende Profite entgehen. Dies in Bereichen wie Gesundheit, Umweltschutz und Finanzregulierung. Die bisher zuständigen nationalstaatlichen Gerichte werden dieser Kompetenz beraubt, was einer Entmündigung der nationalen Rechtsordnung gleichkommt. Alle Mitgliedsstaaten, Parlamente und nationalen Gerichte müssten sich dem Spruch dieser Schiedsgerichte unterordnen. Bis jetzt waren solche Gerichte nur in Handelsabkommen vorgesehen, die mit Entwicklungsländern abgeschlossen wurden, bei denen schwache Justizstrukturen bestehen. In Europa und Kanada jedoch gibt es Gerichte, die gut funktionieren und die diese Aufgaben problemlos übernehmen können!

Dieses Recht wird nur ausländischen Investoren zuerkannt, nicht aber inländischen Firmen. Weder Staaten, noch Zivilorganisationen noch Privatpersonen hätten die Möglichkeit, vor diesem Schiedsgericht gegen ausländische Unternehmen zu klagen. Warum soll hiermit auch den ausländischen Firmen eine derartige zweifelhafte Sonderstellung eingeräumt werden?

Die öffentlichen Dienstleistungen werden nicht explizit aus dem Abkommen ausgeschlossen. Nach wie vor kann ein Investor in Frage stellen, ob die Nicht-Auslagerung einer Dienstleistung effektiv legitim ist. Solange dieses Klagerecht nicht aufgehoben wird, sind öffentliche Dienstleistungen ganz konkret von CETA betroffen und bedroht.

Gleiches gilt für öffentliche Ausschreibungen. Sozioökologische Kriterien können als Handelshemmnis angesehen werden und Investoren erneut Schadensersatzklagen einreichen.

Zwar wurden auf Druck der Zivilgesellschaft einige Verbesserungen im Statut der Schiedsrichter vorgenommen und ein Berufungsverfahren wurde ermöglicht. Ein Investitionsgerichtshof (ICS – Investment Court System) löst das alte privatrechtliche System der Schiedsgerichte ab. Dennoch bleibt die Unabhängigkeit der »Schiedsrichter« unzureichend geregelt. So dürfte zum Beispiel die Bezahlung der Schiedsrichter nicht von der Anzahl der behandelten Fälle abhängen. Diese Meinung vertreten im Übrigen auch die Europäische Richtervereinigung (EAJ) und der Deutsche Richterbund (DRB), die zudem darauf hinweisen, dass die vorgesehene Ernennung und die Arbeitsweise der Richter nicht der Magna Charta der europäischen Richter entsprechen.

Die Einsetzung eines solchen Schiedsgerichtes stellt eine Gefahr für die Demokratie und die Souveränität der EU-Staaten dar. Eine ähnliche Instanz war schon 1995 bis 1997 bei einem geplanten multilateralem Investitionsabkommen (AMI) vorgesehen, das von 29 OECD-Staaten verhandelt wurde, ehe dieses dann unter dem Druck der organisierten Zivilgesellschaft von Frankreichs damaliger Regierung unter Premierminister Jospin abgelehnt wurde.

Es gibt zahlreiche Beispiele, die zeigen, wie so ein solches Instrument Arbeits-, Sozial-, Umwelt- und Verbraucherschutzstandards aushebeln kann. Der schwedische Stromkonzern Vattenfall etwa verlangt von der Bundesrepublik Deutschland 3,5 Milliarden Euro Entschädigung für angebliche Verluste durch den deutschen Atomausstieg. Philip Morris hat Uruguay und Australien wegen deren Anti-Tabak-Gesetzgebung verklagt. Nachdem die kanadische Provinz Quebec ein Moratorium für das Fracking von Schiefergas und Öl erlassen hatte, klagte das US-amerikanische Unternehmen Lone Pine, welches zuvor eine Probebohrungslizenz erworben hatte, vor dem im NAFTA-Vertrag vorgesehenen Schiedsgericht gegen Kanada und fordert Entschädigungen in Höhe von 250 Millionen Dollar für den zu erwartenden Gewinnausfall.

40 000 amerikanische Unternehmen, unter anderen Monsanto, Cargill, Coca-Cola, Walmart, haben Filialen in Kanada und beeinflussen sehr stark seine Wirtschaft. Wie beim NAFTA-Vertrag werden sie die Möglichkeit des im CETA-Abkommen vorgesehenen Schiedsgerichtes voll ausnützen. Kanada wurde bereits 37 Mal vor dieser NAFTA-Instanz angeklagt. Es musste ausländischen Unternehmen bereits über 170 Millionen Dollar Entschädigungen zahlen, also jährlich über acht Millionen.

Eine weitere Gefahr: die Regulatorische Kooperation

CETA sieht ein regelmäßig tagendes Gremium vor: das »Regulatorische Kooperationsforum«. Kanada, die EU und ihre Mitgliedstaaten sollen dieses Gremium, ein »Joint Committee«, noch vor den gewählten Parlamenten informieren, wenn sie Regulierungen oder Gesetzentwürfe planen, die Handel und Investitionen beeinflussen. Dann kann der Vertragspartner – und mit ihm betroffene »Interessengruppen«, meist Wirtschaftsverbände – die Vorschläge kommentieren und Änderungen fordern. Dazu schreibt ATTAC Deutschland: »Durch die vertraglich vorgesehene Einladung von Interessenvertretern wird Wirtschaftslobbyisten Tür und Tor geöffnet, »handelsverzerrende« Gesetzesvorhaben zu verzögern oder aus dem Verkehr zu ziehen – noch bevor Parlamente und Öffentlichkeit sich damit auseinandergesetzt haben.«[1] Die Regulatorische Kooperation ist gefährlich. Bewährte Standards, etwa bei Umwelt-, Verbraucher- oder Arbeitsschutz, drohen aufgeweicht zu werden. Weitergehende Standards als bisher zu beschließen, wird erheblich erschwert. Weil sie exekutive Entscheidungsstrukturen stärkt, vergrößert die Regulatorische Kooperation das Demokratiedefizit der EU. Die Rolle des EU-Parlaments bleibt nachrangig.[2]

Vor Beginn der Verhandlungen über TTIP führte die EU-Kommission rund 90 Prozent ihrer Beratungsgespräche mit Wirtschafts- und Industrievertreter/innen. Zwei Drittel der in Brüssel ansässigen Lobbyisten vertreten die Interessen von Unternehmen.

Privatisierung und Aushöhlung der öffentlichen Daseinsvorsorge

CETA führt als erster europäischer Vertrag das Prinzip der sogenannten Negativliste ein. Bis dato war es so, dass auch im Rahmen solcher Abkommen, eine Positivliste erstellt wurde, das heißt, es wurde angegeben, welche Dienste bewusst liberalisiert werden dürfen. »Damit wird ein unbestimmt weites Feld dem Zwang zu Privatisierung und Deregulierung überantwortet. Einmal deregulierte und privatisierte Bereiche dürfen nicht mehr zurückgenommen werden.

CETA sieht keine eindeutige, grundsätzliche Ausnahme von öffentlichen Dienstleistungen vor.«[3]

ATTAC kritisiert weiter: »Außerdem stellt CETA ökologische und soziale Vergabekriterien in der öffentlichen Beschaffung in Frage – und damit ein zentrales Element in der kommunalen Selbstverwaltung. Auch Sozial- und Arbeitsstandards sind durch CETA von Aushöhlung bedroht. Ausländische Investoren könnten unter CETA sogar gegen neue Steuern und Abgaben, etwa eine Vermögenssteuer, klagen. Die öffentliche Förderung von Kultureinrichtungen ist ebenfalls gefährdet.«[4]

Türöffner für Gentechnik, Fracking und Teersande

»CETA untergräbt bestehende Umweltstandards und schränkt zukünftige Umweltgesetzgebung ein. So wurde schon im Laufe der CETA-Verhandlungen durch eine umfangreiche Lobbykampagne für das extrem klimaschädliche Schweröl aus kanadischen Teersanden die Treibstoffrichtlinie der EU aufgeweicht. Unter CETA könnten Unternehmen auch gegen ein mögliches künftiges Verbot der Schiefergasförderung (Fracking) klagen. Fracking steht im Verdacht, das Grundwasser durch Chemikalien zu vergiften und sogar Erdbeben auszulösen.«[5]

Vorsorgeprinzip

In CETA kommt in keiner Formulierung das in den EU-Verträgen festgeschriebene Vorsorgeprinzip[6] vor. Der Vertrag bezieht sich allein auf den »wissenschaftsbasierten« Ansatz der WTO: Potentiell gefährliche Produkte und Technologien können demnach erst dann aus dem Verkehr gezogen werden, wenn ihr Risiko wissenschaftlich zweifelsfrei nachgewiesen ist – und damit oft viel zu spät. Durch regulatorische Zusammenarbeit könnten so beispielsweise Gentechnik oder mit hormonellen Masthilfen erzeugtes Fleisch durch die Hintertür wieder auf unseren Tisch kommen.

Landwirtschaft

Gemäß den CETA-Abmachungen werden weitere 65 000 Tonnen Rindfleisch und 75 000 Tonnen Schweinefleisch Zugang zum europäischen Markt erhalten, wobei dessen Qualität (zum Beispiel in Bezug auf die Gentechnik) noch nicht geregelt ist. Wer sagt, dies würde die landwirtschaftliche Produktion in Europa nicht beeinflussen, der ignoriert diese Fakten. Der europäische Fleischsektor wird durch diese Importe aus Kanada unter erheblichen Preisdruck geraten. Der Preisunterschied für Schweine- wie für Rindfleisch in Kanada und der EU ist gravierend. Wallonien erreichte Zusicherungen für Schutzmaßnahmen bei Marktstörungen durch kanadische Agrarimporte und ein klareres Nein zur Gentechnik.

Kanada hat schwächere Bestimmungen als die EU in den Bereichen gentechnisch veränderte Organismen (GVO), Pestizide, Farbstoffe, chlorierte Hühnchen und Hormone. Das Land ist weltweit der drittgrößte Produzent von GVO. Vor kurzem hat Kanada den Handel von genetisch verändertem Lachs freigegeben.

CETA fördert die industrielle/konventionelle Landwirtschaft und die Zerstörung der bäuerlichen Landwirtschaft. Dabei ist bekannt, dass es jene Landwirtschaft ist, die einen wesentlichen Anteil an den Treibhausgasemissionen hat, allein 18 Prozent durch die Fleischproduktion. Nach der COP21-Konferenz über den Klimawandel in Paris wäre es angebracht gewesen, wenn sich bei CETA beide Seiten über die Notwendigkeit und konkrete Maßnahmen für einen Übergang zu einer nachhaltigen, das heißt agroökologischen Landwirtschaft geeinigt hätten.

Wie geht es weiter?

In Deutschland ist das Bundesverfassungsgericht mit dem CETA-Abkommen befasst. Das Hauptsacheverfahren kann aber erst nach Zustimmung von Bundestag und Bundesrat eingeleitet werden.[7]

Belgien hat seine Zustimmung im Herbst 2016 auf Druck der Wallonie an eine Reihe von Bedingungen geknüpft. Wallonien hat sich unterdessen an den Europäischen Gerichtshof gewandt, um die Frage der Kompatibilität des CETA-Abkommens und insbesondere des Schiedsgerichtes mit dem europäischen Recht prüfen zu lassen.

Auch Slowenien, Österreich, Polen, Rumänien, Bulgarien, Portugal, Ungarn, Irland und Griechenland haben ihre Vorbehalte in Zusatzerklärungen festgehalten. Mehrere Mitgliedstaaten fordern, dass die Macht des geplanten CETA-Steuerungsgremiums (gemischter Ausschuss) begrenzt werden muss und die Spielräume der nationalen Parlamente bei der Gesetzgebung erhalten bleiben müssen.[8]

In Österreich wurden bei einem Volksbegehren gegen CETA innerhalb einer Woche 560 000 Unterschriften gesammelt. Die notwendige Hürde liegt bei 100 000 Unterschriften. Doch bevor es zum Volksentscheid kommt, muss das Parlament einer Abstimmung durch die Bürgerinnen und Bürger zustimmen. Auch hier gibt es eine breite Allianz gegen CETA und einen sehr starken Druck auf Parlament und Regierung.

Im September 2017 wurde eine von französischen Wissenschaftlern erarbeitete, bemerkenswerte Studie zum CETA-Abkommen veröffentlicht, die von der Regierung Macron in Auftrag gegeben wurde. Diese stellt zuerst fest, »dass CETA den Umweltbereich ungenügend behandelt, das Abkommen keine zwingenden Verpflichtungen im Klimaschutzbereich vorsieht wie auch keine Auflagen, den Handel fossiler Treibstoffe einzuschränken. Ein erhöhter Handel hätte eine automatische Erhöhung des Ausstoßes von Treibhausgasen zur Folge. Im Landwirtschaftsbereich verweist der Bericht auf die weniger strengen Anforderungen Kanadas an Pestizide und GVOs. CETA sieht keine Voraussetzungen vor für den Übergang zu einer ökologischen Landwirtschaft. Weiter wird bemängelt, dass CETA das Vorsorgeprinzip nicht ausreichend berücksichtigt, es nicht einmal ausdrücklich im Abkommen erwähnt und somit wesentliche Aspekte des Verbraucherschutzes aushebelt.«[9] Die Studie warnt auch vor einer »unkontrollierten Anwendung« des vorgesehenen Schiedsgerichtes, die die normative Befugnis der Regierungen einschränken könnte.

Neuausrichtung der Handelspolitik

Wir brauchen eine umfassende Neuausrichtung der internationalen Handelspolitik, damit diese wieder Akzeptanz bei den Menschen findet, um populistischen Tendenzen entgegenzuwirken und eine Basis für einen zukünftig gerechteren Welthandel zu setzen. Eine Handelspolitik, die nicht im Interesse internationaler Konzerne steht, wie dies bei CETA der Fall ist, sondern im Dienste der Menschen, der Allgemeinheit, und auch Nachhaltigkeitszielen entspricht.

Zukünftige Handelspolitik ist in voller Transparenz durchzuführen, wie das bei CETA in der Region Wallonie der Fall war. Sie hat gezeigt, wie Demokratie in Europa funktionieren muss. Nach Angaben ihres Ministerpräsidenten Paul Magnette hat sich das wallonische Parlament mehrere hundert Stunden mit dem geplanten EU-Kanada-Abkommen auseinandergesetzt.

Ich habe bereits erläutert, warum und wie die Handelspolitik der EU gegenüber den Entwicklungsländern dringend abzuändern ist.

Über hundert europäische, kanadische und amerikanische Universitätsprofessoren haben ein Schreiben veröffentlicht mit Vorschlägen, wie in Zukunft Verträge mit Drittstaaten zu verbessern seien.[10]

Insbesondere schlagen sie vor,

- dass das neue Abkommen zu nachhaltiger Entwicklung, zur Kürzung von Armut und Ungleichheiten und zum Kampf gegen den Klimawandel beizutragen habe. Hierzu sollen kontradiktorische und öffentliche Analysen über neue Verträge vor der Aufstellung eines Verhandlungsmandates geführt werden;
- jeden Vorschlag der Kommission zu einem neuen Verhandlungsmandat vorerst den Parlamenten zu unterbreiten und dabei die Zivilgesellschaft möglichst weitgehend miteinzubeziehen;
- bei Verträgen, bei denen es auch um nationale Kompetenzen geht, kein »provisorisches Inkrafttreten« des Mandates vorzusehen, damit die Kontrollrechte des Parlaments voll erhalten bleiben;
- die Parteien zu verpflichten, die wichtigsten Verträge im Bereich Menschenrechte und der Internationalen Arbeitsorganisation (ILO)

und das Pariser-Abkommen zum Klimawandel zu ratifizieren und zu beachten. Umzusetzen sind desgleichen die Empfehlungen aus dem BEPS-Projekt (Aushöhlung der Steuerbasis und Gewinnverlagerung). Dazu sollen klare Angaben für Besteuerung und gegen Klimawandel, zum Beispiel Minimalsteuersätze für Unternehmensgewinne und prüfbare Ziele zur Reduzierung der Treibhausgasemissionen gemacht werden;

- öffentliche Dienstleistungen und Dienste im allgemeinen Interesse auszuschließen.

Es muss auch in Zukunft darauf geachtet werden, sowohl den Parlamenten als auch der Zivilgesellschaft überschaubare und lesbare Texte zu unterbreiten. Das CETA-Abkommen umfasst über 1 500 Seiten, die unsere Gesellschaft, unsere Wertehierarchie zutiefst beeinflussen. Es ist schlichtweg nicht möglich, ein Reformwerk dieser Tragweite demokratisch zu diskutieren und mit einem Schlag im Namen der Bevölkerung der EU gutzuheißen. CETA wurde nie transparent debattiert! Die Kommission soll in Zukunft Texte vorlegen, die in angemessener Form für alle Bürger verständnisvoll und lesbar sind.

Mit Griechenland, für ein Ende der Austeritätspolitik

Am 3. Juli 2015, zwei Tage vor dem in Griechenland über die Austeritätsprogramme organisierten Referendum, fand in Luxemburg eine Kundgebung statt, bei der das Solidaritätskomitee für Griechenland mich einlud, das Wort zu ergreifen. Ich sagte Folgendes:

> »Wir sind erneut heute zusammengekommen, um unserer Solidarität mit dem griechischen Volk Ausdruck zu verleihen, um zu einer unwürdigen Behandlung Nein zu sagen, die die Gläubiger, die Europäische Kommission, die Europäische Zentralbank und der Internationale Währungsfonds Griechenland zukommen ließen. Um zu Vorschlägen Nein zu sagen, die die Krise, die

katastrophale, wirtschaftliche und soziale Lage nur noch verschlimmern. Wir unterstützen in Griechenland alternative, antizyklische Politik, die geeignet ist,, das Land aus der Krise zu führen. Ich möchte zuerst feststellen, dass nach der Eurokrise, die 2008 ausgebrochen ist, Griechenland bedeutende Kredite zur Verfügung gestellt worden sind, von denen aber sozusagen keine in Griechenland selbst angekommen sind. Diese Kredite wurden benutzt, um die Gläubiger des Privatsektors auszuzahlen, darunter viele französische und deutsche Banken. Griechenland aber musste einen hohen Preis zahlen, um die Bankensysteme dieser Länder zu retten.

Kein anderes europäisches Land musste solch drastische Austeritätsmaßnahmen auf sich nehmen wie Griechenland. Die Auswirkungen dieser von der Troika auferlegten Politik sind verheerend. Das Bruttoinlandsprodukt schrumpfte seit 2008 um 25 Prozent. Die Arbeitslosigkeit übersteigt 27 Prozent und, schlimmer noch, die der Jugendlichen 60 Prozent: Viele sind gezwungen, das Land zu verlassen, um anderswo einen Arbeitsplatz zu finden. Die Löhne wurden zwischen 2010 und 2014 um 27 Prozent gekürzt. All dies hat dramatische Folgen für die Nachfrage. Die Auswirkungen auf die medizinische Grundversorgung, auf Erziehung, soziale Sicherheit, das öffentliche Transportwesen und die Fähigkeit des Staates, Basisdienstleistungen zu sichern, sind nicht weniger erschreckend. Mehr als 40 Prozent der Kinder leben in Armut. Die Kindersterblichkeit stieg um 43 Prozent. Sofern das Ziel dieser Politik darin bestand, die Schuld Griechenlands zu kürzen, hat die Troika einen totalen Misserfolg zu verzeichnen. Denn wenn 2009 die Schuld im Vergleich zum Bruttoinlandsprodukt 130 Prozent ausmachte, so ist sie 2014 auf 177 Prozent gestiegen. Wir, die hier versammelt sind, können nicht gleichgültig bleiben angesichts dieser menschlichen Leiden, dieser tagtäglichen Erniedrigungen, die diese Politik für das ganze griechische Volk verursacht, besonders für die Ärmsten.

Es ist bedauerlich feststellen zu müssen, dass angesichts dieser katastrophalen Bilanz und dieses klaren Misserfolges weder die Mitgliedstaaten der Eurozone – darunter Luxemburg – noch die Gläubiger in der Lage waren, die Schlussfolgerungen zu ziehen, die sich daraus ergeben. Sie wussten Griechenland nichts anderes vorzuschlagen, als dieselbe Austeritätspolitik zu verstärken. Nun werden diese Vorschläge nicht nur von der Regierung des Premierministers Tsipras abgelehnt, wie auch von einer bedeutenden Zahl von Demokraten und europäischen Politikern, sie werden auch von allen Ökonomen entschieden verworfen, zu welcher Schule sie auch gehören mögen. »In einem Wort: dieselben Rezepte«, so äußerte sich Paul Krugman, der hinzufügte: »Es handelt sich um die grenzenlose Fortsetzung der Austeritätspolitik, die seit fünf Jahren durchgeführt wird. Aber wo bleibt die Hoffnung in all dem?« fragt er sich.

Der bei Naxitis arbeitende französische Ökonom Patrick Artus behauptet: ›Der griechische Premierminister Alexis Tsipras hat gute Gründe, dazu aufzurufen, beim Referendum am 5. Juli mit *Nein* zu stimmen. Das Programm der Gläubiger ist nicht annehmbar. Von einem Land einen Primärüberschuss zu verlangen, sogar wenn es dieses Jahr von 3,5 auf ein Prozent gekürzt wäre, macht keinen Sinn. Dies heißt, ein Land dazu zu verurteilen, nicht wieder auf die Beine zu kommen‹, sagt er. Sie wissen, es geht hier um die Haushaltsbilanz vor Bezahlung der Schuldenzinsen oder, wie es Paul Krugman ausdrückt, um ›sämtliche Ressourcen, zu denen ein Land in der Lage ist, an seine Gläubiger zu zahlen‹.

Eine andere, nicht weniger absurde Maßnahme besteht in der Erhöhung der Mehrwertsteuer im Gastgewerbe auf 23 Prozent, wenn man weiß, dass der Tourismus einer der seltenen Erfolg versprechenden Wirtschaftsgebiete Griechenlands darstellt.

Für Joseph Stiglitz, Wirtschaftsnobelpreisträger, hat die Ex-Troika eine ›kriminelle Verantwortung, die darin besteht, eine größere Rezession verursacht zu haben‹. Die Gläubiger müssten annehmen, dass die Austeritätspolitik, die sie seit fünf Jahren eingesetzt haben, nicht funktioniert hat.

Ich bin der Meinung, dass Griechenland ein wirtschaftliches Erholungsprogramm braucht, das von einem substantiellen Investitionsplan begleitet ist.

Ein anderer Kritikpunkt ist das völlige Ausklammern der für die griechische Regierung wesentlichen Schuldenfrage. Für viele Ökonomen ist die Umstrukturierung dieser Schulden unumgänglich. Die Geschichte lehrt uns, beispielsweise über den Versailler Vertrag, was es kostet, einem Land wie Deutschland unhaltbare Forderungen zu stellen. 1953 haben die Alliierten eine drastische Kürzung der Schulden Deutschlands angenommen, um diesem Land den Wiederaufbau seiner Wirtschaft zu ermöglichen. Warum sollte das heute im Falle Griechenlands unmöglich sein? Woher kommt diese Unfähigkeit, aus unserer europäischen Geschichte zu lernen?

Im Januar 2015 haben die Griechen der neuen Regierung von Herrn Tsipras ein klares Mandat gegeben, um der Austeritätspolitik ein Ende zu setzen. Es ist auffallend und sogar skandalös, feststellen zu müssen, wie dieser klare demokratisch ausgedrückte Wille des Volkes ignoriert wurde.

Was bei Griechenland auf dem Spiel steht, betrifft auch die Zukunft anderer europäischer Länder, die auch hart durch vergleichbare Austeritätsmaßnahmen betroffen sind. Europa schickt sich an, in sein siebtes Jahr der Rezession und der Stagnation einzutreten. Europa hat Hunderte von Milliarden an möglichem Wohlstand verloren wegen der Unfähigkeit der politischen Verantwortlichen, die Krise zu lösen. Das Ausmaß der Arbeitslosigkeit befindet sich in einigen Ländern wie Portugal, Spanien, Italien und Irland, und sogar in Frankreich, auf einem sehr hohen Niveau. In Spanien und Portugal hat einer von zwei Jugendlichen keine Arbeit! Die menschlichen Kosten für Europa sind unannehmbar auch angesichts der Tatsache, dass es

Alternativen gibt, die Ökonomen wie Heiner Flassbeck uns nochmals im letzten Mai vorgetragen haben.

Um es klar auszudrücken, es geht um die Zukunft Europas und der Demokratie. Wir wissen, eine zunehmende Zahl von Bürgern verliert ihr Vertrauen in Europa und die Demokratie. Sie möchten mehr und mehr die Zukunft unseres Kontinents rechtsextremen, nationalistischen und xenophoben Kräften anvertrauen. Es geht um die unausgewogene Euro-Politik, die ausschließlich gegen die Inflation ausgerichtet ist und auf eine Politik Deutschlands, die darauf abzielt, die Löhne zu drosseln. Wir wissen, dass Deutschland die Hartz-IV-Reformen durchgeführt hat, die eine Verletzung der Inflationsdisziplin darstellen, die vereinbart wurde, um ein Funktionieren des Euro-Systems zu gewährleisten. Dies erlaubte es Deutschland, seinen kompetitiven Vorteil gegenüber all seinen Partnern der Euro-Gruppe auszubauen und auch zu einem der Hauptgläubiger in Europa aufzusteigen.

Unser Einsatz für mehr Solidarität kann nicht an den Völkern vieler Entwicklungsländer vorbeigehen, die über mehrere Jahrzehnte hinweg durch die, von einer ähnlichen Logik geprägten, strukturellen Anpassungsprogramme unterdrückt werden und in immer größere Not geraten. Die Politik des Freihandels, die die EU gegenüber diesen Ländern verfolgt, bedroht und verschlimmert diese Lage noch immer weiter. Dass Europa eine Organisation wie den Internationalen Währungsfonds zur Lösung seiner Probleme zur Hilfe rief, ist eine Schande. Also eine Institution, die sich neben der Weltbank durch ein hartes Aufzwingen dieser Programme auszeichnete. Und wir sollten nicht vergessen, dies erfolgte mit der Unterstützung unserer Finanzminister. Hier liegt auch eine der größeren Ursachen, die heute so viele Afrikaner dazu bringen, dem Elend in ihrem Lande zu entfliehen und dann die Tragödie zu erleiden, die sich jeden Tag im Mittelmeer abspielt. Die großen Nutznießer dieser Politik sind und bleiben die transnationalen Unternehmen und die Finanzmärkte.

Wir sollten die demokratische Lektion begrüßen, die Griechenland ganz Europa gibt, indem es nächsten Sonntag ein Referendum organisiert. Niemand sollte sich außerhalb Griechenlands, weder in Brüssel noch anderswo das Recht anmaßen, die freie Wahl der Griechen zu beeinflussen. Luxemburg sollte seine Politik des einfachen Sich-Anlehnens aufgeben wie auch seine Beteiligung an der Strategie der politischen Isolierung Griechenlands. Im Gegenteil, es ist dringend geboten, die griechischen Autoritäten zu unterstützen, wenn sie die humanitäre Krise in ihrem Lande beenden wollen, wenn sie Arbeitsplätze schaffen und nicht abbauen wollen und wenn sie somit letztendlich die Demokratie retten wollen. Und sorgen wir dafür, dass die sozialere Politik, die für Europa mit solcher Dringlichkeit eingefordert wird, kein leeres Schlagwort bleibt. Etwas mehr Kohärenz zwischen unseren Worten und unseren Taten würde Europa bestimmt guttun.

Ich möchte abschließend betonen, es geht zuerst um die Zukunft des griechischen Volkes. Aber es geht auch um das Überleben Europas als Projekt der sozialen Gerechtigkeit, der nachhaltigen Entwicklung und der Rettung der demokratischen Werte.«

Das Diktat und seine Folgen

Am 13. Juli 2015 wurde auf einem EU-Gipfel ein neues dreijähriges Hilfsprogramm von bis zu 86 Milliarden Euro für Griechenland beschlossen. Dieses dritte Rettungspaket dient vornehmlich der Finanzierung bereits laufender Kredite. Die Austeritätsprogramme werden weitergeführt. Die Zahlung der Hilfsgelder ist gebunden an neue Rentenreformen, Privatisierungen, Steuererhöhungen, der Beschneidung von ArbeitnehmerInnenrechten und der Deregulierung von Dienstleistungen. Jede neue Gesetzes- oder Haushaltsinitiative unterliegt der vorherigen Kontrolle durch die Troika. Die indische Ökonomin Jayati Gosch schreibt, Griechenland werde »zu einem wirtschaftlichen Protektorat, kaum mehr als eine Kolonie Deutschlands in der Eurozone«.[11]

Kurz zuvor hatten sich 62 Prozent der Griechen beim Referendum gegen diese Austeritätspolitik ausgesprochen. Die Art und Weise, wie die Troika den Griechen daraufhin diese neuen Programme aufzwang, wurde von vielen als unzumutbare Demütigung, als ein Schlag ins Gesicht der Demokratie empfunden und angeprangert. Gefundenes Fressen für Nationalisten und Europaskeptiker.

Anfang 2017 gerät Griechenland immer tiefer in der Krise. Noch immer gibt es kein nennenswertes Wirtschaftswachstum. Die Arbeitslosigkeit liegt weiter über 23 Prozent. Arbeitslosengelder werden nur mehr für ein Jahr ausbezahlt. Neun von zehn Arbeitslosen erhalten keine Zuwendungen mehr. Viele Griechen müssen Einbußen ihrer Renten von 30 Prozent hinnehmen. Eine Million erhalten Monatsrenten von weniger als 500 Euro. Die Sterblichkeitsrate hat sich in sechs Jahren verdoppelt, weil sich viele keine Gesundheitsvorsorge mehr leisten können.

Laut einer Studie der London School of Economics, haben über 280 000 Griechen das Land zwischen 2010 und 2015 verlassen. Mehr als 100 000 Betriebe mussten seit 2010 ihre Arbeit einstellen. Die Auslandsschuld steigt weiter und erreicht 180 Prozent des Bruttoinlandsproduktes, ist untragbar und kann nicht zurückgezahlt werden. Sogar der Internationale Währungsfonds hält einen Schuldenschnitt für unerlässlich. Staatsbetriebe werden privatisiert und gehen in ausländische Hände über. So konnte die deutsche Firma Fraport zu äußerst günstigen Bedingungen die Nutzungsrechte von vierzehn Flughäfen für die Dauer von vierzig Jahren für 1,23 Milliarden Euro erwerben. Wertvolle Einkommen aus der Tourismusbranche gehen so dem griechischen Staat verloren.[12] Unzählige Streiks und Proteste legen das Land lahm.

Zugleich muss Griechenland zusehen, wie es mit der Ankunft von Flüchtlingen fertig wird, deren Zahl zwar deutlich abgenommen hat, die aber alle kaum mehr eine Perspektive haben, nach anderen europäischen Ländern weiterzukommen.

Unterdessen stellt in Genf ein unabhängiger Experte in einem dem Menschenrechtsrat vorgelegten Bericht fest, dass sowohl die griechische Regierung wie auch die internationalen Kreditgeber die Menschenrechte der Griechen durch ihre seit 2010 durchgeführten strukturellen Reformprogramme auf breiter Ebene missachten.[13] Dies ist insbesondere der Fall für die mehr als eine Million Personen, die unter die Grenze extremer Armut gefallen sind. Er empfiehlt die Durchführung einer Impaktstudie der strukturellen Anpassungsprogramme auf die Menschenrechte.

Ein Lichtpunkt sind die etwa 400 Solidaritätsgruppen, die sich in ganz Griechenland gebildet haben und die zum Teil auch mit Hilfe aus dem Ausland, die Probleme der Grundversorgung in ihren Lebenszusammenhängen anpacken mit selbstorganisierten und demokratisch verwalteten Kollektiven, die die Menschen unterstützen mit Lebensmitteln, bei Wohnungsproblemen, bei Krankheit und in anderen Notsituationen.

Luxleaks-Skandal und Prozess gegen die Whistleblower

Im Zuge des »Luxleaks«-Finanzskandals wurde publik, dass die luxemburgische Steuerbehörde in Zusammenarbeit mit dem Frankfurter Unternehmen PricewaterhouseCoopers (PwC) es insgesamt 343 internationalen Konzernen aus 82 Ländern ermöglichte, auf Kosten der europäischen Nachbarländer »aggressive Steuervermeidungsmodelle« zu realisieren. Apple, Amazon, Heinz, Pepsi, Ikea und Deutsche Bank konnten so mit Hilfe des Luxemburger Staates, Milliarden an Steuergeldern einsparen. Diese Enthüllungen wurden vom International Consortium of Investigative Journalists (ICIJ) vorbereitet.

Unter den begünstigten Unternehmen befanden sich auch zahlreiche Waffenlieferanten und Rüstungsfirmen. Das Stockholmer Friedensforschungsinstitut Sipri (Stockholm International Peace Research Institute) veröffentlichte eine Liste mit den 100 größten und gewichtigsten Rüstungsfirmen und Waffenherstellern der Welt. Rund ein Drittel dieser Firmen befindet sich auf der Liste der von PwC organisierten Steuerarrangements.

Bekannt wurden so Steuerbescheide aus den Jahren 2002 bis 2012. Ungeklärt bleibt, ob dies alle Steuerbescheide waren, die in dem Zeitraum von PwC ausgehandelt wurden, und in welchem Ausmaß dieses Geschäft auch von den anderen Steuerberatungs- und Anwaltsfirmen betrieben wurde, welche Vereinbarungen vor 2002 und nach 2012 ausgehandelt wurden und welche auf das Konto von anderen Beraterfirmen gingen.

Wie Luxemburg seine Steuerregelungen entwickelte

Am 1. Dezember 1997 veröffentlichte der EU-Rat für Wirtschaft und Finanzen (ECOFIN) Schlussfolgerungen, in dem fünf Merkmale genannt werden, die »potentielle schädliche« steuerliche Maßnahmen kennzeichnen. Unter anderem wurde festgehalten, Steuerregelungen seien schädlich, wenn Vorteile »gewährt werden, auch ohne dass ihnen eine tatsächliche Wirtschaftstätigkeit und substantielle wirtschaftliche Präsenz« zugrunde liege.

Unbestritten ist, dass es sehr vielen Ablegern multinationaler Unternehmen in Luxemburg an »Substanz« fehlt und sie dort lediglich Briefkastenfirmen unterhalten (auch wenn in den letzten Jahren eine gewisse Zahl von ihnen geschlossen wurde).

Dieser Verhaltenskodex wurde von darauf folgenden Regierungen unter Jean-Claude Juncker einfach ignoriert. Niemand hielt es für nötig, ihn umzusetzen, den Steuer-Rulings einen rechtlichen Rahmen zu geben und der Steuerverwaltung eine effiziente Kontrolle zu ermöglichen. Im Gegenteil, das Arsenal für »Steueroptimierung« wurde ausgebaut: Ende Dezember 2007 wurde ein Gesetz verabschiedet, durch das Einnahmen und Kapitalgewinne aus geistigem Eigentum (Patente, Marken, Software und Domain-Namen) in Höhe von 80 Prozent von Steuern befreit werden. Diese sogenannte »Patent box« ist in Luxemburg eines der Hauptinstrumente gewesen, mit dem Konzerne ihre Gewinne dorthin verlagert haben, wo sie am wenigsten Steuern zahlen. Infolge von Luxleaks wurde jedoch beschlossen, dieses Konstrukt zu beenden, den Gesellschaften, die es in Anspruch genommen haben, allerdings eine Übergangszeit bis 2021 zuzugestehen.

Es ist vor allem diese Steuerbefreiung, die die Soparfi-Gesellschaften (»Sociétés à participation financière«) zum idealen Instrument der »Steueroptimierung« gemacht hat. Die Soparfi wurden als Nachfolgerin der auf Druck der EU-Kommission abgeschafften, von der Steuer befreiten »Holding 1929« eingeführt. 2012 gab es rund 40 000 dieser Gesellschaften. Mittlerweile dürften es mindestens 45 000 sein. Nur 2 500 von ihnen beschäftigen wenigstens eine Vollzeitkraft. Die anderen teilen sich Mitarbeiter mit anderen Gesellschaften oder brauchen keine. Insgesamt zahlten sie 2014 gerade einmal 800 Millionen Euro Steuern, so die Wochenzeitung *d'Letzebuerger Land*.

Luxemburg fördert Ungleichheiten

Die Ungleichheiten auf Weltniveau nehmen weiter zu. Einem Oxfam-Bericht von 2017 zufolge verfügen nur acht Milliardäre über mehr Vermögen als die ärmere Hälfte der Weltbevölkerung. Im letzten Jahr waren es noch 62 Milliardäre. Die globale Vermögenskonzentration ist also viel dramatischer als bisher angenommen. Dem Oxfam-Bericht 2016 zufolge hat sich der Besitz dieser ärmeren Hälfte seit 2010 um über 1 000 Milliarden Dollar verringert, also um 38 Prozent, während das Vermögen der 62 Reichsten um über 500 Milliarden zugenommen hat, und insgesamt auf 1 760 Milliarden Dollar angewachsen ist.

Für Oxfam liegt eine der Ursachen dieser Entwicklung in den sogenannten Steuerparadiesen. Die Organisation fordert eine gemeinsame Aktion gegen diese Gebiete, um die weltweiten Ungleichheiten abzubauen. Gleichzeitig müssten die Regierungen sich verpflichten, die so gewonnenen Mittel in Gesundheit, Erziehung und andere entscheidende öffentliche Dienstleistungen investieren, um das Leben der Ärmsten zu verbessern.

Hat der Finanzsektor in Luxemburg zu dieser Entwicklung beigetragen? »Luxemburg, ein Steuerparadies auf der Anklagebank«, lautet die Überschrift eines Beitrages von Christian Chavagneux zu dem Buch *Un monde d'inégalités* (zu Deutsch: eine Welt der Ungleichheiten) von Bertrand Badie und Dominique Vidal. Chavagneux ist stellvertretender Chefredakteur der Monatsfachzeitung *Alternatives Economiques*. Er hebt die »extreme Abhängigkeit Luxemburgs von einem politisch allmächtigen Finanzsektor« hervor, für den es die »Rolle eines Zwischenhändlers in den internationalen Kapitalflüssen der Unternehmen und der wohlhabenden Sparer spielt … Wie auch die eines Territoriums, das überwiegend im Dienst der bestbemittelten Einzelpersonen handelt und somit ein Instrument anbietet, das dazu beiträgt, den Aufstieg der Ungleichheiten im Rest der Welt aufrechtzuerhalten.«

Laut eines OECD-Berichts von 2015 beträgt der Anteil des Finanzsektors und der Versicherungen in Luxemburg im Jahre 2014 ganze 27 Prozent des BIP gegenüber 10,5 Prozent in der Schweiz und 8,25 Prozent im Vereinigten Königreich. Die Summe der Aktien, der Obligationen und der Bankaktiva entspricht über dreißig Mal dem BIP, für Chavagneux ein einmaliger Weltrekord. Selbst in Irland sei es »nur« der Faktor zehn. Die in Luxemburg angesiedelten nahezu 4000 Investmentfonds sind bei der Berechnung noch nicht einmal miteinbezogen. Deren Aktiva beliefen sich Ende 2016 auf 3600 Milliarden Euro.

Diese starke Abhängigkeit der Wirtschaft von einem Sektor birgt große Risiken. Sie wirft auch die Frage der notwendigen, von Politkern immer wieder herbeigewünschten Diversifizierung der Wirtschaft auf. Bis zu den 80er Jahren hing diese während Jahrzehnten einseitig vom Stahlsektor ab.

Schon vor dem Luxleaks-Skandal wurde auf die unlauteren Zustände auf dem Finanzplatz Luxemburg hingewiesen, dazu einige Beispiele:

Schwarzes Schweigen

Im Jahr 2000 schrieb François-Xavier Verschave das Buch *Noir silence*[14] – Schwarzes Schweigen. Der damalige Vorsitzende der Vereinigung »Survie« – Überleben –, die sich stets für neue französisch-afrikanische Beziehungen eingesetzt hat, geht auf 600 Seiten auf die dunklen, korrupten und komplizenhaften Beziehungen in Politik, Wirtschaft, Handel und im Militärbereich zwischen Frankreichs Eliten und den autoritären Präsidenten zahlreicher afrikanischen Staaten, meist früherer Kolonien, ein.

Der Finanzplatz Luxemburg wird im Buch insgesamt 14 Mal erwähnt, und jedes Mal geht es um Dienste mit Geschäftsleuten und Waffenhändlern zugunsten afrikanischer Diktatoren. So hatte etwa der nigerianische Diktator Abachi sein Geld in Luxemburg untergebracht. Ein Bericht der belgischen Botschaft in Luxemburg aus dem Jahre 1996 wird erwähnt, der auf die Existenz »eines Kreislaufs, durch den ›kriminelles Geld‹ weißgewaschen wird«, verweist. Dieser lief über die damalige Banque Continentale du Luxembourg (BCL), die zwischen 1982 und 1994 Paribas und der Auchi-Gruppe gehörte, benannt nach einem irakisch-britischen Multimilliardär. Eine Ermittlung des belgischen Wochenmagazins *Le Soir Illustré* ergab, dass bei derselben Bank Diktatoren wie Gaddafi, Saddam Hussein, Bokassa und Mobutu Konten unterhielten. Der wegen seiner Hetze während des Völkermordes in Ruanda bekannt gewordene Rundfunksender *Radio Mille Collines* wurde über Kapital von Konten bei dieser Bank finanziert.

Die Clearstream-Affäre

2001 brachten der investigative Journalist Denis Robert und sein Informant Ernest Backes das Buch *Révélation$* heraus, in dem sie das in Luxemburg ansässige Clearinghaus Clearstream beschuldigen, dubiose Geschäfte zu machen und auf geheimen Konten Schwarzgeld der internationalen Finanzmafia und großer Unternehmen systematisch und in industriellem Maßstab vor den nationalen Behörden zu verstecken. Die daraufhin in Luxemburg geführten Ermittlungen wegen Geldwäsche endeten mit der Feststellung, dass es keine Substanz zu derartigen Anklagen gab.

Nicht weniger als 31 Prozesse wegen Verleumdung wurden in Frankreich gegen die beiden Autoren unter anderem durch Clearstream, die russische Bank Menatep, die Michail Chodorkowski gehörte, und durch die Banque Générale du Luxembourg angestrengt. Alle Anklagen wurden in erster und zweiter Instanz wie auch durch den Kassationsgerichtshof abgewiesen, wobei Letzterer sich auf »das allgemeine Interesse des behandelten Themas und den Ernst der Ermittlung« berief. Ein Teil des Dokumentarfilms »L'enquête« berichtet über diese Affäre, die Arbeiten von Denis Robert und dessen schmerzhafte Erfahrungen während dieser Prozesse.

Der Bericht des Cercle de coopération

2009 hat die NGO-Plattform eine Studie von Rainer Falk, langjähriger Herausgeber des Informationsbriefes für *Weltwirtschaft & Entwicklung*, über die Steueroase Luxemburg anfertigen lassen. In diesem Bericht heißt es unmissverständlich: »Gerade für das Profit Shifting der multinationalen Unternehmen, d. h. das Bemühen der Konzerne, Gewinne da anfallen zu lassen, wo die Steuern niedrig sind, und die Verluste dort, wo die Besteuerung hoch ist, hält der Luxemburger Finanzplatz zahlreiche Instrumente bereit.« Der Autor schätzte, »dass allein aufgrund der in Luxemburg verwalteten Privatvermögen dem Fiskus der Entwicklungsländer – konservativ geschätzt – bis zu 2,5 Milliarden Dollar pro Jahr entzogen werden«. Damit wurde die Entwicklungshilfe Luxemburgs in Höhe von 400 Millionen Dollar (2008), die ein Prozent des BIP ausmacht, stark relativiert.

Diese Studie führte zu furiosen Reaktionen. Premierminister Jean-Claude Juncker warnte in einer Regierungserklärung: »Wir werden es nicht zulassen, dass diese kollektive, nationale Anstrengung [in der Entwicklungszusammenarbeit] diskreditiert wird durch primitive und primäre Studien, die ausgerechnet von den luxemburgischen Entwicklungsorganisationen in die Wege geleitet worden sind.« Das Ministerium für Entwicklungszusammenarbeit drohte, den NGOs jede staatliche Beihilfe für eigene Entwicklungshilfe zu streichen, falls sie weiterhin den guten Ruf des Finanzplatzes in Frage stellen sollten. Woraufhin die NGO-Plattform die Studie von ihrer Webseite entfernte. Das schwache Demokratieverständnis in Luxemburg führte dazu, dass es zu keiner öffentlichen Debatte über diesen Bericht gekommen ist mit der Möglichkeit für den Autor, seine Studie vorzustellen und zu Kritiken Stellung zu nehmen.

Doch diese großen Zahlen täuschen, was das Finanzgewicht Luxemburgs anbelangt, schreibt Chavagneux weiter. Luxemburg ist eine reine Zwischenstation, wo das Geld nur aus Besteuerungsgründen erfasst wird oder um jede Art von Kontrolle zu umgehen.

So gingen 2013 nicht weniger als 62 Prozent aller Investitionen der großen Unternehmen der 28 EU-Staaten im Rest der Welt von Luxemburg aus. Und in der anderen Richtung, wenn die größten Unternehmen der ganzen Welt in Europa investieren, nehmen nahezu drei Viertel ihrer Investitionen den Weg über Luxemburg. Gemäß der UNCTAD entsprechen nur acht Prozent der Investitionen im Ausland und fünf Prozent der empfangenen Investitionen reellen Aktivitäten! Chavagneux übersieht, dass es aber auch andere, spezifische, international anerkannte Kompetenzen auf dem Finanzplatz gibt, die seine Anziehungskraft erklären.

John Christensen vom Tax Justice Network erklärt, wie undurchsichtig und verzweigt die Vorgehensweise multinationaler Unternehmen ist: »Die Firmen schaffen oft ihre zentrale Einkaufsstelle auf den Kaimaninseln, verlegen ihre Finanzdienste nach Luxemburg, zahlen Lizenzgebühren für den Gebrauch der Marke in Irland, verrechnen die Transportkosten auf der Insel Man, organisieren die Verteilung von den Bermudainseln aus und zahlen die Personalkosten in Jersey. Diese ›legalen‹ Gaunereien, die unsere Regierungen hinnehmen, entziehen den Haushalten Steuereinkommen in den Ländern, wo der Konsum stattfindet.«

Auswirkungen der Luxleaks-Affäre

Um den Steuerwettbewerb zwischen den EU-Ländern zu begrenzen, schlug die EU-Kommission Ende 2014 in einem Dringlichkeitsverfahren eine Direktive vor, die die Verwaltungen der 28 EU-Staaten verpflichtet, alle mit multinationalen Unternehmen abgeschlossenen Rulings automatisch über die Ländergrenzen hinweg einander mitzuteilen. Diese Direktive wurde bereits ein Jahr später von allen Mitgliedstaaten angenommen und ist seit Anfang 2017 in Kraft. Diese Vorbescheide sind jedoch für die Öffentlichkeit nicht zugänglich. Für Eurodad, eine auf Steuerfragen spezialisierte, unabhängige Organisation, geht diese Richtlinie nicht weit genug, da sich alles trotzdem im Geheimen abspiele.

Im Juli 2016 hat die EU eine Anti-Tax-Avoidance-Richtlinie verabschiedet, die gerechtere und transparentere Steuerregeln einführen soll. Damit sollen bestimmte Maßnahmen der OECD gegen Base Erosion and Profit Shifting (BEPS) durchgeführt werden. Die Richtlinie zielt darauf ab, einen Mindeststandard zum Schutz gegen Steuervermeidung im Unternehmensbereich auf EU-Ebene einzuführen und gleichzeitig ein faireres und stabileres Umfeld für Unternehmen sicherzustellen. Die Amtshilferichtlinie schlägt vor, länderspezifische Berichterstattung zwischen den Steuerverwaltungen der Mitgliedstaaten zu wesentlichen Informationen über die Aktivitäten von multinationalen Unternehmen in der EU auszutauschen.

Diese neuen Transparenzvorschriften sollen den Mitgliedstaaten Informationen zugänglich machen, die sie benötigen, um Steuervermeidungsmodelle zu identifizieren und zu beenden. Doppelbesteuerungsabkommen sollen gegen Abkommensmissbrauch und aggressive Steuerplanung verschärft werden.

Anfang 2017 verständigten sich die EU-Finanzminister darauf, dass zukünftig Gewinnsteuern in dem Land bezahlt werden, wo die Gewinne auch tatsächlich erzielt werden. Damit die Vereinbarung aber fiskalisch neutral bleibt, sollen die Steuersätze nach unten angepasst werden. Null-Besteuerung soll nur als »Indikator« im Verbund mit anderen Kriterien herangezogen werden. Dies wurde von dem Europa-Parlamentarier der Grünen, Sven Giegold, und auch von Oxfam kritisiert. Das Europaparlament muss der Vereinbarung noch zustimmen.

Zusätzlich kam die Europäischen Kommission zur Einsicht, dass bei den fragwürdigen Steuerbescheiden auch eine Gefährdung des Wettbewerbsrechts vorliegen kann. Wie bei Starbucks in Holland hat sie dies etwa im Fall von Fiat Finance in Luxemburg festgestellt und die Regierung aufgefordert, Steuern in Höhe von 25 Millionen Euro von dem italienischen Konzern einzufordern. Luxemburgs Regierung ist dieser Aufforderung nicht nachgekommen und hat den Europäischen Gerichtshof eingeschaltet. Die Kommission hat Luxemburg mitgeteilt, über ein umstrittenes Steuer-Ruling dem französischen Energiekonzern Engie (früher GDF Suez) womöglich eine unerlaubte Staatsbeihilfe von 300 Millionen Euro gewährt zu haben. Engie gehört zu 33 Prozent dem französischen Staat. Außerdem laufen Untersuchungen gegen Luxemburg wegen Abmachungen zugunsten von Amazon und McDonald's. Die Wettbewerbskommissarin Margrethe Vestager hat mitgeteilt, dass in Luxemburg noch 400 andere Rulings zu prüfen sind sowie 600 weitere in anderen EU-Staaten.

Gemäß der englischen Organisation »War on Want« hat die in Luxemburg angesiedelte Filiale McDonald's, die lediglich 13 Personen beschäftigt, einen Umsatz zwischen 2009 und 2013 von 3,7 Milliarden

Euro erreicht, auf die Steuern von nur 16 Millionen Euro bezahlt wurden. »Es ist beschämend zu sehen«, so War on Want, »dass eine multimilliardenstarke Firma, die ihren Angestellten karge Löhne auszahlt, zusätzlich noch bemüht ist, sich ihrer Verantwortung zu entziehen, ihren gerechten Anteil an Steuern zu zahlen, die sehr notwendig sind, um öffentliche Dienste zu finanzieren, auf die wir alle angewiesen sind.« McDonald's hat inzwischen angekündigt, seine internationale Besteuerungsbasis von Luxemburg nach London verlegen zu wollen.

Für Aufsehen hat ebenfalls die Entscheidung der Kommission im Fall Apple gesorgt: Der US-Konzern ist wegen einer Steuerabsprache mit Irland von der Wettbewerbskommission mit Nachzahlungen in Höhe von 13 Milliarden Euro belegt worden. Irland hat die Entscheidung abgelehnt und ist vor Gericht gegangen.

Unterdessen gehen in der EU die Verhandlungen über die Einführung einer Finanztransaktionssteuer, die die Börsengeschäfte besteuern und die Finanzbranche an der Krise beteiligen soll, weiter. Leider nehmen nur zehn EU-Mitgliedstaaten an diesen Verhandlungen teil. Länder wie das Vereinigte Königreich, Schweden und Luxemburg sind nicht beteiligt. Besteuert werden soll vor allem der Handel mit Aktien und Derivaten.

Der Luxleaks-Skandal führte im Europaparlament zur Einsetzung des Sonderausschusses TAXE, der in allen EU-Ländern Fragen der Besteuerung von Unternehmen untersuchte. Doch viele Regierungen und auch die EU-Kommission verweigerten die angeforderten Unterlagen. Das Europaparlament kann aber nur eine Meinung formulieren, es hat nicht die Vollmacht, bindende Texte zu Steuerfragen anzunehmen.

Die Veröffentlichung der Panama Papers seitens des internationalen Journalistenkonsortiums ICIJ im April 2016 löste eine neue internationale Debatte über Offshore-Geschäfte und Steueroasen aus. Sie verdeutlichte einmal mehr die Globalisierung der Finanzmärkte und die zunehmende Intransparenz der Finanzgeschäfte und Verflechtungen. Auch hierzu setzte das Europaparlament einen Untersuchungsausschuss ein. Bei seinem Besuch in Luxemburg verweigerten ihm Banken, zahlreiche Firmen, Anwälte und Steuerberater, die Beziehungen zu der Anwaltskanzlei Mossack Fonseca pflegten, jede Zusammenarbeit.

Ende 2017 veröffentlichte dasselbe internationale Journalistenkonsortium die Paradise Papers. Sie zeigten, wie Konzerne und Multimilliardäre hauptsächlich auf Karibikinseln in großem Ausmaß weiter Steuervermeidung und Steuerhinterziehung betreiben mit Hilfe von Geldwäsche, Steuersplitting, Verschleierung und Gründung von Briefkastengesellschaften. Sie zeigten, dass die EU vielleicht einige nützliche Gesetzesinitiativen auf den Weg gebracht hat, dass aber noch recht viel Arbeit aussteht, um der Steuerflucht wirklich Einhalt zu bieten.

Wenig später wurde eine schwarze Liste von 17 Steuerparadiesen veröffentlicht, auf die sich die EU-Finanzminister geeinigt hatten. Eine wenig glaubwürdige Liste, werden doch dort Länder wie Tunesien oder Südkorea aufgeführt, andere wie die USA, Singapur oder die britischen Überseegebiete aber nicht. Oxfam zufolge fehlen auf dieser Liste die Mitgliedstaaten Malta, Irland, Luxemburg und die Niederlande. Vorerst wurden auch keine Sanktionen vereinbart. Zusätzlich wurde eine graue Liste von 47 Ländern und Gebieten aufgestellt, die Reformen versprochen haben und unter Beobachtung gestellt werden.

Infolge der Luxleaks-Affäre kam es in Luxemburg zur Gründung der Bürgerplattform »Collectif Tax Justice Lëtzebuerg«, an der ich mich beteilige. Im Vorfeld hatten zwei Bürger einen Brief veröffentlicht mit dem Titel »Netamengemnumm« (zu Deutsch: Nicht in meinem Namen), in dem sie sich klar von diesen Steuerpraktiken distanzieren wollten. Die Plattform will zu einer öffentlichen Debatte über Fragen der Nützlichkeit, der Rechtmäßigkeit und der Berechtigung einer missbräuchlichen Ausbeutung durch Luxemburg von aggressiven Steueroptimierungsmodellen aufrufen. Diese soll auch zu einer größeren sozialen Gerechtigkeit und mehr Solidarität zwischen den Bevölkerungen beitragen auch gegenüber den Entwicklungsländern. Sie hat inzwischen mehrere Konferenzen mit Experten in internationalen Steuerfragen organisiert und hat auch Vorschläge zu einer Verbesserung der Whistleblower-Gesetzgebung vorgelegt.

Der schwierige Kampf gegen Steuerbetrug

Ende 2016 hat Luxemburgs Regierung eine Änderung seiner Steuerpraktiken gegenüber Finanzgesellschaften angekündigt. Rundschreiben wurden ausgestellt mit der Absicht, Briefkastenfirmen abzubauen und wenigstens ein Mindestmaß tatsächlicher wirtschaftlicher Aktivitäten zu verlangen. Die Zahl der Steuer-Rulings sollte abnehmen.

Bereits Ende 2014 hatte die Regierung den Rulings eine gesetzliche Grundlage gegeben und bessere Kontrolle sowie regelmäßige Berichte angekündigt. Leider blieb der erste, im April 2016 veröffentlichte Bericht zu den Steuervorbescheiden weit hinter den Erwartungen zurück. Zwar hat die Zahl der Steuerbescheide abgenommen, und zahlreiche bereits genehmigte Rulings mussten neu verhandelt werden. Trotzdem bleibt die Praxis undurchsichtig und die Zahl der Rulings hoch.

Der europäische Bürger hätte annehmen können, dass nach dem Luxleaks-Skandal und mehreren Fällen über unerlaubte Beihilfen durch Steuervorteile die Zahl der Steuerdeals zurückgegangen wäre. Aus einem Bericht, den Eurodad 2016 herausgab, geht jedoch hervor, dass das Gegenteil der Fall ist. Die Zahl dieser Abkommen ist in der EU von 547 im Jahre 2013 auf 1 444 Ende 2015 gestiegen. In Luxemburg erhöhte sich diese Zahl in dieser Periode von 119 auf 519, in Belgien sogar von zehn auf 411.

Ein Beispiel ist der amerikanische Walmart-Konzern, das größte Einzelhandelsunternehmen der Welt. Jede Woche kaufen 250 Millionen Kunden in seinen 11 000 Geschäften in 27 Ländern ein und haben dafür im Jahr 2014 473 Milliarden Dollar ausgegeben. 2007 waren es erst 140 Millionen Kunden in 6 000 Geschäften bei einem Umsatz von 374 Milliarden Dollar. Dies gibt eine Idee von der Macht und der schnellen Konzentrierung dieser Wirtschaftsriesen. Seit 2009 hatte der Konzern 22 Gesellschaften in Luxemburg gegründet und weitere in Irland, Zypern, Spanien und den Niederlanden. In Luxemburg hat Walmart nichts zu verkaufen, der Konzern unterhält dort keinen einzigen Supermarkt. Der Eurodad-Bericht bestätigt, dass schätzungsweise 80 bis 90 Prozent der Investitionen des Konzerns in den Niederlanden und Luxemburg einfach über Briefkastenfirmen fließen.

Die Vereinigung »Americans for Tax Fairness« berichtete 2015, dass Walmart in Luxemburg über ein Anlagevermögen von 45 Milliarden Dollar verfügt, aber nur ein Prozent Steuern auf die auf 1,3 Milliarden geschätzten Gewinne zu zahlen hatte. Luxleaks hinderte Walmart nicht daran, 2015 mindestens fünf neue Finanzgesellschaften in Luxemburg einzurichten.

Luxemburg scheint also nach wie vor eine Profit- und Steuervermeidungsdrehscheibe für solche Firmen zu bleiben.

Um die Transparenz transnationaler Konzerne zu fördern, fordert Eurodad die Einrichtung von Registern mit allen Eigentümern von Gesellschaften, Trusts und vergleichbaren Strukturen, die in einem für alle Daten offenen Format frei und bedingungslos der Öffentlichkeit zugänglich wären. Des Weiteren sollte eine länderbezogene Rechnungslegung durch alle Konzerne eingeführt werden und diese Informationen in einem ähnlichen Format und in einem zentralisierten öffentlichen Register zugänglich gemacht werden.

Anlässlich einer Anfang 2016 vom »Collectif Tax Justice Lëtzebuerg» organisierten Konferenz bemängelte Christian Chavagneux, dass Patentbriefkästen nicht von den neuen EU-Regulierungen abgedeckt sind. Es sei auch unentbehrlich, die Steuerverwaltungen zu stärken. Eine regelmäßige Debatte in den Parlamenten müsste diesen Prozess begleiten und dazu beitragen, den notwendigen politischen Druck zu erzeugen.

Der Prozess gegen die Whistleblower

Whistleblower hatten die Unterlagen zu Luxleaks an Journalisten weitergegeben. Die Auswertung und Veröffentlichung der »geleakten« rund 45 000 Seiten Dokumente erfolgte in internationaler Zusammenarbeit von mehreren Zeitungen und Rundfunkanstalten mit dem International Consortium of Investigative Journalists (ICIJ).

Luxemburg verwies darauf, dass die meisten Vorgänge legal gewesen seien und es gleichartige Praktiken auch in anderen EU-Staaten wie Großbritannien und Deutschland gebe.

Im April und Mai 2016 fand in Luxemburg der von der Staatsanwaltschaft angestrengte Prozess gegen die Whistleblower wegen der Weitergabe vertraulicher Informationen statt. Angeklagt waren Antoine Deltour, ein ehemaliger Angestellter bei PwC, der die Luxleaks-Affäre ins Rollen gebracht hatte, Raphaël Halet, ein weiterer Ex-PwC-Mitarbeiter, und Edouard Perrin, der als erster Journalist über interne Dokumente aus Luxemburg berichtet hatte. Etwa 200 Sympathisanten aus verschiedenen europäischen Ländern hatten sich vor dem Gerichtsgebäude versammelt, um lautstark ihre Solidarität mit den Angeklagten zu äußern.

Antoine Deltour hat nie bestritten, die Dokumente weitergereicht zu haben. »Ich habe aus Überzeugung gehandelt, nicht um in die Medien zu kommen«, sagte er nach Veröffentlichung der Luxleaks der französischen Zeitung »Libération«.

In erster Instanz verurteilte das Bezirksgericht Luxemburg Antoine Deltour zu einer Haftstrafe von zwölf Monaten auf Bewährung plus 1 500 Euro Bußgeld und Raphael Halet zu neun Monaten auf Bewährung und 1 000 Euro Bußgeld. Ihnen wurden Diebstahl und Verletzung des Geschäftsgeheimnisses vorgeworfen. Antoine Perrin wurde freigesprochen.

Gegen das Urteil vom Juni 2016 gingen sowohl Luxemburg wie auch die auf Bewährung verurteilten Angeklagten in Berufung. Das Urteil, das Mitte März 2017 verkündet wurde, bestätigte die verhängten Strafen, wenngleich die Haftstrafe für Antoine Deltour von zwölf auf sechs Monate herabgesetzt und Raphaël Halet lediglich zu der Geldstrafe verurteilt wurde. Des Weiteren berücksichtigte das Urteil auf der einen Seite, dass beide alle Bedingungen erfüllen, um als Whistleblower anerkannt zu werden. Die Anklage wegen Verletzung des Berufsgeheimnisses wurde also zurückbehalten. Auf der anderen Seite wurden sie jedoch wegen Diebstahls von Dokumenten verurteilt. Ein nicht völlig kohärentes Urteil! Antoine Deltour hat Kassationsbeschwerde eingelegt.

Reaktionen im Europaparlament

Die Enthüllungen von Deltour und Halet und die Gerichtsurteile in erster Instanz lösten eine europaweite Debatte über die Steuermoral großer Konzerne aus, wie auch über den Schutz der Whistleblower.

Das Europaparlament setzte ein erstes Zeichen, indem es Antoine Deltour den Europäischen Bürgerpreis verlieh. Viel Kritik gab es seitens der Politik wie auch von Journalistenverbänden.

Parlamentarier fast aller Fraktionen des Europaparlaments haben sich in einem offenen Brief für einen besseren Schutz von Whistleblowern auf EU-Ebene eingesetzt. Der Brief wurde von 108 Abgeordneten unterschrieben, unter anderen aus den Fraktionen der Christdemokraten, Grünen, Linken, Liberalen und Sozialdemokraten. Er ist adressiert an Antoine Deltour und Raphaël Halet.

Die Abgeordneten bescheinigen den beiden in dem Brief nun »Mut und Beharrlichkeit«. Sie seien »geschockt und aufgebracht über die Verurteilung« gewesen, insbesondere da das Gericht die besondere Rolle der beiden als Informanten eigentlich anerkannt hatte. Fabio De Masi, Europa-Abgeordneter für die Linke und einer der Initiatoren des Briefes, sagte dazu: »Die EU verteidigt im Binnenmarkt die Freiheit der Konzerne zu Steuertricks, während Whistleblower verurteilt werden. Dies widerspricht jedem Gerechtigkeitsverständnis und ist inakzeptabel.« Ähnlich äußerte sich Sven Giegold: »Das Urteil stellt die Welt auf den Kopf. Recht handeln wird zu einer Straftat verkehrt.«

Die Urteile gegen Antoine Deltour und Raphaël Halet hatten nicht nur unter Europa-Politikern für großes Aufsehen gesorgt. Viele Beobachter empfanden es als unfair, dass die beiden Informanten bestraft wurden, wohingegen Jean-Claude Juncker die Enthüllungen unbeschadet überstanden hatte und weiterhin der EU-Kommission als Präsident vorsteht. Juncker gilt als einer der Architekten der Steuergestaltungsmodelle für multinationale Konzerne in Luxemburg. Viele der Absprachen fallen in seine Amtszeit als Finanz- und Premierminister des Großherzogtums. Ihm wird auch vorgeworfen, sich zur Zeit als Premierminister 1995 bis 2013 systematisch allen Fortschritten der Europäer zu einer verbesserten Besteuerung widersetzt zu haben. Wobei sich Luxemburg des Öfteren, je nach Sachlage, auf die Hilfe mal der Briten, mal der Österreicher oder auch der Belgier und Holländer stützen konnte.

Der dringende Schutz der Whistleblower

Mit der Initiative stoßen die Abgeordneten in einen Bereich vor, der auf EU-Ebene bislang weitgehend ungeregelt ist. Der Schutz von Informanten und Whistleblowern ist bislang nur in einigen Mitgliedstaaten überhaupt gesetzlich vorgeschrieben. Die Verteidiger im Prozess gegen Antoine Deltour und Raphaël Halet haben auf den Schutz verwiesen, der Whistleblower mit Artikel 10 der Europäischen Menschenrechte zustehe. Diesen Einwand haben die Richter allerdings nicht akzeptiert.

Eine der Hauptschlussfolgerungen, die sich aus dem Urteil in der Luxleaks-Affäre ergeben, besteht in der dringenden Notwendigkeit für Luxemburg, seine Gesetzgebung zu ändern, damit Whistleblowern ein unverzichtbarer, rechtlicher Schutz gewährt wird. In Luxemburg ist der Schutz von Whistleblowern lediglich in Fällen von Korruption, missbräuchlicher Einflussnahme und Geldwäsche vorgesehen. Auch in Deutschland fehlt es an einer klaren Gesetzgebung.

Das Europäische Parlament hatte bereits 2013 einen besseren Schutz für Whistleblower von der Europäischen Kommission gefordert. Konkrete Vorschläge zur Umsetzung blieben von Seiten der Kommission bislang aus. In einer amtlichen Mitteilung vom Juli 2016 wird der Schutz von Whistleblowern zwar von der Kommission aufgegriffen, allerdings nur mit dem vagen Hinweis, man wolle das Thema weiter beobachten.

Druck vom Menschenrechtsrat und der Zivilgesellschaft

Der Amerikaner Alfred de Zayas wurde 2012 in Genf vom Menschenrechtsrat zum ersten unabhängigen Experten für die Förderung einer demokratischen und gerechten Ordnung ernannt. Er ist Professor für

Internationales Recht am Institut des Hautes Etudes Internationales in Genf. Alfred de Zayas hat das Urteil in erster Instanz bedauert, welches die Optimierungs- und Steuerfluchtmethoden in Luxemburg offenbart hat. »Die Whistleblower sind die Helden unserer Zeit, sie dienen der Gesellschaft und den Menschenrechten«, erklärte er.

»Die Regierungen werden systematisch um wesentliche Steuereinnahmen gebracht«, warnte er weiter. »Solange Steueroptimierung, Steuerflucht und Steuerparadiese bestehen, haben die Staaten nicht die finanzielle Möglichkeit, ihren Pflichten gemäß den Menschenrechtsverträgen nachzukommen ... Das Geheimnis ist der Feind der Demokratie und des Rechtsstaates, da so nicht nur Steuerflucht begünstigt wird, sondern auch Geldwäsche und Korruption. Das muss dringend geändert werden.«

Einen effektiven Schutz vor Verfolgung für Whistleblower und Journalisten verlangten auch über 40 internationale NGOs im Vorfeld der Luxemburger EU-Präsidentschaft im zweiten Halbjahr 2015. In einem offenen Brief an die Luxemburger Regierung argumentierten sie, dass die beiden derzeit in Luxemburg gerichtlich verfolgten Whistleblower und ein Journalist im öffentlichen Interesse handelten. Die durch Luxleaks an die Öffentlichkeit gelangten Informationen hätten niemals der Geheimhaltung unterliegen dürfen, da die Öffentlichkeit in Industrie- wie Entwicklungsländern ein Recht darauf habe zu wissen, wie viel beziehungsweise wie wenig Steuern multinationale Konzerne bezahlen.[15]

Glyphosat: Krebserregend oder nicht – was steht auf dem Spiel?

Da Mitte Dezember 2017 die bestehende Erlaubnis für Glyphosat auf dem EU-Markt ablief, hatte sich die EU mit der Frage einer Verlängerung der Zulassung zu befassen. Die Europäische Kommission hatte zuerst einen Vorschlag gemacht, die Erlaubnis um zehn Jahre zu verlängern, die sie nach einer Debatte, die im Europaparlament stattfand, auf fünf Jahre verkürzte. Bei einer ersten Abstimmung unter den Mitgliedstaaten der EU kam es zu keiner qualifizierten Mehrheit, um eine Entscheidung herbeizuführen. Bei einem zweitem Votum Ende November stimmte eine solche Mehrheit für den Kommissionsvorschlag einer fünfjährigen Verlängerung. Während neun Länder gegen den Vorschlag stimmten – darunter Frankreich, Italien, Österreich, Belgien und Luxemburg –, waren 18 Mitgliedstaaten, die den notwendigen Prozentsatz der Bevölkerung ausmachten (65 Prozent), dafür. Ausschlaggebend für dieses Resultat war die Haltung Deutschlands, das sich diesmal nicht der Stimme enthielt, sondern dafür stimmte. Es stellte sich heraus, das dieses Verhalten allein Christian Schmidt, dem Minister für Landwirtschaft (CSU), zuzuschreiben war. Dies führte zu Spannungen zwischen den beiden geschäftsführenden Regierungsparteien, CDU/CSU und SPD. Die Umweltministerin Barbara Hendricks (SPD) erklärte, es sei klar ausgemacht gewesen, dass sich Deutschland der Stimme enthalten würde.

Glyphosat ist eines der weltweit am meisten benutzten Pestizide, bekannt unter dem Markennamen »Roundup«. Über ihre Krebsforschungsagentur, die International Agency for Research on Cancer (IARC), hat die Weltgesundheitsorganisation (WHO) Glyphosat im März 2015 als »wahrscheinlich krebserregend« eingestuft und klargestellt, dass es starke Beweise für seine Gentoxizität gäbe. Diese Behauptung führte zu einem politischen und wirtschaftlichen Streit, der bis heute andauert. Supermarktläden in mehreren europäischen Ländern beschlossen, »Roundup« aus ihren Regalen herauszunehmen. Im November 2015 hatte die Europäische Behörde für Lebensmittelsicherheit (EFSA) die krebserregende Gefahr von Glyphosat als »unwahrscheinlich« eingeschätzt.

Im März 2017 erschien ein neues Gutachten, diesmal von der Europäischen Agentur für chemische Produkte (ECHA). Auch sie kam zur Erkenntnis, dass Glyphosat nicht krebserregend oder mutagen sei.

Anfang Februar 2017 hatte eine breite Koalition von europäischen Nichtregierungsorganisationen die Europäische Bürgerinitiative (EBI) für ein Verbot des Herbizids Glyphosat gestartet. Die EBI wurde von 38 Organisationen in 15 Ländern unterstützt und erhielt 1,3 Millionen Unterschriften. Die Umwelt- und Gesundheitsschutzorganisationen forderten die Europäische Kommission auf, Glyphosat zu verbieten, das Pestizid-Genehmigungsverfahren zu reformieren und verbindliche Reduktionsziele für die Verwendung von Pestiziden in der EU festzulegen.

Ein neues Element wurde im März 2017 über Enthüllungen durch die US-amerikanische Justiz in die Debatte eingebracht. Sie hat 250 Seiten interne Dokumente von Monsanto zur Veröffentlichung freigegeben. Dies geschah im Rahmen eines Gerichtsverfahrens, das eingeleitet wurde infolge einer kollektiven Klage, die Hunderte von landwirtschaftlichen Arbeitern in Kalifornien gegen Monsanto eingereicht hatten. Sie litten unter Blutkrebs, nachdem sie bei ihrer Arbeit mit Glyphosat in Kontakt gekommen waren. Diese Dokumente zeigen, dass Monsanto sich bereits 1999 recht besorgt zeigte, über das mutagene Potential und über mögliche Gentoxität von Glyphosat. Monsanto hatte auch auf ein stilles Einverständnis mit der Umweltschutzagentur (EPA) zählen können. James Parry, in den USA anerkannt als einer der Päpste in Sachen Gentoxität, hatte seine Bedenken zu Glyphosat in einem Bericht an Monsanto zum Ausdruck gebracht, den die Firma nie veröffentlichte.

In Kalifornien hat ein Gericht eine Klage Monsantos gegen die dortige Agentur für Gesundheitliche Sicherheit (Office of Environmental Health Hazard Assessment) abgewiesen, da diese die Etikettierung von Produkten vorschrieb, die mit Glyphosateinsatz produziert wurden und möglicherweise krebserregend seien.

Die Frage der Unabhängigkeit der EU-Experten

Der Streit über die Beurteilung von Glyphosat rief eine erneute Vertrauenskrise in das europäische System der Bewertung und Einschätzung der Gesundheits- und Umweltrisiken hervor. Die Kommission wurde am 16. Dezember 2015 vom Gerichtshof der EU für ihre

Untätigkeit in der Sache der endokrin wirksamen Substanzen verurteilt. Zwei Monate später, hat der europäische Ombudsmann die Laxheit der Kommission in Sachen Zulassung von Pestiziden scharf verurteilt.

Wie kommt es zu dieser unterschiedlichen Bewertung von Glyphosat? Die Einschätzung der EFSA beruhte auf einer Bewertung, die das Bundesinstitut für Risikobewertung (BfR) im Auftrag der EU vorgenommen hatte. Diese Einschätzung des BfR, dass der Pestizidwirkstoff nicht humantoxisch sei, basiert, so die Meinung mehrerer deutscher Verbände, fast ausschließlich auf Studien, die von Glyphosat produzierenden Unternehmen selbst durchgeführt oder in Auftrag gegeben wurden. Die IARC der WHO hingegen hat etwa tausend Studien aus der wissenschaftlichen Literatur berücksichtigt. Dem BfR wurde vorgeworfen, die industriefreundlichen Kriterien für die Bewertung von Glyphosat-Studien heranzuziehen und die notwendige kritische Distanz zu den Pestizidherstellern vermissen zu lassen. Der EU-Pestizidgesetzgebung wird vorgehalten, ganz auf die Bedürfnisse der Hersteller, die ihren Wirkstoff auf den Markt bringen wollen, zugeschnitten zu sein. Letzten Oktober »legte Plagiatsprüfer Stefan Weber in Berlin ein vernichtendes Gutachten vor: Das BfR habe in seinem Bericht ganze Passagen aus anderen Studien teils wörtlich übernommen und deren Herkunft bewusst verschleiert. Es ist offensichtlich, dass die BfR keine eigenständige Bewertung der zitierten Studien vorgenommen hat.«[16] Hier liegt ein klarer wissenschaftlicher Betrug vor.

Im Oktober kam es zu einer gemeinsamen Umwelt- und Agrarkommissionssitzung im Europaparlament, wozu mehrere Experten eingeladen waren, um ihre Meinung zu den vorliegenden Gutachten von EFSA und ECHA zu erfahren. Auch diese behaupteten, längere Ausschnitte dieser Gutachten wurden von Monsantoberichten abgeschrieben. Monsanto hatte zu dieser Sitzung eine Einladung erhalten, lehnte diese aber ab. Monsanto wurde daraufhin der Zugang zum Europaparlament verboten.

Sowohl das Gutachten von EFSA als auch das von ECHA wurden von den NGOs heftig kritisiert. Sie prangerten insbesondere den Interessenkonflikt unter den für die Risikobewertung zuständigen Experten an.

EFSA und ECHA beraten die Europäische Kommission, die sich in ihren Vorschlägen zu Normen im Nahrungsmittel- oder GVO-Bereich stets auf die Stellungnahmen dieser Agenturen beruft. Der grüne EU-Parlamentarier José Bové ging vor einigen Jahren der Frage der Unabhängigkeit dieser Experten nach. Er deckte Verbindungen mehrerer Mitglieder der EFSA mit Industrieverbänden auf. So hatte Diana Banati, die Präsidentin dieser Behörde, einen offenen Interessenkonflikt, da sie zur gleichen Zeit im Aufsichtsrat der ILSI (International Life Sciences Institute) saß. ILSI ist ein Lobby-Institut, das 1978 von großen Konzernen wie Coca-Cola, Heinz, Kraft, General Foods, Procter&Gamble, Danone, Mars, McDonald's, Kellogg's, Monsanto, Dupont und Novartis gegründet wurde. ILSI teilte 2012 mit, Diana Banati hätte ihre Präsidentschaft bei EFSA aufgegeben, um den Direktorenposten bei ILSA-Europa zu übernehmen. Die Arbeit von José Bové führte auch dazu, dass das Europaparlament kurz danach der EFSA die Entlastung verweigerte.

Um einen weiteren Vertrauensverlust der Bürger in die EU zu vermeiden, wäre die Europäische Kommission gut beraten, dringend die Schlussfolgerungen aus all diesen Enthüllungen zu ziehen und ein neues Bewertungssystem zu den Risiken für Gesundheit und Umwelt vorzunehmen, das wirklich unabhängig ist.

Milliardenschwere Interessen der Konzerne

Das Totalherbizid Glyphosat ist auf Äckern und in Gewässern zu finden und gelangt über die Nahrungsmittel auch in unseren Körper. Das Pestizid wird in einer Vielzahl von Unkrautvernichtungsmitteln, wie etwa »Roundup«, eingesetzt, um lästige Pflanzen abzutöten. Die konventionelle Landwirtschaft benutzt eine Vielzahl von Pestiziden, um den Ertrag zu sichern und Ernteausfälle durch Krankheiten oder Unkraut zu vermeiden.

Das Geschäft mit Glyphosat ist milliardenschwer. Im Jahr 2012 belief sich der weltweite Umsatz mit glyphosathaltigen Produkten bereits auf 5,46 Milliarden US-Dollar. Um 2020 soll voraussichtlich die Zehn-Milliarden-Grenze erreicht werden. 2015 verzeichnete allein Monsanto hauptsächlich mit »Roundup« einen Umsatz von nahezu fünf Milliarden Dollar mit einem Gewinn von fast zwei Milliarden. Über 700 000 Tonnen des Stoffs produzieren inzwischen in einem Jahr hauptsächlich sechs Konzerne wie Monsanto, Syngenta oder Bayer Crop Science.

Monsanto-Chef Hugh Grant diffamierte die IARC-Einschätzung von Glyphosat als »junk science«, das heißt als Pseudo- oder Minderwissenschaft. Der Konzern ließ sich sogar dazu verleiten, Wissenschaftlern Geld anzubieten für die Unterzeichnung und Veröffentlichung von Monsanto vorbereiteter Texte zur Verteidigung von Glyphosat. Einige Wissenschaftler nahmen das Angebot an. Ein weiterer wissenschaftlicher Betrug!

Glyphosat ist auch ein Eckpfeiler der Entwicklungsstrategie der Biotechnologien. Die Mehrheit der transgenischen Pflanzen sind so geartet, dass sie »Roundup« tolerieren und so seine Ausstreuung vereinfachen. Die Annahme der sogenannten »Roundup Ready« GVO-Kulturen hat zu einer schnellen Verbreitung geführt. Es ist also nicht erstaunlich, dass Monsanto und Syngenta eine marktbeherrschende Rolle auch im GVO-Saatgutbereich spielen.

Dies erklärt ebenfalls, warum die größten Glyphosatmengen indes in importierten Futterpflanzen stecken. Als Tierfutter sind Gentech-Mais und -Soja etwa aus Brasilien, Argentinien oder den USA zugelassen. Dort findet diese Produktion unter äußerst umweltschädlichen, klimazerstörerischen und nicht nachhaltigen Bedingungen statt.

Gesundheitsgefährdung von Bauern und Kleinkindern

Pestizide haben schwerwiegende Folgen für die öffentliche Gesundheit. Dies gilt vor allem für die Landwirte, die diese Substanzen aufs Feld bringen. Mehrere Studien zur berufsbedingten Exposition durch

Pestizide haben ergeben, dass eine erhöhte Pestizidexposition mit einer erhöhten Häufigkeit verschiedener Krebsarten, vor allem Lungenkrebs und Prostatakrebs, sowie neurodegenerativer Erkrankungen wie Parkinson und Alzheimer in Zusammenhang gebracht wird.

Vor allem der auch in Luxemburg zugelassene Wirkstoff Chlorpyrifos wird mit Parkinson und Alzheimer, unterschiedlichen Krebsarten und Entwicklungsstörungen bei Kindern in Zusammenhang gebracht. Besonders Kleinkinder gehören zu den am meisten gefährdeten Gruppen, da Kleinkinder im Verhältnis zu ihrer Körpergröße mehr Gift ausgesetzt sind und ihr Stoffwechsel dieses langsamer abbaut. Insbesondere Chlorpyrifos wird regelmäßig in Nahrungsmitteln und menschlicher Muttermilch nachgewiesen.

Anfang Februar 2016 sendete France 2 einen vielbeachteten Dokumentarfilm mit dem Titel »Die Landwirtschaft, die tötet«. In Laboratorien vorgenommene Analysen bewiesen, dass in der Gegend von Bordeaux, wo Pestizide in den Weinbergen ausgebracht werden, die Kinder in naheliegenden Schulen in ihren Haaren häufig Pestizidrückstände aufweisen – zum großen Erstaunen der Eltern. Es wurde auch dargelegt, wie in Kalifornien die in den Zitronenfeldern tätigen mexikanischen Landarbeiter und ihre Familien regelmäßig das Pestizid Chlorpyrifos einatmen. Und dass die Kinder von diesen mexikanischen Familien häufig an Autismus leiden.

Eine tägliche Dosis Gift in Obst und Gemüse. Schäden für die Umwelt

Während die im Agrarbereich Tätigen die Giftstoffe über die Luft, Haut und Nahrung aufnehmen, nehmen die Konsumenten diese Substanzen vor allem über die Nahrung auf. Pestizidrückstände sind in 80 Prozent aller Obst- und Gemüsesorten zu finden. In manchen Lebensmittelproben werden über 20 verschiedene Pestizide festgestellt. Mit jeder Mahlzeit nehmen wir also einen ganzen Cocktail von Pestiziden zu uns. Es gibt Grenzwerte für Giftrückstände in und auf Lebensmitteln. Schützen können sich Konsumierende jedoch nur, indem sie Bioprodukte kaufen, die eine deutlich geringere Belastung aufweisen als konventionell produzierte Lebensmittel.

Pestizide verursachen eine Menge von Umweltschäden: Sie verseuchen Grundwasser, belasten Trinkwasservorräte, zerstören die Ozonschicht, reduzieren die Artenvielfalt, tragen zum Bienen- und Vogelsterben bei. Alle diese Schäden erscheinen in keiner Rechnung. Müsste die Pestizidindustrie diese Kosten bezahlen, wären schon viele der hoch toxischen Produkte vom Markt verschwunden, schreibt die »Berner Erklärung«.[17]

Dabei braucht die Welt die meisten Pestizide gar nicht. Zu diesem Schluss kommt der Weltagrarbericht, die wohl grösste Studie zur heutigen Landwirtschaft. Entgegen den Beteuerungen multinationaler Agrarkonzerne ist es durchaus möglich, mit einer nachhaltigen, biologischen Landwirtschaft ohne gentechnisch veränderte Organismen und ohne Pestizide genug Nahrung für die wachsende Weltbevölkerung zu produzieren.[18]

Das Internationale Monsanto-Tribunal

Mitte Oktober 2016 beteiligten sich rund 750 Personen aus etwa 30 Ländern in Den Haag an den Arbeiten des Internationalen Monsanto-Tribunals. Tausende konnten die Debatten verfolgen dank einer Online-Übertragung und der Ausstrahlung über soziale Medien.

Mitglieder des Organisationskomitees waren Persönlichkeiten wie Corinne Lepage, frühere französische Umweltministerin, Marie-Monique Robin, Journalistin und Dokumentarfilmerin, Vandana Shiva, indische Ökologistin, Olivier de Schutter, Professor und ehemaliger Sonderberichterstatter für das Recht auf Ernährung, Gilles-Eric Seralini, Professor für Molekularbiologie, und Hans Herren, Landwirtschafts- und Entwicklungsexperte, Präsident und CEO des Millennium Institutes in Washington.

24 Personen, Opfer von Monsanto und dessen Produkten, Experten und bekannte Anwälte, wie William Bourdon machten vor dem aus

fünf international anerkannten Richtern bestehenden Tribunal bewegende Zeugenaussagen. Den Vorsitz des Tribunals führte die Belgierin Françoise Tulkens. Die Verbrechen Monsantos, bekannt wegen seiner gentechnisch veränderten Organismen (GVO) und dem Herbizid »Roundup«, das Glyphosatstoffe enthält, wurden eingehend durch Papiere, Berichte, Bücher, Video-Material, Fotos, und so weiter dokumentiert. Aussagen wurden gemacht über missgebildete Kinder, kranke und ruinierte Bauern, verschmutzte Gewässer, zerstörte Böden.

Der Nigerianer Nnimmo Bassey, der die Stiftung Health of Mother Earth leitet, erklärte: »Wäre die Erde in der Lage sich auszudrücken, so würde Monsanto sich bereits im Gefängnis befinden. (…) Dies ist ein Kampf für Leben und Freiheit. Es ist ein Kampf, der darauf abzielt, die Kolonisierung unserer Nahrungsmittelsysteme durch große Unternehmen zu stoppen, die Kolonisierung unserer Landwirtschaft, die Versklavung von Mutter Erde zugunsten ihrer eigenen Profite.«

In meinem Buch *Mordshunger* stelle ich die Frage, ob Monsanto nicht auch eine Gefahr für die Demokratie darstellt. Ich verweise dort auf den Dokumentarfilm *Monsanto – Mit Gift und Genen*, den Marie-Monique Robin für den Fernsehsender arte gedreht hat, und auf das Buch mit dem gleichnamigen Titel. Die Autorin, Mitorganisatorin des Monsanto-Tribunals, untersucht darin äußerst detailreich Geschichte, Funktionsweise und Methoden dieses Biotech-Multis. Jeder, der diesen Film sah, war wohl über die skrupellosen, brutalen und unverantwortlichen Praktiken entsetzt, mit denen Monsanto von Anfang an seine Ziele erreichen wollte. Dazu gehörten Lügen, die Fälschung von Untersuchungsergebnissen, eine undurchsichtige Informationspolitik, Druck jeder Art, die Beschnüffelung und Einschüchterung von Bauern durch Detektive, enge Verbindungen zu politischen und militärischen Machtträgern und die Instrumentalisierung dieser Macht zur blinden und rücksichtslosen Durchsetzung seiner Firmeninteressen innerhalb und außerhalb der USA.

In Den Haag haben zahlreiche prominente Redner auch darauf hingewiesen, dass Monsanto und andere Riesen des Agrobusiness nicht dazu beitragen, die Welt zu ernähren, wie sie es immer behaupten. Denn tatsächlich werden überwiegend Stoffe zur industriellen Weiterverarbeitung produziert: Tierfutter, Agrotreibstoffe und Zucker für die Lebensmittelindustrie – und das zu hohen Kosten für die menschliche Gesundheit und für die Umwelt. Es handelt sich um eine Produktion, die Profite beschert und nicht Menschen ernährt. Es sind eigentlich die kleinen und mittleren landwirtschaftlichen Betriebe, die die Bevölkerung ernähren.

Die Arbeiten zeigten auch, wie es Monsanto geschafft hat, strategische Posten innerhalb bestimmter Ministerien und nationaler Institutionen zu besetzen. So hat etwa Michel Taylor abwechselnd bei der US- Food and Drug Administration (FDA), dem Landwirtschaftsministerium und Monsanto gearbeitet. Über ein ähnliches Szenario in Kanada berichtete dem Tribunal ein früherer Berater des kanadischen Gesundheitsministeriums, Shiv Chopra. Er ist ein Whistleblower, der entlassen wurde, nachdem er ein Buch veröffentlicht hatte, in dem er über die Missachtung des Gesetzes über Nahrungsmittel und Medikamente (Food and Drugs Act) aufklärte.

»Die Organisation dieses Tribunals ist ein historischer Moment«, sagte Marie-Monique Robin in ihrer Abschlusserklärung. Zeugen, Opfer und Experten aus fünf Kontinenten hatten die Gelegenheit, sich zum ersten Mal zu begegnen, Erfahrungen auszutauschen und über ihre Leiden zu berichten. Diese Initiative erlaubte es, zahlreichen Opfern, aus ihrer Einsamkeit herauszukommen und ihr Schweigen zu brechen, wie das der Fall ist für die Teilnehmer aus Sri Lanka, wo 30 000 Glyphosat-Opfer zu beklagen sind. Glyphosat ist ein Instrument des Ökozids, das Pflanzen schädigt und Tiere und Menschen krank macht. Die vorgetragenen Zeugenaussagen und die ausgetauschten Argumente sollten Klagen auf nationaler Ebene gegen Monsanto ermutigen und erleichtern, so Marie-Monique Robin.

Monsanto lehnte die Einladung ab, sich bei den Sitzungen des Monsanto Tribunals zu beteiligen. »Dieses Ereignis«, so Monsanto in einer Stellungnahme, »wurde von einer beschränkten Gruppe von

Gegnern Monsantos und landwirtschaftlicher Technologien orchestriert, die zu gleicher Zeit als Organisatoren, Richter und Kläger aufgetreten sind.«

Monsanto verletzt Menschenrechte

Nach Prüfung der Dokumente und der Zeugenaussagen stellten die Richter im April 2017 in einer öffentlichen Sitzung ihr »Rechtsgutachten« vor, das rechtlich nicht verbindlich ist. Es erläutert die Umstände der Schaffung des Tribunals und unterzieht sechs Fragen einer juristischen Prüfung.

Das Recht auf eine gesunde Umwelt

Monsantos Praktiken haben negative Auswirkungen auf das Recht auf eine gesunde Umwelt, so die Richter. Für sie belegten die Zeugenaussagen die insbesondere mit »Roundup« zusammenhängenden Auswirkungen der Tätigkeiten Monsantos auf die menschliche Gesundheit, namentlich jene von Landwirten und Landarbeitern, die Böden, die Pflanzen, die Wasserorganismen, die Gesundheit von Tieren und die Biodiversität. Die Zeugen berichteten ebenso über nicht bezweckte Wirkungen des Einsatzes von Pflanzenschutzmitteln auf andere Kulturen. Die Anhörungen brachten ferner Einflüsse auf lokale Gemeinschaften und indigene Völker sowie die mangelhafte Information der betroffenen Gruppen zum Vorschein.

Das Recht auf Nahrung

Das Tribunal stellte fest, dass Monsantos Tätigkeiten das Recht auf Nahrung verletzen. Bestimmte Landwirte werden gezwungen, Lizenzgebühren an Monsanto zu bezahlen, weil deren Felder von gentechnisch veränderten Organismen (GVO) kontaminiert wurden[19], während andere auf den großen Einfluss des multinationalen Unternehmens auf den Saatgutmarkt hinweisen, der ungeachtet nicht erreichter Produktionsziele besteht. Monsantos Geschäftspraktiken reduzieren die Verfügbarkeit von Nahrungsmitteln für Individuen und Gemeinschaften und verschlechtern ihre Fähigkeit, sich selbst unmittelbar oder ohne gentechnisch verändertes Saatgut zu ernähren.

Überdies sind gentechnisch veränderte Arten für bestimmte Landwirte unerschwinglich und bedrohen die Biodiversität. Die Tätigkeiten Monsantos beeinträchtigen ferner Böden und Gewässer sowie die Umwelt im Allgemeinen. Das Tribunal erkennt folglich eine Verletzung der Ernährungssouveränität und hebt jene Fälle hervor, in welchen Landwirte aufgrund kontaminierter Felder gezwungen waren, Monsanto Lizenzgebühren zu bezahlen oder gar ihre bis dahin GVO-freien Kulturen aufzugeben. Auch das aggressive Marketing von GVO, das den jährlichen Kauf von neuem Saatgut erfordert, verletzt das Recht auf Nahrung. Die Kritik gilt hierbei dem herrschenden agrarindustriellen Modell, das angesichts bestehender agrarökologischer Alternativen umso vehementer anzuprangern ist.

Das Recht auf Gesundheit

Das Tribunal stellte fest, dass Monsantos Geschäftspraktiken das Recht auf Gesundheit beeinträchtigen.

Die Vermarktung von GVO, die gegenüber »Roundup« resistent sind, hat zu einer weiten Verbreitung und Verwendung dieses Herbizids geführt. Es wird von der Internationalen Agentur für Krebsforschung der Weltgesundheitsorganisation (WHO) als »für Menschen wahrscheinlich krebserregend« qualifiziert. Andere Berichte stellen sowohl für Menschen als auch für Tiere eine Genotoxizität fest, das heißt, eine chemisch wirksame Veränderung von genetischem Zellmaterial.

Zu beachten sind nicht zuletzt interne Dokumente Monsantos, die im März 2017 aufgrund einer Anordnung des Bezirksgerichts Nordkaliforniens (San Francisco) veröffentlicht werden mussten und aufzeigen, dass das Unternehmen wissenschaftliche Studien manipuliert hat, womit die wissenschaftliche Kontroverse über die Gesundheitsrisiken von Glyphosat der Vergangenheit angehören dürfte.

Die Vermarktung und Verbreitung gentechnisch veränderter Organismen werfen auch zahlreiche Fragen auf, zumal kein wissenschaftlicher Konsens über die Unbedenklichkeit von GVO besteht. Die entsprechende Kontroverse ist in einen Kontext zu verorten, der durch undurchsichtige Studien und die Unmöglichkeit gekennzeichnet ist, unabhängige Forschung zu betreiben. Die »Monsanto Papers« haben die systematische Praxis Monsantos zutage gefördert, wissenschaftliche Studien zu manipulieren und Einfluss auf Experten auszuüben.

Was das Recht auf Ernährung und Gesundheit angeht, so bemängelt das Tribunal insbesondere die aggressive Vermarktung von GVO-Saatgut, die diese Rechte schädigt, indem sie die Bauern zwingt, Anbaumethoden anzunehmen, die die traditionellen Anbaupraktiken ignorieren.

Die Freiheit wissenschaftlicher Forschung

Die Wissenschaftsfreiheit verlangt, dass sich Forschende frei äußern können und Whistleblower einen effektiven Schutz genießen.

Die Zeugenaussagen von Agronomen und Molekularbiologen belegen Geschäftspraktiken, die teilweise zu Verurteilungen Monsantos geführt haben. Genannt werden können beispielsweise die folgenden Praktiken: illegaler Anbau von GVO; Verwendung wissenschaftlicher Studien, die mangels vollständiger Berücksichtigung aller Inhaltsstoffe von »Roundup« dessen negative Auswirkungen verfälscht wiedergeben; massive Kampagnen zur Diskreditierung von Resultaten unabhängiger wissenschaftlicher Studien. Solche Strategien haben etwa zum Rückzug einer in einer internationalen Zeitschrift publizierten Studie sowie zum Stellenverlust eines wissenschaftlichen Mitarbeiters einer Gesundheitsbehörde geführt.

Das Tribunal kommt daher zum Schluss, dass Monsantos Tätigkeiten die zu wissenschaftlicher Forschung unerlässliche Freiheit verletzen. Das Diskreditieren wissenschaftlicher Studien, die ernsthafte Fragen bezüglich des Umwelt- und Gesundheitsschutzes aufwerfen, der Rückgriff auf falsche, von Monsanto in Auftrag gegebene, wissenschaftliche Gutachten, die Druckausübungen auf Regierungen sowie Einschüchterungen sind Eingriffe in die Wissenschaftsfreiheit und umso verwerflicher, als sie mit Risiken für Gesundheit und Umwelt in Verbindung stehen und insofern der Gesellschaft die Möglichkeit rauben, zahlreiche andere Menschenrechte effektiv zu schützen. Die Versuche, wissenschaftliche Arbeiten in Verruf oder deren Urheber zum Schweigen zu bringen, unterwandern die zu wissenschaftlicher Forschung unerlässliche Freiheit sowie das Recht auf freie Meinungsäußerung in missbräuchlicher Weise und beeinträchtigen ebenso das Recht auf Zugang zu Informationen.

Das Ökozid-Verbrechen anerkennen

Das Tribunal hält abschließend fest, die Tätigkeiten Monsantos könnten Verbrechen des Ökozides darstellen, sollte ein derartiger Tatbestand dereinst im Völkerrecht verankert werden.

Bei diversen Geschäftspraktiken liege ein Tatbestand vor, so beispielsweise beim Verkauf von glyphosathaltigen Herbiziden an Kolumbien, wo diese Stoffe mit Flugzeugen über Kokaplantagen versprüht werden und dadurch sowohl die Umwelt als auch die Gesundheit der Bevölkerung beeinträchtigen. Ferner die massenweise Verwendung von gefährlichen agrarchemischen Produkten in der industriellen Landwirtschaft, wie etwa »Roundup«, sowie Produktion, Vermarktung und Vertrieb von gentechnisch veränderten Organismen. Schwerwiegende Verschmutzungen von Böden und Gewässern sowie die Beeinträchtigung der Pflanzenvielfalt müssten ebenso als Ökozid qualifiziert werden. Dies gilt sodann ebenso für den Einsatz langlebiger organischer Schadstoffe wie Polychlorierte Biphenyle (PCB), die erhebliche und dauerhafte Schäden verursachen, die auch die Rechte künftiger Generationen tangieren.

Die Mitschuld bei Kriegsverbrechen

Bei der die Frage der Mitschuld bei Kriegsverbrechen war das Tribunal nicht in der Lage, zu endgültigen Schlussfolgerungen zu kommen. Die Richter haben aber die Umweltzerstörung sowie die Schäden, die die vietnamesische Bevölkerung durch das Vernichtungsmittel »Agent Orange« erlitten hat, anerkannt und die Hypothese nicht ausgeschlossen, dass Monsanto »Mittel, den Krieg in Vietnam zu führen, bereitgestellt« und »den Zweck, für den es vorgesehen war, gekannt hat« und auch »über die schädlichen Auswirkungen auf Gesundheit und Umwelt informiert war«.

Den Vorrang der Menschenrechte bekräftigen und multinationale Unternehmen bei Menschenrechtsverletzungen belangen

Im dritten Abschnitt des Rechtsgutachtens verweist das Tribunal mit Nachdruck auf den beträchtlichen und sich ausweitenden Graben zwischen den Menschenrechten einerseits und der Verantwortung von transnationalen Unternehmen andererseits und appelliert diesbezüglich in zweifacher Hinsicht an die internationale Gemeinschaft.

Das erste Anliegen betrifft die Notwendigkeit, den Vorrang der Menschenrechte und des internationalen Umweltrechts zu bekräftigen. Tatsächlich bestehen sowohl im Rahmen der WTO als auch innerhalb bilateraler Investitionsschutzabkommen und Freihandelsübereinkommen zahlreiche Rechtsnormen, die dem Schutz von Investoren dienen. Diese Bestimmungen erschweren zunehmend die Durchsetzung nationalen Rechts und politische Bemühungen zum Schutz der Menschenrechte und der Umwelt.

Gemäß dem Tribunal besteht ein beträchtliches Risiko eines sich ausweitenden Grabens zwischen den Menschenrechten und dem internationalen Umweltschutzrecht einerseits sowie dem internationalen Handels- und Investitionsrecht andererseits. Ein Tätigwerden der Organe der Vereinten Nationen ist dringend notwendig, denn andernfalls drohen fundamentale Rechtsfragen durch private Schiedsgerichte außerhalb des UNO-Systems geklärt zu werden.

Darüber hinaus ruft das Tribunal dazu auf, nichtstaatliche Akteure im Zusammenhang mit dem Schutz der Menschenrechte in die Verantwortung zu nehmen. Es ist an der Zeit, so das Tribunal, multinationale Unternehmen als Rechtssubjekte anzuerkennen und bei Menschenrechtsverletzungen entsprechend zu belangen. Das Tribunal bemängelt ferner die bestehende Asymmetrie zwischen den Rechten und den Pflichten von multinationalen Unternehmen. Das Rechtsgutachten ermutigt daher die involvierten Stellen, Behörden und Organe, die Menschenrechte und die Umwelt vor bestimmten Machenschaften transnationaler Unternehmen effektiv zu schützen.

Das Rechtsgutachten wird Monsanto und den Vereinten Nationen, unter anderem dem Menschenrechtsrat und dem Internationalen Strafgerichtshof zugestellt werden. Auch andere richterliche Stellen und Richter werden befasst werden. Es wird, so Françoise Tulkens, »Anwälten, Richtern und Tribunalen erlauben, einzugreifen, klarer als bisher Stellung zu beziehen in der Frage der Verantwortung und der Entschädigung der Schäden, die Monsanto verursacht hat – auch um Fortschritte im Völkerrecht der Menschenrechte zu erzielen.«

3 Krieg, Unterdrückung und Terror

Kurzer Geschichtsrückblick: Der Verrat an den Arabern

Das Jahr 2017 bot die Gelegenheit, an Geschehnisse vor hundert Jahren zu erinnern, die die Geschichte nachhaltig beeinflusst haben und sogar noch in die Gegenwart hineinwirken. Dies gilt insbesondere für die Sykes-Picot-Verträge und die Balfour-Deklaration.

Wir befinden uns mitten im Ersten Weltkrieg, die Briten kämpfen an der Seite der Franzosen, während das Osmanische Reich sich mit Deutschland vereint hat. Sehr früh beginnen die geheimen Verhandlungen, um die politische Landkarte im Nahen Osten am Ende des Krieges neu zu gestalten.

Lawrence von Arabien wurde in diese Gegend gesandt, um die Araber dazu aufzuwiegeln, sich von der Besatzung der Türken zu befreien. Zu diesem Zweck versprach er ihnen reichlich Lohn: Sie sollten die Freiheit zur Selbstbestimmung erlangen und ein arabisches Reich gründen können, das die Arabische Halbinsel, Syrien, Mesopotamien und Palästina umfasst. Mit der Unterstützung von Henry McMahon, dem britischen Hochkommissar für Ägypten, gelang es Lawrence von Arabien, den Scherif von Mekka, Hussein Bin Ali für diese Sache gewinnen und zusammen mit seinem Sohn Faisal die arabischen Stämme zu mobilisieren. Sie brachten türkische Züge zum Entgleisen, befreiten die am Roten Meer gelegene Hafenstadt Akaba und erreichten schlussendlich Damaskus, wo sie als Helden und Befreier empfangen wurden. A,ber das Versprechen der Gründung einer arabischen Nation war ein falsches Versprechen, eigentlich ein Verrat, der bei den Arabern dauerhafte Spuren hinterlassen sollte.

Der britische Diplomat Mark Sykes und der französische Generalkonsul in Beirut, François Georges-Picot, hatten ein geheimes Abkommen ausgehandelt, die sogenannten Sykes-Picot-Verträge, die 1916 unterzeichnet wurden. Die russische Tageszeitung *Pravda* veröffentlichte den Inhalt im November 1917. Demnach sollten nach einem Sieg über die Deutschen und die Türken, alle nördlich einer Linie zwischen Akko und Kirkuk liegenden Gebiete, vor allem Libanon und Syrien, unter den »Schutz« der Franzosen fallen, die Gebiete südlich dieser Linie unter die Hoheit der Briten. Palästina sollte zum Teil unter internationale Verwaltung gestellt werden. Die Briten sicherten den Franzosen riesige Landstriche zu, die zu diesem Zeitpunkt noch Teil des Osmanischen Reichs waren und eigentlich den Arabern versprochen waren. So wurden die Grenzen des Irak gezogen, bestehend aus drei weitgehend autonomen Provinzen, den Schiiten im Süden, der sunnitischen Minderheit im Zentrum und den Kurden im Norden. Zündstoff für spätere Konflikte. Die Sykes-Picot-Verträge lösten bei den Arabern ein Gefühl der Ohnmacht und der Wut darüber aus, immer wieder zum Spielball fremder Interessen zu werden. In vielerlei Hinsicht lösten die europäischen Kolonialmächte mit ihrem verantwortungslosen Verhalten eine Kette von Katastrophen aus, die sich bis in die Gegenwart fortgesetzt haben. Der Krieg in Syrien und der Siegeszug von Daesch sind nur im Kontext der arabischen Geschichte zu verstehen. Daesch etwa hat es verstanden, den tief verwurzelten Unmut für seine Zwecke zu nutzen, und rechtfertigt seine Taten auch mit dem historischen Verrat an den Arabern durch den Westen. Eine seiner Videobotschaften etwa trägt den Titel »Das Ende von Sykes-Picot«.

Durch die Balfour-Deklaration hat sich die britische Regierung dazu verpflichtet, »… mit Wohlwollen die Errichtung einer nationalen Heimstätte für das jüdische Volk in Palästina« zu betrachten »und ihr Bestes« zu tun, »die Erreichung dieses Zieles zu erleichtern«.

Diese Erklärung wurde abgegeben, als das Gebiet Palästinas noch unter osmanischer Verwaltung steht – auch hier schufen die Briten Fakten für ein Gebiet, über das sie keine Rechte besaßen. Die Juden wollten einen eigenen Staat in Palästina aufbauen da sie in Europa keine Zukunft sahen, angesichts der Pogrome in Russland und der von der Kirche mitgetragenen judenfeindlichen Stimmung in Europa, wie etwa die Dreyfus-Affäre[1] in Frankreich Ende des 19. Jahrhunderts bewies. Großbritannien wiederum verfolgte komplexe, strategische Interessen und suchte nach einem Verbündeten in der Region, um sich den Weg nach Indien abzusichern. Die 640 000 Palästinenser und 60 000 Juden, die dort friedlich zusammenleben, wurden in keiner Weise befragt. Anlässlich der Gründung des Völkerbundes durch den Versailler Vertrag 1919, ließen die Briten diese Verpflichtung aus der Balfour-Deklaration in die Texte dieses Vertrages hineinschreiben und sich als Mandatsträger für Palästina anerkennen. Von nun an wanderten immer mehr Juden nach Palästina aus. Die Zionisten konnten sich dabei auf die Unterstützung der Briten verlassen, um ihre Organisationen aufzubauen und ihre Streitkräfte auszubilden, die sich dem Widerstand der Palästinenser zu widersetzen haben.

»Wir sind stolz über die Rolle, die wir für die Gründung des Staates Israel gespielt haben«, erklärte Premierministerin Theresa May am 25. Oktober im britischen Unterhaus. Am 2. November, dem Jahrestag der Balfour-Erklärung, beteiligten sich Theresa May und Benjamin Netanyahu an einem Gedenkabendessen, zu dem 150 Gäste eingeladen waren. Jeremy Corbyn lehnte eine Teilnahme ab.

Zu gleicher Zeit hatten 13 000 Bürger eine offizielle Bittschrift unterschrieben, die die Regierung auffordert, für diese Erklärung »dem palästinensischen Volke öffentlich ihre Entschuldigung auszudrücken«. Die palästinensische Vertretung in London hat zu einer Kampagne gegen die Auswirkungen eines »falschen, nicht eingehaltenen Versprechens der britischen Regierung« aufgerufen. Auf Plakaten wird nämlich an eine andere Grundaussage der Balfour-Erklärung erinnert, nach der »… unmissverständlich zu betonen ist, dass nichts getan werden darf, was die Bürgerrechte und religiösen Rechte der in Palästina lebenden nicht-jüdischen Bevölkerung … nachteilig betrifft«.

Wie ist der Islamische Staat entstanden?

Eine Welle von terroristischen Anschlägen und Attentatsversuchen hat die Bevölkerung in Westeuropa in den letzten Jahren verunsichert. Sie provozieren jedes Mal Entsetzen, Horror, Angst und Unruhe. Mehr als je zuvor ist die Sicherheit der Bevölkerung zu einem der zentralen Politikthemen aufgerückt. Die Urheber dieser Anschläge stellen sich in den Dienst des sogenannten Islamischen Staates, befolgen dessen Aufrufe. Wie ist dieser Staat überhaupt entstanden?

Strategiefehler des Westens

Die Errichtung von Daesch, dieses fundamentalistischen, barbarischen und wilden Staates, ist das Resultat einer Reihe von Fehlern der westlichen Staaten im Nahen Osten über Jahrzehnte. Und zuerst der USA. Diese haben Anfang der 80er Jahre, mit Hilfe Saudi-Arabiens, die Dschihadisten massiv finanziert und ausgerüstet, um die sowjetische Besatzung in Afghanistan zu bekämpfen. So entstand die Al-Qaida-Bewegung Osama Bin Ladens, die in Afghanistan Fuß fassen konnte und schließlich die Zerstörung des World Trade Center in New York am 11. September 2001 organisiert hat.

Die Vereinigten Staaten von Amerika unter George Bush nahmen dann die Gelegenheit wahr, die geopolitische Karte des Mittleren Orients neu zu bestimmen. Zuerst haben sie Krieg gegen Afghanistan geführt, um dort die Taliban aus Kabul zu vertreiben. Obschon sie jedes Jahr 150 Milliarden Dollar für dieses Land ausgeben, geht der Krieg gegen die Taliban über 15 Jahre später noch immer weiter.

2003 haben sie mit der Unterstützung insbesondere der Briten, angeführt von Tony Blair, Saddam Hussein den Krieg erklärt, Irak besetzt und dabei das Völkerrecht flagrant verletzt. Sie gaben vor, es gäbe Massenvernichtungswaffen im Irak, tatsächlich ging es ihnen um die Kontrolle der enormen Ölquellen. Selten zuvor gab es überall eine solch energische Bürgeropposition und solch massive Protestmärsche wie gegen diese Invasion. Die medizinische Zeitschrift *The*

Lancet schätzt die Zahl der Toten in diesem Krieg auf 655 000, nachdem zwischen 1991 und 2002 bereits 500 000 Menschen ihr Leben infolge des internationalen Embargos verloren hatten.

Der Zivilverwalter Paul Bremer hat nach dem Einmarsch der amerikanischen Truppen im Irak einen Radikalschlag in der irakischen Verwaltung vorgenommen, bei dem alle Sunniten vertrieben wurden und der schiitischen Majorität die Kontrolle übergeben wurde. Das Land stürzte in ein Chaos und in interne Spaltungen, von denen es sich nie erholen konnte. Die Sunniten, auf die Saddam Hussein sich stützte, um seine Macht auszuüben, fühlten sich verbannt in ihrem eigenen Lande. Viele von ihnen suchten Zuflucht beim Islamischen Staat, der sich im Nordosten Syriens und im sunnitischen Norden Iraks ausbreitete.

Baschar al-Assad hat sicherlich eine gravierende Verantwortung zu übernehmen in dem Bürgerkrieg, der das Land verwüstet, etwa 250 000 Menschenleben gekostet und mehrere Millionen seiner Mitbürger zur Flucht gezwungen hat. Mussten die westlichen Staaten aber seit Beginn des Konfliktes stillschweigend hinnehmen, dass Nachbarstaaten wie die Türkei, Katar und Saudi-Arabien größere Mengen von Waffen den sogenannten moderaten syrischen Islamisten zukommen ließen, von denen etliche, wie die Al-Nostra Gruppe, sich offen zu Al Qaida bekannt haben? Solche Lieferungen sind kaum mit internationalen Rechtsnormen vereinbar. Unter Erdogan spielte die Türkei lange eine zwiespältige Rolle gegenüber dem Islamischen Staat, der auch verdächtigt wurde, Erdöl über türkisches Territorium abzusetzen. Die Türkei nahm den Krieg gegen die Kurden der PKK wieder auf, von denen eine größere Zahl durch mehrere, wahrscheinlich vom Islamischen Staat ausgeübte Attentate getötet wurde. Blutige Anschläge wurden in Ankara und in Istanbul verübt. Die Autonomiebestrebungen der Kurden im Irak und vor allem in Syrien werden von der Türkei mit großem Misstrauen verfolgt und aktiv bekämpft.

Musste Frankreich unbedingt auf den sofortigen Abgang von Baschar al-Assad bestehen, während die Opposition sehr gespalten war und keine glaubwürdige Alternative zustande brachte? War Frankreich gut beraten, Waffen zu liefern, die für die moderate, aber ungenau abgegrenzte Opposition bestimmt waren, die bald die Waffenarsenale verschiedener Dschihadistengruppen verstärkten? Keine Unterstützung erhielten die säkularen Kräfte! Tatsache ist, die Lage in Syrien ist seit dem Ausbruch des Bürgerkrieges viel schlimmer als zuvor.

War es angebracht, dass Frankreich – wie auch andere Staaten – Saudi-Arabien dermaßen hofierte und seine Waffenlieferungen an dieses Land vervielfachte? In diesem Land werden die Menschenrechte massiv verletzt, werden Dieben die Hände abgeschnitten und sind Enthauptungen und Steinigungen an der Tagesordnung. Frauen werden systematisch diskriminiert. Saudi-Arabien praktiziert und propagiert den wahhabitischen Islam, eine der fundamentalistischen Formen des Islams, sodass man sich die Frage stellen kann, welchen ideologischen Unterschied es noch gibt zwischen Saudi-Arabien und dem Islamischen Staat.

Das Land beteiligt sich auch am Bürgerkrieg in Jemen und bekämpft dort die den Schiiten nahestehenden Huthi-Rebellen mit massiven Luftangriffen, welche Schulen, Krankenhäuser und die Infrastruktur zerstören und zahlreiche zivile Todesopfer fordern.

Das Chaos in Libyen und der israelisch-palästinensische Konflikt

Die Intervention der Franzosen unter Sarkozy in Libyen mit der Unterstützung der Briten und der NATO, wobei die Amerikaner eine »leading from behind«-Rolle übernahmen, hat zu einer Operation geführt, die Gaddafi brutal ausschaltete. Sie war illegal, da der Weltsicherheitsrat zwar die Beschützung der Zivilisten gegen Menschenrechtsverletzungen erlaubte, aber keinen Regimewechsel. Nicht ohne Arroganz haben die westlichen Staaten den Vorschlag einer friedlichen Übergangslösung der Afrikanischen Union zurückgewiesen. Libyen stürzte in Anarchie und Gewalt. Jetzt bekämpfen sich dort mehrere zum Teil auch terroristische Bewegungen. Daesch konnte sich dort während einer Zeit in den Küstengebieten behaupten.

Der Sturz Gaddafis hat auch zu unkontrollierten Waffenexporten geführt, die etwa eine Destabilisierung Malis nach sich zogen, wo Dschihadisten im Norden ihren eigenen Staat ausriefen. Anfang 2013 musste Frankreich unter Präsident Hollande eingreifen, um islamistische Kräfte zurückzuschlagen, die bis nahe an die Hauptstadt Bamako vorgedrungen waren. Das Land wird weiter von terroristischen Anschlägen heimgesucht. Es muss stabilisiert und neu aufgebaut werden.

Der israelisch-palästinensische Konflikt geht weiter. Seit über 40 Jahren verletzt Israel ungehindert das internationale Recht, indem es ständig neue Siedlungen baut, den Palästinensern somit immer mehr den Zugang zu Land und zu Wasser nimmt und ihnen eine unerbittliche und erniedrigende Besatzung aufdrängt. Europa und Amerika verurteilen, was dort geschieht, ohne aber irgendwelche Maßnahmen dagegen zu ergreifen. Gegen Russland wurden sofort wirtschaftliche Sanktionen verhängt wegen der Verletzungen des internationalen Rechtes auf der Krim und in der Ostukraine. Die Enthauptung von drei westlichen Staatsangehörigen durch den Islamischen Staat hat zu Luftangriffen auf den irakischen Teil dieses Staates geführt, wohingegen die 1 900 Toten, die es durch die Angriffe auf den Gazastreifen 2014 gegeben hatte, kaum zu Reaktionen geführt haben. Diese Doppelmoral ruft immer neue Ressentiments in den arabischen Staaten hervor und führt Jugendliche dazu, sich radikalen Bewegungen anzuschließen, die entschlossen sind, dieses Verhalten zu rächen.

Der immer häufigere Einsatz von Drohnen provoziert Tag für Tag den Tod von Zivilisten, wobei die meisten Opfer unter arabisch-muslimischen Bevölkerungen zu beklagen sind (Afghanistan, Irak, Libyen, Syrien, Palästina). Die Union Juive Française pour la Paix (UJFP) schreibt, dass dieser Staatsterrorismus wesentlich dazu beigetragen hat, Monster wie Daesch groß werden zu lassen und terroristische Antworten hervorzurufen.

Keine dieser Ursachen könnte die blutigen Anschläge in Paris oder anderswo rechtfertigen. Die Herausforderung des Terrorismus – zu der diejenige der Flüchtlinge und Migranten hinzukommt –, stellt sich in einem Moment, in dem Europa schon geschwächt ist durch eine Reihe von Krisen wirtschaftlicher, währungspolitischer, ökologischer und sozialer Natur.

Der rasante Aufstieg des Islamischen Staates ist das Resultat der Schwäche der Staaten, die Daesch umstürzen will, der zerstörerischen, geopolitischen Rivalitäten sowie der ausländischen Interventionen.

Es gibt keine kurzfristige Lösung. Westliche Staaten haben dem Islamischen Staat den Krieg erklärt und wollen diesen ausradieren. Es gelang nach mehreren Monaten, die Städte Mossul und Rakka zurückzuerobern und die meisten besetzten Gebiete zu befreien. Es ist jedoch zu befürchten, dass mit der Ausschaltung des Islamischen Staates, die Dschihadisten irgendwo im Untergrund untertauchen und ihren Kampf weiterführen werden.

In Europa kann die Antwort auf den Terrorismus nicht nur auf extremen Sicherheitsmaßnahmen beruhen. Die Demokratie und die bürgerlichen Freiheiten dürfen nicht geschwächt werden. Der Rechtsstaat ist zu festigen. Das Völkerrecht verdient systematische Beobachtung. Es muss Schluss sein mit einer Politik nach zweierlei Maß! Nicht weniger wichtig ist der Aufbau sozialerer Staaten und eines gerechteren Europas für alle, auch für die Ärmeren.

Islam und Dschihadismus

Terroristische Anschläge gibt es seit langem. Anarchisten verübten solche bereits im zaristischen Russland Ende des 19. Jahrhunderts. In den siebziger Jahren des vergangenen Jahrhunderts gab es die Attentate der Roten Brigaden in Italien und der Roten Armee Fraktion in Deutschland. London wurde von den Bomben der IRA (Irisch-Republikanische Armee) in den Siebziger- bis Neunzigerjahren heimgesucht. Die Ereignisse des 11. Septembers 2001 in den USA haben dem Terrorismus eine neue, weltpolitische Dimension verliehen und zu kriegerischen Gegenschlägen geführt. 2004 gab es die Bombenexplosionen in Zügen in Madrid, 2005 die Attentate in London, regelmäßig werden solche Anschläge in den USA verübt. 2011 tötete der Rechtsextremist Anders Breivik in Norwegen 77 Jugendliche in einem Jugendlager. Im März 2016 kam es in Brüssel zu Attacken auf eine Metro-Station und auf den Flughafen Zaventem. Am schlimmsten traf die Terrorwelle Frankreich mit Anschlägen vor allem im Januar und November 2015 in Paris und im Juli 2016 in Nizza. Im Dezember 2016 wurde Deutschland durch eine mörderische Tat in Berlin überrascht. Im April 2017 traf es London, Stockholm und Sankt Petersburg.

Die meisten Opfer terroristischer Anschläge sind allerdings in muslimischen Ländern zu beklagen. Der Krieg des Islamischen Staates sowie anderer terroristischer Organisationen wie Al Qaida ist auch gegen Ägypten, den Libanon, Tunesien und die ganze arabische Welt gerichtet. Ebenso fallen schwarzafrikanische Bevölkerungen wie in Nigeria und den Nachbarstaaten der Terroristengruppe Boko Haram zum Opfer, die sich Daesch angeschlossen hat. Weltweit gesehen töten die blutigsten Anschläge, die auch während Pilgerfahrten stattfinden, zehnmal mehr Muslime als Nichtmuslime, wobei Afghanistan, Irak und Pakistan zu den am schwersten heimgesuchten Ländern zählen. Dazu tragen insbesondere die Spannungen und Gegensätze unter den verschiedenen muslimischen Religionsgemeinschaften bei. Doch auch christliche Minderheiten sind bedroht, vor allem im Irak und in Ägypten.

Wie Dschihadismus in Europa entsteht

In den letzten Jahren wurde die Mehrzahl der Anschläge in Europa im Namen des Islamischen Staates verübt, meist von jugendlichen Dschihadisten, die es geschafft hatten, die europäischen Grenzabsicherungen zu überwinden. Andere wurden in europäischen Ländern rekrutiert. Verfolgt wurde das Ziel, die Muslime vor allem in den Armenvierteln aufzuwiegeln, zu mobilisieren und sie dazu zu bringen, sich gegen die Gesellschaft zu erheben. Ziel ist die Spaltung der Gesellschaft und schlussendlich eine Art Bürgerkrieg, auf dessen Ruinen dann ein islamisches Kalifat entstehen soll. Die Dschihadisten sind untereinander gut vernetzt und kommunizieren im Internet über staatliche Grenzen hinweg. Die Aufrufe zu den Anschlägen gehen vom Islamischen Staat aus, Initiative und Organisation der Anschläge werden jedoch den einzelnen Tätern überlassen. Die salafistisch-dschihadistische Bewegung begann mit dem Krieg in Afghanistan Anfang der 1980er Jahre, sie war damals gegen die sowjetische Besatzung gerichtet und wurde vom Westen unterstützt.

Vorstädte und Gefängnisse

Der mörderische Hass hat zuerst und in erster Linie Frankreich getroffen. In den Banlieues, den Vorstädten von Paris und anderen großen französischen Städten leben viele Jugendliche, deren Eltern aus den Maghreb-Staaten eingewandert sind, oft isoliert in Ghettos. Sie haben kaum Zugang zu Arbeitsplätzen, zu Erziehungs- und Berufsausbildungsmöglichkeiten. Die hohe Arbeitslosigkeit in Frankreich erschwert diese Lage noch zusätzlich. Eine Minorität dieser Jugendlichen lässt sich durch den Islamischen Staat verleiten, der ihrem Leben Sinn und Anerkennung verleiht, ihnen einen Lohn zusichert, sogar das Paradies verspricht über den Weg des Märtyrertums. Es handelt sich auch um ein religiöses Phänomen. Fundamentalismus gibt es in allen Religionen. Der religiöse Fanatismus im Islam erscheint gegenwärtig dennoch in einer besonders heftigen und gefährlichen Weise.

Auch Gefängnisse sind Brutstätten für Dschihadisten, wo diese Kontakte knüpfen, neue Sympathisanten gewinnen können und ihre Entschlossenheit festigen. Sehr wenige verlassen das Gefängnis mit dem Entschluss, ihre Überzeugungen aufzugeben. Der Tunesier Anis Amri kam 2015 aus einer vierjährigen Gefängnishaft in Italien, bevor er den Anschlag in Berlin verübte.

Was Dschihadisten motiviert

Einige Attentäter sind Einzelgänger, haben es auch mit psychiatrischen Störungen zu tun, wie sich das beim Lastkraftfahrer in Nizza herausstellte. Doch wusste dieser sich auch mit Texten von Daesch für seine Tat zu inspirieren. Der Attentäter der Londoner Ereignisse im Frühling 2017 ist für die Behörden mehr Kleinkrimineller als Terrorist. Ihm wird keine Verbindung zum organisierten Terrorismus nachgesagt.

Allgemein werden drei Tatmotive der Dschihadisten angeführt: Das erste besteht in der Erwähnung der Grausamkeiten, die die westlichen Staaten am muslimischen Volk begangen haben. Das zweite ist die Rolle des Helden, der Rache übt für das, was muslimische Brüder und Schwestern erlitten haben. Das dritte Motiv besteht im Eintritt ins Paradies. Die Idee des Märtyrertums, das heißt, für Allah zu sterben, ist im Koran weit verbreitet. Bei einer Reihe von Anschlägen in Frankreich begingen die Attentäter Selbstmord und sprengen sich dabei in die Luft.

Der Wahhabismus

Großen Einfluss auf die Dschihadisten üben Wahhabismus und die Muslimbruderschaft aus. Saudi-Arabien praktiziert und verbreitet massiv den Wahhabismus, der im 18. Jahrhundert durch Mohammed Ibn Abd al-Wahhâb eingeführt wurde. Es handelt sich um einen vereinfachten, schematisierten, puritanischen und fundamentalistischen Islam. Dank der politischen und strategischen Unterstützung der Briten und der Amerikaner konnte Saudi-Arabien seine Rolle als Verbreiter des Islams in Form des Wahhabismus voll wahrnehmen. Dabei kann sich Saudi-Arabien auf eine Reihe islamischer Institutionen und Organisationen stützen.

In Brüssel hatten die Attentäter die belgische Nationalität, waren Muslime und hatten Verbindungen zum Straftätermilieu. Für den belgischen Historiker Paul Vermeren war es »eine Katastrophe, die eingewanderten Gemeinschaften in den Händen salafistischer (und sogar schiitischer) Prediger zu lassen (...) Die Petrodollars aus dem Golf wurden zum Teil für die weltweite Predigt des Salafismus verwendet. Saudi-Arabien hat den Bau von Tausenden von Moscheen auf der ganzen Welt finanziert, wo es dann seine wahhabitischen Prediger und ihre salafistischen Aliierten platziert hat. Dasselbe tun Katar und die Türkei Erdogans mit den Muslimbrüdern, und auch Iran mit den Seinigen ... Denn hinter den Moscheen befinden sich Fernsehsender, Internetseiten, Bücher und DVD's, die zu Hunderten von Millionen exportiert werden. Für die Brüder und Wahhabiten gilt: Wenn Gott den Arabern Öl gegeben hat, so ist das zum Ziel der Islamisierung.«[2] Diese Praxis wird auch in anderen Ländern verfolgt.

Vermeren beklagt, dass die Klasse der belgischen Politiker ebenso gleichgültig gegenüber religiösen Fragen ist wie die französische und Iraner und Saudis einfach predigen ließ. Dieses passive Verhalten Belgiens kritisierte auch der Bericht einer parlamentarischen Untersuchungskommission, der im März 2017 veröffentlicht wurde.

Die belgisch-marokkanische Journalistin Gaïdz-Minassian, die in Molenbeek ermittelt hat, fand Schriften, die zum Mord von Ungläubigen und Juden aufrufen.

Die Muslimbruderschaft

1928 hat der Arabischlehrer Hassan Al-Banna die Muslimbruderschaft gegründet. Im Manifest dieser Bruderschaft heißt es: »Der Koran ist unsere Verfassung, der Prophet unser Führer, der Dschihad ist unser Weg und der Tod für Allah ist unser höchstes Ziel.« Als Erstes wollte Hassan Al-Banna die islamische Gesellschaft von allen nichtislamischen Elementen reinigen und ein Kalifat gründen. Heute ist diese mächtige, auch finanzstarke Bewegung in über 70 Staaten vertreten.

Der fundamentalistische Theologe aus Pakistan, Mawdudi, der 1979 gestorben ist, und der Ägypter Sayyid Qutb, der 1966 hingerichtet wurde, waren zwei einflussreiche Stimmen im fundamentalistischen Islam. Sie waren der Auffassung, dass die politische Macht von Gott kommt und die Religion eine vorrangige Stellung in der Gesellschaft einzunehmen habe. Für Demokratie hingegen hatten sie nicht viel übrig. Professor Carlo Degli Abbati von der Universität Genua erklärt: »Nachdem sie sich im katholischen Fanatismus geäußert hatte, befällt die Krankheit der Intoleranz die muselmanische Welt.«

Die Gegensätze im Koran

1,6 Milliarden Muslime glauben an den Gott Allah und an seine Lehren im Koran. Eine einzige, einheitliche Islamanhängerschaft gibt es aber nicht. Spaltungen führten zu verschiedenen Religionsgemeinschaften: Es gibt die Sunniten, die Schiiten, die Alawiten, die Sufisten, die Charidschiten und viele mehr. Die Sunniten stellen die große Mehrheit der Muslime, die sich wiederum in vier verschiedene Rechtsschulen aufteilen, die ihre eigenen Dogmen und Schulen haben und miteinander rivalisieren.

Zwei verschiedene Etappen haben das Leben des Propheten Mohammed gekennzeichnet: die erste, die von Mekka, ist die der Nächstenliebe und der Barmherzigkeit, die zweite, die von Medina, ist die des Machtmenschen, der sich immer mehr in blutige Kämpfe und Kriege verwickelt hat. So wurden Stämme, die vorher gespalten waren, vereint, die Araber traten aus dem Schatten der Geschichte heraus und wurden zu Akteuren auf der Weltbühne.

Der Koran gebraucht also auch die Sprache der Gewalt. Er verherrlicht den Krieg mehr als 206 Mal, 25 Mal wurden Tötungsbefehle erlassen. Die Stellung der Frau ist der des Mannes untergeordnet. Selbst umgab sich der Prophet Mohammed mit einem Dutzend Frauen.

Der Islam hatte Epochen, die durch friedliches Zusammenleben mit anderen Religionen, Toleranz, Kreativität und der Entwicklung der Wissenschaften geprägt waren. Der Islamismus der jüngeren Zeit folgt jedoch einer radikalen, fundamentalistischen Interpretation des Islam, einem nebulösen Gemisch von Religion, Politik und Revolution. Die große Mehrheit der Muslime sind friedliebend und integrieren sich problemlos in westliche Gesellschaften. In London und Rotterdam sind die Bürgermeister Muslime. In Frankreich gibt es acht- bis zehntausend gläubige muslimische Mitglieder bei der französischen Armee, die zehn Prozent der gesamten Streitkräfte ausmachen.

Islamisierung oder Säkularisierung?

Für den deutsch-ägyptischen Politikwissenschaftler und Publizisten Hamed Abdel-Samad, Autor des Buches *Der islamische Faschismus*, bestehen die Probleme des Koran in der Aufteilung der Welt in Gläubige und Ungläubige, in der Unantastbarkeit des Propheten und des Korans und in der Bildung, die sich vom Propheten und vom Koran nicht lösen kann. Für ihn kann das Phänomen des Islamismus nicht vom Islam getrennt werden, denn der unheilvolle Dschihad bezieht seine explosive Kraft aus der Lehre und der Geschichte des Islams. Das Konzept des Dschihadismus wurde nicht erst durch moderne Islamisten erfunden, er geht auf den Propheten Mohammed zurück.

Ayaan Hirsi Ali ist eine niederländisch-amerikanische Politikerin, Politikwissenschaftlerin, Frauenrechtlerin und Islamkritikerin somalischer Herkunft. »Wir müssen erkennen«, schreibt sie in ihrem Buch *Reformiert Euch!*, »dass hinter diesen Gewaltakten eine Ideologie steht, (…) die im Islam selbst verwurzelt ist, in dessen heiligem Buch, dem Koran, sowie in den *Hadith* genannten Überlieferungen über das Leben und die Lehren des Propheten Mohammed.« Sie tritt für eine weitgreifende muslimische Reformation ein.

Auch eine Reihe anderer, mutiger, oft der Verfolgung ausgesetzter Persönlichkeiten und Schriftsteller aus der muslimischen Welt wie Salman Rushdie, Taslima Nasreen, der Syrer Adonis und der Algerier Boualem Sansal stellen die Praxis des Islam und seine Instrumentalisierung durch die Politik in Frage. Mehrere befürworten eine Trennung zwischen Staat und Religion.

Die Anschläge stellen die Regierungen in Westeuropa vor die Herausforderung, die Achtung demokratischer Verhaltensnormen durch alle Bürger, auch durch muslimische Einwanderer klarer als bis jetzt einzufordern, ohne jedoch Grundfreiheiten, wie die Glaubensfreiheit einzuschränken.[3]

Palästina

Wie zuvor bemerkt, war es 2017 hundert Jahre her, seitdem die Balfour-Erklärung abgegeben wurde. Vor 70 Jahren hat die UNO-Vollversammlung die Resolution zur Aufteilung Palästinas in zwei Staaten angenommen. 2018 steht die Erinnerung an die Gründung des Staates Israel vor 70 Jahren auf der Tagesordnung, wie auch die der Nakba.

Ende 2016 hat der Weltsicherheitsrat zu dem Israel-Palästina-Konflikt die Resolution 2334 angenommen. Dies wurde möglich, da die US-Regierung unter Präsident Obama bereit war, sich bei der Abstimmung der Stimme zu enthalten, während sie vorher bei ähnlichen Abstimmungen immer mit ihrem Veto-Recht eine solche Annahme verhindert hatte. Diese Resolution bekräftigt, dass »die Errichtung von Siedlungen in dem seit 1967 besetzten palästinensischen Gebiet, einschließlich Ost-Jerusalems, durch Israel keine rechtliche Gültigkeit besitzt und einen flagranten Verstoß gegen das Völkerrecht und ein ernstes Hindernis für die Herbeiführung der Zwei-Staaten-Lösung und eines gerechten, dauerhaften und umfassenden Friedens darstellt«. Ferner verlangt sie abermals, dass »Israel alle Siedlungstätigkeiten in dem besetzten palästinensischen Gebiet, einschließlich Ost-Jerusalems, sofort vollständig einstellt und alle seine diesbezüglichen rechtlichen Verpflichtungen uneingeschränkt achtet«.

Kurz danach hat John Kerry eine Rede zum Israel-Palästina-Konflikt gehalten. Er behauptete, die Zwei-Staaten-Lösung »sei in großer Gefahr« wegen der Siedlungspolitik der israelischen Regierung. Er veranschaulichte diese Ansicht mit der Zunahme der Siedler, die sich pausenlos in den besetzten Gebieten einrichten. Diese Zahl erreicht heute 600 000, davon 270 000 seit der Unterzeichnung der Oslo-Verträge und 100 000 während der Amtszeit Barack Obamas. Für Kerry ist eine endlose Besatzung nicht mit einer Demokratie vereinbar.

Donald Trump hat die Haltung seines Vorgängers zur Resolution 2334 scharf kritisiert. Er scheint gegenüber der Regierung Israels eine offenere Haltung einzunehmen. Dies nutzte die Netanyahu-Regierung und beschloss sofort Anfang 2017 2 500 neue Wohnungen in den besetzten Gebieten zu errichten. Etwas später erfolgte die Genehmigung für den Bau einer neuen Siedlung im Shilo-Tal, nahe der Stadt Ramallah, für die Bewohner der geräumten illegalen Siedlung Amona. Wenig später hat die Knesseth beschlossen, die Enteignung von privatem palästinensischem Land zugunsten von Siedlern zu legalisieren. 3 500 illegale Wohnungen, die in etwa zehn Siedlungen gebaut wurden, wurden ebenfalls legalisiert. Dies sind klare Verletzungen der Resolution 2334! Mit jedem Tag, der vergeht, wird die Schaffung eines Palästina-Staates schwieriger. Eine schleichende Annexion der besetzten Gebiete ist unterwegs.

Dies veranlasste die europäischen Zivilgesellschaften, die ihre Solidarität mit den Palästinensern bekunden, Frau Mogherini und den Außenministern der EU einen Brief zu schreiben, in dem sie auf Artikel 2 des Assoziierungsabkommens zwischen der EU und Israel verweisen, nach dem »die Beziehungen zwischen der EU und Israel auf der Achtung der Menschenrechte und der Demokratieprinzipien beruhen«. Sie fordern die Aussetzung dieses Abkommens, bis Israel das Völkerrecht achtet. Die EU hat die moralische und rechtliche Pflicht, ähnliche Maßnahmen zu ergreifen, wie gegenüber etwa 30 anderen Staaten – wie auch Russland –, die das Völkerrecht missachtet haben.

Die Nakba, ein Verbrechen gegen die Menschheit

Anfang 2014 haben Pax Christi und das luxemburgische Palästinakomitee – Comité pour une Paix Juste au Proche-Orient (CPJPO) – eine Ausstellung in Luxemburg über die Nakba organisiert (zu Deutsch:

Katastrophe) – die Vertreibung der Palästinenser in den Jahren 1947 bis 1948. Diese Ausstellung fand auch bereits in über 50 deutschen Städten statt. Die Nakba erfolgte während der Monate vor und nach der Gründung des Staates Israel am 14. Mai 1948. Am selben Tag endete das Mandat über Palästina, das den Briten nach dem Ersten Weltkrieg von der internationalen Völkergemeinschaft zuerkannt worden war. Am 29. November 1947 hatte die Vollversammlung der Vereinten Nationen den Aufteilungsplan Palästinas angenommen. Dieser Plan sah die Schaffung eines jüdischen Staates und eines arabischen Staates vor, während Jerusalem unter internationale Verwaltung gestellt werden sollte.

Die Ausstellung zeigte, dass während dieser Zeit ungefähr 750 000 Palästinenser aus ihren Häusern, ihren Dörfern und ihren Städten vertrieben wurden. Sie wurden unter Androhung und Ausübung von Gewalt durch jüdische Milizen und Streitkräfte und unter den Auswirkungen des Terrors der Zionisten gezwungen, zu fliehen. 531 Dörfer wurden zerstört und elf Städte wurden vollständig aufgelöst. Nur 150 000 Palästinenser konnten bleiben. Bis zum heutigen Tage wurde keine einzige Entschädigung an die geflüchteten Palästinensern gezahlt für den Verlust ihrer Häuser, ihrer Güter, ihrer Felder, ihrer Unternehmen, ihrer Plantagen. Die Resolution 194 (III), die am 11. Dezember 1948 von der UNO-Vollversammlung angenommen wurde, gewährt ihnen das Recht auf Rückkehr oder zumindest auf Entschädigung, für diejenigen, die nicht mehr zurückgehen wollen. Bis zum heutigen Tage ist Israel dieser Resolution nicht gefolgt, und das, obwohl sie von der UNO-Vollversammlung danach vielfach bestätigt und verlängert wurde. Im Gegenteil, nach der Annahme dieser Resolution, hat Israel ein Dekret erlassen über den »Besitz der Abwesenden«, das es ihnen erlaubte, sich den Besitz der Palästinenser anzueignen.

Diese Ausstellung hat das Verdienst, die wirklichen Vorgänge in der Geschichte klargestellt und die Lügen entlarvt zu haben, die uns lange erzählt wurden, um die Auswanderung der Juden und die Gründung des Staates Israel zu rechtfertigen. Ein Volk ohne Land, so wurde lange Zeit behauptet, hat sich in einem Land ohne Volk niedergelassen. Später, im Laufe der 1960er Jahre, als erstmals Berichte über die zuweilen gewaltsamen Proteste der Palästinenser publik wurden, gab die israelische Regierung die Erklärung ab, die arabischen Regierungen hätten die Palästinenser aufgefordert, ihr Land zu verlassen, um die Juden danach gemeinsam ins Meer zu jagen. Die Behauptung, welche die Zionisten stets anführten, die Palästinenser hätten aus eigener Initiative ihr Land verlassen, ist falsch und absurd – ein Mythos.

Ein genauer Säuberungsplan

In seinem Buch *Die ethnische Säuberung Palästinas* schreibt Ilan Pappe[4], einer der neuen israelischen Historiker, dass es sich um ein Verbrechen handelt, das fast vollständig aus dem Gedächtnis der Weltöffentlichkeit gelöscht wurde: die Plünderung der Palästinenser durch Israel 1948. Dieses Ereignis wurde »systematisch verneint«. »Es wird immer noch nicht als historische Tatsache und noch weniger als ein Verbrechen anerkannt, dem man sich politisch und moralisch zu stellen hat.«

Ilan Pappe zeigt auf, wie unter der Führung Ben-Gurions am 10. März 1948, der »Plan D« fertig gestellt wurde. Waren die Absichten der Zionisten in den drei ersten Versionen noch ziemlich ungenau, so war dieser Plan D klar und unzweideutig. »Sie mussten weg« – Befehle wurden überall an die Einheiten erteilt, um die systematische Vertreibung der Palästinenser aus weiten Gegenden des Landes vorzubereiten. »Diese Befehle waren begleitet von einer genauen Beschreibung über die Methoden, die anzuwenden waren, um die Einwohner mit Gewalt dazu zu bringen, auszuziehen: massive Einschüchterung, Belagerung und Beschießung von Dörfern und Wohnvierteln, Anzünden von Häusern, Gütern und Waren, Vertreibung, Zerstörung und Auslegen von Minen in den Trümmern, um eine Rückkehr der Vertriebenen zu verhindern.«

Für Ilan Pappe zeigt dieser Plan die ideologische Absicht des Zionismus, eine rein jüdische Bevölkerung in Palästina zu haben. Es dauerte sechs Monate, um den Plan D durchzuführen. Dieser Plan und seine systematische Umsetzung, so hebt er hervor, stellen einen klaren Fall von »ethnischer Säuberung« dar, die das heutige Völkerrecht als »Verbrechen gegen die Menschlichkeit« ansieht.

Zwischen Anfang Dezember 1947 und Ende März 1948 hat die Armee der Juden die erste Phase der Säuberung Palästinas beendet, noch bevor der Richtplan zur Anwendung kam.[5] Die Durchführung dieses Plans hat insbesondere zu dem Massaker von Deir Yasin geführt, wo etwa 100 Einwohner – darunter 30 Kleinkinder – rücksichtslos getötet wurden, und dem von Tantura, wo alle Männer umgebracht wurden.

Der Krieg gegen Israel, den reguläre arabische Armeen am 15. Mai 1948 begonnen haben, hat die Aktionen des Säuberungsplanes nicht unterbrochen, der mit Erfolg im folgenden Herbst zum Abschluss gebracht wurde.

Das Schicksal der Stadt Jaffa

Ende 2010 verbrachte ich mit meiner Frau Juana erneut einige Tage in Palästina. Unsere palästinensischen Freunde hatten uns eingeladen, Palästinensern zu begegnen, die in Israel wohnen. Dabei hat uns besonders das Erlebnis in Jaffa, nahe Tel Aviv, ergriffen. Dort lernten wir Sami kennen, einen jungen Palästinenser, der seine Doktorarbeit über die Geschichte der Stadt vorbereitete. Wie viele Städte Palästinas, hat Jaffa eine lange Geschichte, die auf die Bronzezeit zurückgeht und ein byzantinisches und ein römisches Kulturerbe hat. Die Truppen Napoleons belagerten die Stadt im März 1799.

Vor 1948, so erzählte uns Sami, war Jaffa eine Hafenstadt, in der 100 000 Einwohner gelebt hatten.[6] Jaffa war eine bedeutende Handelsmetropole dank des Anbaus und des Handels von Orangen in der ganzen Gegend. Orangen wurden seit Ende des 19. Jahrhunderts sogar nach Europa exportiert, vor allem nach Großbritannien und in die Niederlande. Zu dieser Zeit führten Deutsche neue Technologien ein, wie die Wasserpumpe, welche die Ernten verbesserte.

Dem UNO-Aufteilungsplan Palästinas zufolge sollte Jaffa als Enklave Teil des arabischen Staates werden. Wäre Jaffa dem Staat Israel zugewiesen worden, wäre die Bevölkerung in ihrer Mehrheit palästinensisch gewesen.[7]

Im Einzugsgebiet der Stadt lagen insgesamt 24 Dörfer und 17 Moscheen. Davon bleibt heute nur eine Moschee übrig und kein einziges Dorf. Was ist geschehen? In der ersten Januarwoche 1948 explodierte eine Bombe im Haus Sarraya in Jaffa, dem Sitz des lokalen nationalen Palästinakomitees. Das Haus fiel zusammen, es gab 36 Tote. Panik begann sich in der Bevölkerung auszubreiten.[8] Mitte Februar wurden Häuser aufs Geratewohl ausgewählt, um dann samt ihrer Bewohner in die Luft gesprengt zu werden.[9]

Etwa 1 500 arabische Freiwillige, angeführt von dem Christen Michel-al-Jassa, versuchten, die Stadt zu verteidigen. Obwohl sie schlecht bewaffnet waren, hielten sie von Mitte April bis Mitte Mai stand. Am 13. Mai 1948 wurde die Stadt nach einer Offensive mit 5 000 Soldaten der Irgun- und Haganah-Miliz schließlich erobert. Als Jaffa fiel, flohen die palästinensischen Einwohner unter chaotischen Bedingungen und schlugen sich meist auf Schiffen und Booten Richtung Gaza und Libanon durch, wo sie in Flüchtlingslagern untergebracht wurden.[10] Nach Tiberias und Haifa war Jaffa die letzte palästinensische Stadt, die zwei Tage vor Ablauf des UNO-Mandats erobert wurde.[11]

Schlussendlich, so erzählte uns Sami, blieben rund 3 000 Palästinenser in der Stadt zurück. All ihrer Güter, ihrer Häuser und ihrer Menschlichkeit beraubt, wurden sie von den israelischen Streitkräften in einem abgeriegelten Lager zusammengepfercht. Das mit Stacheldraht umzäunte Lager wurde von einigen Juden, die die Konzentrationslager erlebt hatten, angeprangert. Verzweiflung, große Armut, Ausgangssperren, Drogenhandel und Kleinkriminalität prägten das Leben im Lager. Plünderungen sowohl von staatlicher als auch privater Seite waren an der Tagesordnung. Vorräte von Zucker, Mehl, Gerste, Weizen und Reis wurden geraubt und in jüdische Siedlungen geschickt.

Zwei Monate nach der Besetzung Jaffas durch die Israelis endeckten Vertreter des Roten Kreuzes einen Berg von Leichen: der Beweis für die schweren Verbrechen, welche die Israelis in Jaffa begangen hatten.

1950 wurde Jaffa schließlich in die Stadt Tel Aviv integriert.

Ilan Pappe schlussfolgert, solange Israel die Kardinalrolle nicht anerkennt, die es bei der ethnischen Säuberung und der Plünderung der Palästinenser gespielt hat und immer noch spielt und daraus Konsequenzen zieht, werden alle Versuche, den israelisch-palästinensischen Konflikt zu lösen, zum Scheitern verurteilt sein.[12]

Palästina, Opfer einer Apartheid-Politik

Im April 2014 habe ich mich mit Juana abermals eine Woche lang in Palästina aufgehalten. In Begleitung unserer palästinensischen Freunde konnten wir das Westjordanland durchqueren, von Hebron bis Jenin und von Ramallah bis Jericho.

Wir waren vor allem erschüttert über den rasanten Ausbau der Siedlungen, die jetzt überall und auf fast allen Höhen und Hügeln sichtbar sind. Heute leben dort über 650 000 Siedler. 2013 hat sich die Zahl der im Bau befindlichen Wohnungen in den Siedlungen im Westjordanland um 123 Prozent gegenüber 2012 erhöht, während dieser Ausbau in Israel selbst während dieser Zeit nicht über vier Prozent hinausging, schrieb die französische Zeitung *Le Monde* am 9. April 2014. Diese Siedlungen sind eine flagrante und tagtägliche Verletzung des Völkerrechtes. Sie werden regelmäßig als illegal erklärt und als ein großes Hindernis für den Frieden und für eine Lösung des Konfliktes angesehen, insbesondere durch die Europäische Union und ihre Mitgliedstaaten. Aber es bleibt bei Erklärungen. Praktisch aber lässt die internationale Gemeinschaft und vor allem Europa dies weiter geschehen.

Wir konnten uns auch davon überzeugen, dass die Siedler, die sich einmal niedergelassen haben, sofort versuchen, das Territorium ihrer Siedlung zu vergrößern, indem sie neue Gebiete und neue Felder besetzen. Und das unter dem Einsatz von Drohungen, Gewalttaten und Angriffen gegen die Palästinenser. Auch Olivenfelder der Bauern werden dabei zerstört.

So geschah das auch in Beit Skaria, einem Flecken, den wir besuchten und der Teil einer Reihe von kleinen Dörfern ist, die sich zwischen Hebron und Bethlehem befinden. Beit Skaria wird buchstäblich eingeengt und erstickt von der Gush-Etzion-Siedlung, die sich rundherum erstreckt. Seine Einwohner werden von den Siedlern terrorisiert. Regelmäßig belästigen sie die Einwohner und zerstören Neubauten mit dem Vorwand, dass sie nicht genehmigt waren. Die Siedler genießen den Schutz und das passive Verhalten der Tsahal-Soldaten.

Wir wurden dort, zusammen mit einer Gruppe Franzosen, von Issa Elshatleh empfangen, der Mitglied des Arab Center for Agricultural Development (ACAD) ist und mit mehreren anderen NGOs zusammenarbeitet, um den Widerstand der Beit-Skaria-Einwohner zu stärken. Er machte klar, wie sehr Frauen und Kinder unter Ängsten und Gewalttätigkeiten der Siedler zu leiden haben. Schul- und Kulturprogramme wurden in die Wege geleitet. Der Bau einer Bäckerei ist in Vorbereitung, um es den Einwohnern zu ermöglichen, ihr Brot vor Ort einkaufen zu können und sich nicht mehr dafür nach Hebron oder Bethlehem begeben zu müssen.

Issa lud uns zu einem kleinen Dorfbesuch ein. Er führte uns vor ein recht einfaches Gebäude, bestehend aus einem einzigen Stockwerk mit einem Blechdach – ein dauerhafter Bau wäre nicht erlaubt –, das sowohl als Kindergarten, als Grundschule, als Pflegeort und als Gemeindesaal dient, wie auch zur Lagerung. In der Nähe steht eine Moschee, deren Turm nur zur Hälfte errichtet ist und dessen Fertigstellung von den Siedlern seit etwa zehn Jahren verhindert wird.

Der Wasserraub im Jordantal

Der Wasserraub durch die Besatzungskräfte stellt eine andere erschreckende Bedrohung für die Palästinenser dar. Der Zugang zu Wasser ist ein äußerst kritisches Problem, das jeden Tag noch schwieriger wird und mit immer höheren Kosten verbunden ist. Wir haben einen halben Tag lang das Jordantal in Begleitung von Ayman Rabi, dem Leiter der Palestinian Hydrology Group, durchquert.

Dieses ganze Tal, so erklärte er uns, befindet sich in der sogenannten C-Zone. Gemäß dem Oslo-Abkommen ist Israel hier berechtigt, jede Entwicklung der Palästinenser selbstständig zu kontrollieren und nach Belieben neue Siedlungen, Gewächs- und Verpackungshäuser zu errichten.

In diesem Tal hat Israel etwa 40 Brunnen gebaut, aus denen es jedes Jahr 44 Millionen Kubikmeter Wasser pumpt. Damit verletzt es das Oslo-Abkommen, das dieses Wasser den Palästinensern vorenthält. Israel kontrolliert sämtliche Wasserquellen, die den Siedlungen, den Gewächshäusern zur Bewässerung und den israelischen Unternehmen zur Verfügung gestellt werden. Die palästinensischen Bauern müssen sich mit dem Brunnenwasser begnügen, und die wenigen Brunnen, die ihnen noch zur Verfügung stehen, sind nicht sehr tief und versiegen zunehmend. Israel bohrt bis zu 700 Meter tief nach Wasser, während die Palästinenser, wenn ihnen überhaupt eine Genehmigung erteilt wird, maximal 150 Meter tief bohren dürfen.

Durch die hügelige und steinige Landschaft fuhren wir an kleinen Dörfern aus Blechhütten vorbei, die von Beduinen bewohnt sind und neben denen sich Schafställe befinden. Dann sahen wir wieder abwechselnd israelische Siedlungen und palästinensische Dörfer. Wir hielten vor einer Pumpstation, die mit einem soliden Zaun abgegrenzt war und allein von israelischen Siedlern genutzt werden darf. Hier wird Wasser aus einer Tiefe von 200 Metern gepumpt. Daneben fließe Quellwasser, das im Sommer austrocknet, erklärt uns Ayman Rabi. Auf unserer Weiterfahrt kamen wir an weiten Flächen vorbei, die von Israelis bewirtschaftet wurden: Gewächshäuser, Palmölplantagen, Gebäude für die Verarbeitung und Verpackung von Gemüse und Früchten, die oft nach Europa unter dem Label »Made in Israel« exportiert werden.

In einem kleinen palästinensischen Dorf empfing uns Rashed Khaled, einer der Leiter der Jordan Valley Solidarity (JVS) in seinem Büro. Die Organisation plant in der Gegend den Bau von Schulen, Kliniken und von Wasseranschlüssen. An der Mauer des bescheidenen Gebäudes kleben Plakate, von denen eines einen Wassertankwagen zeigt, auf dem ein israelischer Soldat steht, der ein Maschinengewehr in der Hand hält. Dieser Lastwagen, so wurde uns erklärt, sollte dazu dienten, den Palästinensern Wasser zu bringen, wurde aber von den israelischen Streitkräften beschlagnahmt. JVS wird von einigen Staaten und von NGOs aus mehreren europäischen Ländern unterstützt, wie auch von der brasilianischen Landlosenbewegung.

Das Drama des Jordantales, klagt Ayman Rabi, besteht darin, dass es mehr und mehr von den Palästinensern aufgegeben wird. Es sind vor allem Bauern, die keinen Zugang mehr zu Wasser haben und deshalb auch keine Zukunftsperspektive. Sie sind gezwungen, ihre Dörfer zu verlassen und in die palästinensischen Städte zu ziehen. Vor 1967 wohnten 300 000 Palästinenser im Jordantal, heute bleiben gerade einmal 64 000, wenn man die Bevölkerung Jerichos miteinbezieht.

Es gibt Palästinenser, die für Wasser 30 bis 50 Kilometer fahren müssen. Für solche Fahrten verbringen sie oft Stunden, da sie bei den Checkpoints lange Wartezeiten in Kauf nehmen müssen. JVS hat ausgerechnet, dass größere Familien, die auch Tierzucht zu betreiben haben, bis zu 1 000 Schekel im Monat (etwa 220 Euro) nur für Wasser ausgeben müssen. Die israelischen Siedler hingegen verbrauchen im Schnitt fünf Mal mehr Wasser als die Palästinenser.

> »Überall in der C-Zone leben die Familien in einem Dauerzustand der Unsicherheit, ohne Wasser, ohne Elektrizität und ohne Möglichkeit, Häuser, Schulen oder Kliniken zu bauen. Sie dürfen die beschädigte Infrastruktur nicht instand setzen, was

erklärt, warum die Straßen voller Schlaglöcher sind. Häuser werden erschreckend häufig zerstört. In Al-Jiftlik wurde einer Familie letztes Jahr das Haus fünf Mal demoliert. Die Verletzungen des Oslo-Abkommens führen dazu, dass sogar Häuser, die vor 1967 gebaut wurden, nicht mehr vor den israelischen Bulldozern sicher sind. 27 000 Personen leben unter solchen Bedingungen im Jordantal.« (Quelle: JVS-Webseite)

Für Ayman Rabi, haben die Zerstörungen hydraulischer Infrastrukturen durch Israel dieses Jahr dramatisch zugenommen. Sie stellen eine skandalöse Vergeudung der europäischen Hilfen dar, für die der Steuerzahler aufkommt. Aber der größte Preis, fügt er hinzu, wird von den verwundbaren Männern, Frauen und Kindern bezahlt, deren Rechte verletzt werden, wenn ihnen der Zugang zu Wasser verweigert wird: »Es gibt 37 Siedlungen im Jordantal, die alle landwirtschaftlichen Zwecken dienen. Sie benutzen unser Wasser zur Bewässerung. Etwa 10 000 Palästinenser arbeiten für sie. Sie haben keine Krankenversicherung. Sie verdienen zwischen 50 und 70 Schekel (elf bis 15 Euro) für einen Achtstundentag.«

Das Niveau des Toten Meeres senkt sich jedes Jahr um einen Meter, sagt er uns. Das dürfte auf die Tatsache zurückzuführen sein, dass Israel jedes Jahr 680 Millionen Kubikmeter Wasser aus dem Gebiet oberhalb des Jordantales schöpft. Israel hat die Absicht, die Landwirtschaft im Negev zu entwickeln. Viel Wasser wird auch für die Förderung von Potassium, Brom, Chrom und weiterer Mineralien gebraucht. Das Absinken des Wasserspiegels des Toten Meeres hängt direkt mit dem verantwortungslosen Umgang mit den Wasserressourcen in der Gegend zusammen.

Das israelische Unternehmen, das die Wasserressourcen im Jordantal ausbeutet, ist Mekorot. Die Kampagne »Boycott, Divestment and Sanctions« (BDS) hat dazu geführt, dass die holländische Firma Vitens den Beschluss gefasst hat, jede Zusammenarbeit mit Mekorot einzustellen. Der fehlende Zugang zu Wasser ist eines der größten Probleme für alle Palästinenser, vor allem bei den Ärmsten hat sich die Situation in der vergangenen Zeit dramatisch zugespitzt. In der Gegend von Hebron beispielsweise müssen Familien ein Drittel ihres Einkommens allein für Wasser ausgeben.

Wie sich der Widerstand organisiert – Die Bewegung »Breaking the Silence«

In unserem Hotel im Zentrum von Jerusalem trafen wir uns mit Yehuda Shaul, der im Jahre 2004 Mitbegründer der Initiative, »Breaking the Silence« (BTS) war. BTS wurde von israelischen Soldaten ins Leben gerufen, die sich über die Praktiken der israelischen Armee in den besetzten Gebieten und vor allem in Hebron empörten, wo etwa 3000 Soldaten 600 bis 800 Siedler schützen müssen, die sehr fundamentalistisch eingestellt sind und die sich durch ihren Hass, ihr rassistisches Verhalten und ihre offen feindliche Einstellung den Palästinenser gegenüber auszeichnen. Es kommt regelmäßig zu heftigen Konflikten zwischen diesen Siedlern und den Palästinensern, die im Zentrum von Hebron unter der ständigen Bedrohung neuer Enteignungen ihrer Häuser leben.

Wir erlebten Yehuda als einen energischen und entschlossenen Menschen. Er erzählte uns, wie etwa 60 israelische Soldaten anfingen, eine Ausstellung über Hebron zu organisieren, die viel Erfolg hatte und die sogar in der Knesseth gezeigt wurde. Dieser Erfolg brachte sie dazu, die Organisation BTS zu gründen, die als Ziel hat, die Besatzung zu beenden. Jedes Jahr kann BTS mit etwa 90 neuen Mitgliedern rechnen. BTS organisiert auch Besuche für Israelis nach Hebron.

Yehuda kommentierte die Haltung der Mitgliedstaaten der Europäischen Union bei der Abstimmung über den Beitritt Palästinas zur UNO und lobte die Haltung von Staaten wie Luxemburg, die innerhalb der EU eine allgemeine Stimmenthaltung abgelehnt haben und sich für diesen Beitritt eingesetzt haben. BTS organisierte eine Ausstellung in Luxemburg im April 2015 auf Einladung des Palästinakomitees.

Zu den damals noch laufenden Friedensverhandlungen, die allerdings kurz vor dem Abbruch standen, meinte Yehuda, dass der US-Außenminister John Kerry das Spiel der Rechten in Israel mitmache und diese Bemühungen ohne Aussicht auf Erfolg seien. Israel dürfe sich nicht an Gesprächen über das Konzept eines zukünftigen Palästinenserstaates beteiligen. Die Palästinenser sollten ihr Recht auf Selbstbestimmung, ohne Einmischung von außen, verwirklichen können.

Stoppt die Mauer

In Ramallah kamen wir zusammen mit Jamal Juma, dem Koordinator der Kampagne »Stoppt die Mauer«. Der Bau der Mauer, so Jamal Juma, wurde im Norden vom Westjordanland begonnen und das sei nicht zufällig geschehen. Die Regierung Israels hätte gewusst, dass der heftigste Widerstand gegen die Besatzung und gegen den Mauerbau von dort zu erwarten war.

Die Mauer führte zur Aneignung und zur Kontrolle von weiten, bebauten, landwirtschaftlichen Flächen und von Wasserquellen, die die Lebensgrundlage für Tausende palästinensischer Bauern und ihrer Familien darstellten. Die israelischen Bulldozer haben ihr Eigentum buchstäblich dem Erdboden gleichgemacht. Etwa 100 000 Olivenbäume wurden entwurzelt, 36 Kilometer Bewässerungskanäle wurden völlig zerstört und 22 Grundwasserleiter wurden verwüstet.

Der Widerstand, bemerkt Judeh Jamal, habe im September 2002 begonnen, als eine Gruppe von engagierten NGOs eine Kampagne gegen die Apartheid-Mauer startete: »Wir haben ab sechs Uhr morgens Demonstrationen organisiert und brachten es fertig, 54 Komitees zu gründen. Fünf Palästinenser wurden bei einer solchen Demonstration 2004 getötet. Wir haben auch eine Bewegung ins Rollen gebracht, die dazu führte, dass bei der UNO diese Frage dem Internationalen Gerichtshof unterbreitet wurde. Ich kam 2009 und 2010 ins Gefängnis. Dieses Haus wurde von den israelischen Streitkräften überfallen. Die Bewegungen der Zivilgesellschaft wurden Opfer heftiger Angriffe durch dieselben Streitkräfte.

Wir bilden Jugendorganisationen aus und zeigen ihnen, wie man sich organisiert. Wir haben auch internationale Solidaritätsbeziehungen entwickelt, darunter auch eine mit der Landlosenbewegung aus Brasilien.

Wir möchten den zehnten Jahrestag des Gerichtsurteils durch den Internationalen Gerichtshof feiern, der den illegalen Charakter der Mauer anerkannt hat und zu seinem Abbau aufgerufen hat. Wir wollen den Druck auf die Palästinensische Autorität erhöhen, damit sie die Durchführung dieses Urteils erreicht. Und wir zählen auf die internationale Solidarität.«

Die Siedler kontrollieren inzwischen über 60 Prozent des Westjordanlandes. In der Region leben zwei völlig getrennte Gemeinschaften auf engstem Raum zusammen. Im Stil eines Apartheid-Regimes hat Israel getrennte Straßennetze, Kontrollpunkte, Brücken und vieles mehr errichtet, das die Trennung zwischen Israelis und Palästinensern zementieren soll.

Die BDS-Kampagne

Eine andere Begegnung brachte uns mit Omar Barghouti zusammen, einem der Hauptgründer der BDS-Kampagne, die im Jahre 2005 von einem Kollektiv von 172 palästinensischen Organisationen, darunter sämtlichen politischen Parteien, ins Leben gerufen wurde. Diese Kampagne hat das Ziel, mit friedlichen Mitteln, Maßnahmen und Sanktionen gegen Israel durchzuführen, bis dieser Staat sich aus den besetzten Gebieten zurückzieht und die Vorschriften des Völkerrechts genau einhält.

Omar Barghouti hat auf uns einen starken Eindruck gemacht, er war sehr gut informiert und klar in seiner Analyse und ein kluger Stratege und entschlossener Aktivist. Er hat ein Diplom der Columbia University und bereitet eine Doktorarbeit in Philosophie an der Universität in Tel Aviv vor. Barghouti ist als Sohn palästinensischer Eltern in Ägypten aufgewachsen und mit einer Bürgerin aus Israel verheiratet.

Im Juni 2013 hat die Regierung Netanyahus erklärt, die BDS-Kampagne stelle eine strategische Bedrohung für Israel dar. Sie hat einen Haushalt von 100 Millionen Schekel (etwa zwei Millionen Euro) für eine Aktion gegen diese Kampagne bereitgestellt, die darauf abzielt, dessen Akteure auszuspionieren und befreundete Staaten – wie die USA – dazu zu bringen, Gesetze zur Kriminalisierung der Unterstützer der Kampagne zu verabschieden.

Barghouti erklärte uns, er habe die langwierigen gerichtlichen Auseinandersetzungen gewonnen. Er sprach auch von der jungen amerikanischen Aktivistin Rachel Corrie, die 2003 von einem israelischen Bulldozer überfahren wurde, als sie sich der Zerstörung palästinensischer Häuser widersetzen wollte und ihren Verletzungen erlag. In ihrer Heimatstadt Olympia, im US-Bundesstaat Washington, hat sich die Lebensmittelkooperative Food Coop, die 15 000 Mitglieder zählt, dazu entschlossen, der BDS-Kampagne beizutreten und israelische Produkte in ihren Geschäften zu boykottieren. Die jüdische Lobby StandWithUs stellte einen Gerichtsantrag, um diesen Boykott zu verbieten und um die Aktivisten dazu zu verurteilen, substanziellen Schadenersatz zu zahlen. Die israelische Lobby hat dieses Gerichtsverfahren verloren – bereits der zweite Sieg vor Gericht.

In seiner letzten Rede vor der AIPAC (American Israel Public Affairs Committee), der mächtigen israelischen Lobbyorganisation in den USA, hat Netanyahu 18 Mal die BDS-Kampagne erwähnt.

Barghouti hat einen Artikel in der *New York Times* mit dem Titel »Why Israel fears the boycott?« veröffentlicht. Er erklärte dort, dass Israel zwar eine äußerst mächtige Armee habe, die über die modernsten Waffen und sogar über Atomwaffen verfüge. Trotzdem sei Israel völlig machtlos gegenüber einer zivilen, friedlichen Opposition, die sich auf die Menschenrechte beruft.

In den USA ist diese Frage nicht mehr tabu, die Meinungsfreiheit wird dort sehr geschätzt, auch wenn die Opposition im Grunde unverändert bleibt. Das ist auch die Position, die die *New York Times* in einem Editorial vertreten hat.

Ein bedeutender Erfolg ist der akademische Boykott gegen Israel, den die American Studies Association beschlossen hat, die von 14 akademischen Organisationen in Amerika getragen wird. Auch jüdische Vereinigungen in den USA, wie die American Jewish Voice for Peace, unterstützen die BDS-Kampagne.

Deutschland hat sich aus allen Forschungsaktionen mit israelischen Verbänden zurückgezogen, die in den Siedlungen niedergelassen sind. In Belgien haben sich Unternehmen aus Projekten mit Israel zurückgezogen. Sodastream hat 14 Prozent seines Börsenwertes eingebüßt. Dieses israelische multinationale Unternehmen produziert Apparate, um Sodawasser herzustellen, vor allem in der Siedlung Maale Adumin. Es tut dies unter dem Label »Made in Israel«, was der geltenden Gesetzgebung in der EU widerspricht. Die irländische Vereinigung der Schullehrer hat sich der Kampagne voll angeschlossen wie auch diejenige aus dem frankophonen Belgien.

Barghouti lobte auch die Entscheidung des luxemburgischen Pensionsfonds »Fonds de compensation«, die fünf der größten israelischen Banken und mehrere andere israelische Firmen mit einem Investitionsstopp zu belegen. Der Boykott, hob er hervor, müsse sich auf das Unternehmen beziehen, nicht nur auf ihre Geschäfte in den Siedlungen: Der Straftäter müsse direkt sanktioniert werden, nicht das Verbrechen. Letztlich sei Israel in der Lage, die Rückverfolgbarkeit seiner Produkte unmöglich zu machen, daher sei ein bloßer Boykott der Produkte nicht möglich.

Palästina, wirtschaftliche Mülltonne für Israel

Es gebe, so Barghouti, 50 rassistische Gesetze in Israel. Eine der Fragen, die den Palästinensern am meisten am Herzen liege, ist die Umsetzung des Rückkehrrechtes. Weltweit gibt es 11,8 Millionen Palästinenser, von denen lediglich 38 Prozent in den besetzten palästinensischen Gebieten leben, 20 Prozent in Israel und etwa 42 Prozent im Exil, meist als Flüchtlinge.

Die in Israel lebenden Palästinenser haben nicht das Recht, dort ihren Wohnsitz frei wählen zu können. Omar Barghouti erzählte uns die Geschichte des Dorfes Ayn Hawd nahe Haifa, aus dem die Palästinenser 1948 während der ethnischen Säuberungsoperation von israelischen Milizen vertrieben wurden. 1953 zogen vorwiegend israelische Künstler in dieses Dorf. Das Resultat war, dass die aus ihrem Dorf vertriebenen Palästinenser sich in den angrenzenden Höhen ansiedeln mussten, von wo sie zwar auf ihr früheres Dorf schauen konnten, aber nicht das Recht besaßen, es zu betreten oder gar, sich dort wieder niederzulassen.

All dies hat das internationale Ansehen des Staates Israel schwer beschädigt: Die Studie BBC Global Scan aus dem Jahr 2007 etwa hat ergeben, dass der Einfluss Israels vorwiegend negativ eingeschätzt wird – das Land befindet sich in diesem Ranking auf derselben Ebene wie Nordkorea, Iran und die USA.

Amnesty International hat die EU dazu aufgefordert, seine militärische Zusammenarbeit mit Israel einzustellen.

Zur wirtschaftlichen Lage bemerkte Omar Barghouti, dass Palästinas wirtschaftliche Autonomie sehr schwach sei, was vor allem drei Ursachen habe. Erstens hänge Palästinas Wirtschaft völlig von Israel ab und werde als eine Art Mülldeponie behandelt. In Israel hätten die Unternehmen zwei Produktionslinien: die erste für die Produkte, die für Israel bestimmt sind und die eine Serie von Normen zu respektieren haben, und eine zweite für die Produkte, die für den Markt im Westjordanland bestimmt sind und die keinerlei Qualitätskontrolle unterliegen. Die Steigerung der Krebskrankheiten in den besetzten Gebieten hänge ebenfalls mit fehlender Kontrolle zusammen, da sich Israel seines Atommülls in einem Gebiet südlich der Stadt Hebron entledige.

Zweitens sei die Politik der palästinensischen Führung bei weitem nicht zufriedenstellend. Ein Drittel ihres Haushaltes werde für Sicherheit ausgegeben und nur sehr wenig für die wirtschaftliche Entwicklung, zum Beispiel für die Landwirtschaft.

Drittens sei das palästinensische Bewusstsein »kolonisiert«: Die Palästinenser glaubten, dass israelische Produkte besser seien. So könne Israel in den besetzten Gebieten etwa hochgiftige Pestizide verkaufen, die in Israel oder in Europa verboten seien und ernsthafte gesundheitliche Risiken mit sich brächten.

In der folgenden Diskussion und auch bei späteren Gesprächen wurde die Idee aufgeworfen, in den Köpfen der Palästinenser einen Entkolonisierungsprozess durchzuführen, die Palästinenser über die Bedeutung einer gesunden Ernährung zu informieren und über die Gefahren, die von dem aus Israel importierten Saatgut, den Pestiziden und sonstigen Produkten ausgehen. Dies könnte unter dem Motto laufen »Sich gesund ernähren, palästinensisch essen« – und könnte begleitet werden von der Förderung einer agroökologischen Landwirtschaft.

Im März 2017 wurde Omar Barghouti von israelischen Behörden zum Verhör festgenommen, kurz bevor er sich anschickte, einer Einladung in die USA nachzukommen, wo ihm und Ralph Nader der Gandhi-Friedenspreis auf der Yale Universität überreicht werden sollte. Hinter dieser Aktion steht eine »tarnishing unit« (zu Deutsch: Einheit für Schmutzkampagnen), die von der israelischen Regierung gegen BDS-Befürworter und -Verteidiger eingesetzt wurde. Barghouti wurde Steuerhinterziehung vorgeworfen.

Die militärische Zusammenarbeit zwischen Europa und Israel

Ende Dezember 2014 hatte mich der Ökumenische Rat der Kirchen in Genf und das »Collectif Urgence Palestine« eingeladen, zum Thema der militärischen Zusammenarbeit zwischen Europa und Israel zu sprechen. Die Veranstaltung fand im Rahmen einer Konferenz über Palästina und anlässlich der Ausstellungseröffnung über die Nakba statt. Ich berief mich zum großen Teil auf die Aussagen, die ich dazu einige Monate zuvor während eines Protestmarsches gegen den Gazakrieg gemacht hatte, den unser Palästinakomitee organisiert hatte.

Im September 2014 fand eine außerordentliche Sitzung des Russell-Tribunals über Palästina in Brüssel statt. Dieses Tribunal stellte fest, dass während der Operation ›Bordure protection‹ Kriegsverbrechen und Verbrechen gegen die Menschlichkeit durch die israelische Armee in Gaza begangen worden waren. Aufgrund zahlreicher Zeugenaussagen kam es ebenfalls zur Schlussfolgerung, dass die Sprache, die auf verschiedenen Ebenen der israelischen Gesellschaft im Sommer 2014 gebraucht wurde, eine Schwelle erreicht hatte, die als direkte und öffentliche Anregung zum Genozid bezeichnet werden könnte.

Die von Israel begangenen Verbrechen wären ohne die Beihilfen der westlichen Länder, in erster Linie der Vereinigten Staaten von Amerika, aber auch der europäischen, nicht möglich gewesen.

Es gibt eine weitgreifende militärische Zusammenarbeit zwischen Israel und mindestens 13 der 28 Mitgliedstaaten der EU, insbesondere mit Frankreich, Deutschland, dem Vereinigten Königreich, Spanien, Polen und Belgien. Der Wert der Exportlizenzen für Waffenexporte nach Israel, die europäische Regierungen erteilten, stieg von 157 Millionen Euro im Jahre 2011 auf 630 Millionen 2012, was einer Steigerung von 290 Prozent entspricht. Einige Experten sind der Meinung, dass der reelle Wert dieser Zusammenarbeit sich eher auf der Höhe von Milliarden Euro befindet.

Eine militärische Zusammenarbeit, besonders im Nuklearbereich, gibt es zwischen Frankreich und Israel seit 1956. Sie wurde unter Präsident Charles de Gaulle 1967 unterbrochen, bevor sie unter Präsident Sarkozy wiederaufgenommen wurde. Sie funktioniert dank der Wirtschaftsriesen wie der Lagardère-Gruppe. Es handelt sich zuerst um einen Medienmogul. Er kontrolliert Fernsehstationen wie MCM, Radiostationen wie Europe 1, RMF, Tageszeitungen wie *France Dimanche*, den *Journal du Dimanche*, *Nice-Matin*, Zeitschriften wie *Paris-Match*, *Marie-Claire*, *Télé 7 Jours*, *Elle*, Buchverlage wie Hachette und Grasset.

Aber Lagardère ist auch ein enormer Waffenhändler und hatte, mindestens bis 2013, Beteiligungen bei EADS, dem größten europäischen Waffenkonsortium. EADS kontrolliert auch das Airbus Unternehmen und arbeitet eng mit Israel Aircraft Industries zusammen, das sich in der Herstellung von Drohnen spezialisiert hat. Diese Partnerschaft entwickelte sich in Zusammenarbeit mit dem französischen Staat, dessen Direction Générale de l'Armement (DGA) ein Zwei-Milliarden-Euro-Programm für die Herstellung von 40 Drohnen für Europa aufgebaut hat. Wozu dienen diese Flugzeuge ohne Piloten? Sie erleichtern die Bespitzelung der palästinensischen Bevölkerung und die Vorbereitung von Luftangriffen der israelischen Armee. Der Krieg in Gaza hat uns gezeigt, dass einige dieser Drohnen mit Sprengstoffen beladen sind und Ziele am Boden treffen. Er hat uns die schreckliche Durchschlagskraft dieser Zusammenarbeit bei der Herstellung dieser Todes- und Zerstörungswaffen vor Augen geführt.

Zu Italien. Ohne Zweifel hat Italien mehr als jedes andere europäische Land die israelischen Angriffe auf Gaza konkret unterstützt. Als das Massaker Anfang Juli begann, stellte es zwei M-346 Düsenjäger in Hatzerim, einer Luftbasis in der Negev-Wüste, zur Ausbildung bereit. Diese Kriegsflugzeuge – laut Hersteller die modernsten ihrer Art – kamen bei Pilotenausbildungen in Operationen zum Einsatz, die in Gaza simuliert und von 1 800 000 auf engstem Raum dort lebenden Menschen erduldet wurden.

Diese beiden Flugzeuge sind die ersten einer Serie von 30 Ausbildungsflugzeugen vom Typ M-346, die Israel 2012 bei Alenia Aermacchi, einer Firma der Finmeccanica-Gruppe, dem ersten Waffenfabrikanten Italiens, gekauft hat. Sie sind Teil eines öffentlichen ›gegenseitigen‹ Auftrages, der Israel stark begünstigt. Die 28 verbleibenden Flugzeuge sollten 2016 geliefert werden.

In Sardinien sollte im September 2014 ein multinationales Militärmanöver stattfinden. Die israelische Luftwaffenarmee – diejenige, die Männer, Frauen und Kinder in Gaza bombardiert hat – sollte sich daran beteiligen. Unter dem Druck der Zivilgesellschaft wurde dieses gemeinsame Manöver aufgehoben.

Die Zusammenarbeit Deutschlands mit Israel auf dem Rüstungsgebiet geht auf die 1950er Jahre zurück. Deutschland hat Israel in den letzten Jahren Ausrüstung für die israelischen Panzer Merkava 3 und Merkava 4 geliefert, die 2006 im Südlibanon und 2009 in Gaza zum Einsatz kamen. Deutschland hat auch Luftabwehrkanonen vom

Typ Patriot geliefert. Es gibt außerdem eine Zusammenarbeit auf Gebieten wie der Kommunikationsgeräte und der elektronischen und optischen Systeme. Diese Zusammenarbeit wurde stets weitgehend geheim gehalten. Genau das wollte der Nobelpreisträger für Literatur, Günter Grass, anprangern, als er 2012 in der *Süddeutschen Zeitung* unter dem Titel »Was gesagt werden muss« versuchte, klarzustellen, dass Israel eine Atommacht ist, die den Weltfrieden gefährdet. Er stellte die Lieferung von Unterseebooten an Israel in Frage, die danach mit Atomköpfen ausgerüstet werden können. Er warnte vor einer Mitschuld, die sich daraus im Falle eines präventiven Nuklearangriffes von Israel gegen den Iran für Deutschland ergeben könnte.

Berlin und Tel Aviv haben 2005 einen Verkaufsvertrag für konventionelle Unterseeboote vom Typ Dolphin abgeschlossen, von denen ein neues eben geliefert werden sollte. Grass hat ›das allgemeine Verschweigen dieses Tatbestandes‹ gebrandmarkt und von einer ›belastenden Lüge‹ geschrieben. Jeder, der dieses Schweigen bricht, setzte sich dem geläufigen Verdikt des ›Antisemitismus‹ aus. Diese Stellungnahme hat in Deutschland zu einer großen Polemik geführt.

Es gibt eine enge Zusammenarbeit zwischen dem Vereinigten Königreich und Israel. Diese betrifft insbesondere das israelische Rüstungsunternehmen Elbit Systems, der größte Produzent von Drohnen. Es ist das erste Exportunternehmen von Flugzeugen ohne Piloten.

Die Hermes-Drohne von Elbit ist die, die von der israelischen Armee am meisten gebraucht wird. So auch und besonders im Gazastreifen, wo die mit zwei Mittelstreckenraketen ausgerüstete Drohne ›Hermes 450‹ massiv gegen die dortige Zivilbevölkerung eingesetzt wurde.

Das in der Fabrik bei Birmingham hergestellte Drohnenmaterial wurde 2010, 2011 und 2012 nach Israel exportiert und vor allem für die Hermes 450 benutzt, die schon 2008 und 2009 während der Operation ›Gegossenes Blei‹ zum Einsatz kam und viele Opfer forderte.

Wie die meisten israelischen Rüstungsunternehmen, zieht auch Elbit Nutzen aus der israelischen Besatzung in Palästina. Die israelische Industrie nutzt die besetzten Gebiete als Labor, um die Perfektionierung seiner Besatzungsmethoden und -kontrollen zu testen und die Palästinenser als unfreiwillige Versuchskaninchen zu missbrauchen.

Diese israelische Technologie wird dann an Regierungen verkauft, die Arme und am Rand der Gesellschaft Lebende unterdrücken, zum Beispiel in die USA, wo Elbit ein lukratives Geschäft von 155 Millionen US-Dollar abschloss, um Überwachungstechnologien für den Grenzbereich zwischen Mexiko und dem Bundesstaat Arizona zu liefern.

Durch EU-Recht verbotene Exporte

Der Gipfel dieser Systemperversion wird erreicht, wenn an den amerikanischen Börsen die Aktien von Elbit seit dem Beginn der letzten israelischen Gaza-Offensive steigen. Ihr Kurs erhöhte sich so um 6,1 Prozent. Der Staat Israel konnte sich als führender Exportstaat von Flugzeugen ohne Piloten auf der Welt durchsetzen – vor den USA.

Diese militärische Zusammenarbeit der Europäer ist eine Verletzung des Verhaltenskodexes der Europäischen Union, die 2008 zu einer Gemeinsamen Position führte und somit rechtlich bindenden Charakter hat. In dieser Gemeinsamen Position steht: »Die Mitgliedstaaten sind entschlossen, Exporte von Technologien und Rüstungsmaterial zu verhindern, die bei interner Repression oder einem internationalen Angriff gebraucht werden könnten oder die zu regionaler Instabilität beitragen könnten.« Unter den acht aufgezählten Kriterien zählt »die Einhaltung der Menschenrechte in dem letzten Zielland« und »die Einhaltung des internationalen humanitären Rechts durch dieses Land«. Ein anderes Kriterium erwähnt »die Einhaltung des Friedens, der regionalen Sicherheit und Stabilität«.

Da die Verteilung der Exporte nach Zielland veröffentlicht wird, ergibt sich, dass seit dem Jahre 2001 und über eine Periode von fünf

Jahren 20 Mitgliedstaaten der EU in verschiedenem Ausmaß Rüstungsmaterial an Israel geliefert haben. Frankreich kommt auf 50 Prozent dieser Exporte. All dies zeigt die eklatante Heuchelei Europas.

Jede militärische Zusammenarbeit Europas mit Israel einstellen

Israel kann nicht allein handeln, sondern nur mit der Unterstützung von Regierungen und multinationaler Unternehmen. Es sei an der Zeit, so eine Gruppe von englischen BDS-Aktivisten, sich stärker mit Palästina zu solidarisieren und jene zu isolieren, die Israel unterstützen und aus der israelischen Apartheid Nutzen ziehen.

Neun englische Aktivisten dieser Gruppe haben im Rahmen der BDS-Kampagne ein Beispiel gegeben. Sie haben während der letzten Gaza-Operation das Gebäude von Elbit in der Nähe Birminghams teilbesetzt. Sie verlangten von der britischen Regierung, jede militärische Zusammenarbeit mit Israel aufzugeben und die Fabrik von Elbit, dem größten Ausrüstungshersteller für Drohnen, endgültig zu schließen.

»Wenn unsere Regierungen Verbrechen gegen die Menschlichkeit unterstützen, dann muss die Zivilgesellschaft handeln«, so erklärten sie in einer Pressemitteilung. Die britische Regierung kaufe Drohnen, die in Massakern an Palästinensern getestet würden, so die Mitteilung weiter. Premierminister Cameron habe Blut der Palästinenser an den Händen. Er solle dringend aufhören, Besatzung, Apartheid und Kolonialismus zu fördern und ein sofortiges Militärembargo gegen Israel verhängen, angefangen bei diesen Drohnen, die ein Hauptelement in Israels Todesarsenal darstellen.

Das Russell-Tribunal hat aufgrund dieser Schlussfolgerungen die Zivilgesellschaft der ganzen Welt aufgefordert, »sich mit den Aktivisten zu solidarisieren, deren Taten darauf abzielen, Unternehmen zu schließen, die mitverantwortlich sind für die Verbrechen an den Palästinensern, wie Elbit Systems im Vereinigten Königreich«.

Am 20. November 2014 haben sieben holländische Vereinigungen und etwa 50 Aktivisten eine Protestaktion gegen eine Waffenausstellung in Rotterdam organisiert, die insbesondere gegen Elbit gerichtet war. Sie forderten die Einstellung jeglicher Militärzusammenarbeit mit Israel und die Streichung des Wartungsvertrages für die holländische Armee, der mit diesem Unternehmen geschlossen wurde.

In seinen Schlussfolgerungen hat das Russell-Tribunal insbesondere folgende restriktive Maßnahmen für die Europäische Union formuliert:

- das Assoziierungsabkommen zwischen der EU und Israel aussetzen (dessen Artikel 2 beide Parteien dazu verpflichtet, die Menschenrechte einzuhalten)
- das Abkommen zwischen der EU und Israel über wissenschaftliche Zusammenarbeit suspendieren und sofort jede Zusammenarbeit mit israelischen Militärunternehmen stoppen
- ein vollständiges Waffenembargo gegen Israel verhängen, inklusive eines Verbots für Verkauf, Versorgung, Transfer oder Export von Waffen und anderem Kriegsmaterial
- die Importe jeglicher Militärausrüstung aus Israel suspendieren

In Luxemburg hat das Palästinakomitee der Regierung einen Brief zugesandt, mit der Forderung, jede militärische Zusammenarbeit mit Israel zu stoppen gemäß der Gemeinsamen Position von 2008. Europa soll endlich seine eigenen Gesetze ernst nehmen!

Israel eine Demokratie?

Anfang 2016 beteiligte ich mich mit einer Gruppe von 15 Personen an einer Reise nach Palästina und Israel, die von unserem Palästinakomitee (»Comité pour une Paix Juste au Proche-Orient«) organisiert wurde. Auf dem Programm standen Besuche und Begegnungen in Jerusalem, Ramallah, Bethlehem, Hebron, Nablus, Jenin, im Jordantal, Nazareth und Jaffa.

Im Flüchtlingslager von Jenin besuchten wir unsere Partnerorganisation »Not to forget«, wo Frauen sich nach den Zerstörungen durch die Zweite Intifada zusammengetan haben und sich um die oft traumatisierten und auf engstem Raum lebenden Kinder kümmern, ihnen bei ihren Erziehungsarbeiten beistehen und ihnen psychologische Betreuung zukommen lassen. Was die Frauen uns über ihre Lebensbedingungen und die ihrer Kinder zu schildern hatten, bewegte uns zutiefst.

In Nazareth wurde die Gruppe von Mohammad Zeidan empfangen, dem Generaldirektor der Arabischen Vereinigung für Menschenrechte. Er erklärte uns die zahlreichen Diskriminierungen, die Araber in Israel zu erleiden haben.

Wie die Palästinenser in Israel diskriminiert werden

Sie machen 20 Prozent der Bevölkerung Israels aus, das heißt 1,5 Millionen Personen. »Sie« sind die Palästinenser, denen der Staat Israel die wahre Identität aberkennt und sie »die Araber« nennt. Sie sind die Nachfahren der Palästinenser, die 1948 in Israel verblieben sind, während 750 000 andere Palästinenser mit Gewalt und Terror im Verlaufe der Nakba vertrieben wurden.

Mohammad Zeidan: »Wir sind eine große Minorität in unserer Heimat, trotzdem haben wir nur wenig Macht. Wir sind Teil des palästinensischen Volkes. Von der Religion her sind wir Muslime, Christen oder Drusen. Die Mehrheit lebt in Galiläa.«

Eine erste Diskriminierung geht auf Israels Unabhängigkeitserklärung von 1948 zurück. Gemäß dem Grundgesetz bezeichnet der Ausdruck »Jude« nicht nur die Zugehörigkeit zu einer Religion, sondern er bestimmt auch, wer in den Genuss der Bürgerrechte treten kann. »Eine Demokratie sein bedeutet gleiche Rechte für alle, aber in Israel ist das anders. Israel ist ein jüdischer Staat, und wenn Sie nicht Jude sind, ist es unmöglich, volle Staatsbürgerschaft zu haben.«

Das Gesetz mit der Bezeichnung »Absentees' Property Law« von 1948 hat alle Palästinenser ihrer Güter beraubt, die infolge der Nakba aus ihren Dörfern flüchten mussten. Ihre Güter wurden vom Staat Israel beschlagnahmt, ohne dass dieser irgendeine Entschädigung bezahlt hätte.

Dann gibt es eine direkte rechtliche Diskriminierung, indem einige Rechte nur Juden vorbehalten sind. So führt der Militärdienst eine De-facto-Diskriminierung ein. Wer keinen Militärdienst geleistet hat, hat als Bürger weniger Rechte. Dem Gesetz nach muss jeder israelische Staatsbürger seinen Militärdienst leisten, der Verteidigungsminister hat jedoch die Möglichkeit, sie davon zu entbinden. Davon machte er 1948 Gebrauch, und seitdem sind alle Palästinenser systematisch vom Militärdienst ausgeschlossen, da sie im Verdacht stehen, Teil der »Fünften Kolonne« zu sein.

Um zum Medizinstudium zugelassen zu werden, muss man mindestens 21 Jahre alt sein – das heißt das Alter, das sie erreichen, nachdem sie den Militärdienst geleistet haben. Diejenigen, die dies getan haben, haben einen bevorzugten Zugang zu diesem Studium.

Eine »institutionelle« Diskriminierung entsteht über die Haushalte. So verfügen palästinensische Städte über einen geringeren Haushalt als die anderen Städte. Ein palästinensisches Kind erhält für seine Erziehung ein Neuntel dessen, was für ein jüdisches Kind ausgegeben wird. Ähnliche Diskriminierungen bestehen für alle Aspekte des Lebens. Jeder Minister verfügt über Möglichkeiten, Dekrete zu erlassen, die sich hinter dem Namen »Prioritäten« verstecken. Es stellt sich heraus, dass alle Minister dieselben Prioritäten haben, und zwar systematisch zuungunsten der Palästinenser.

Die Diskriminierung in der öffentlichen Sphäre ist die gefährlichste. Eine Umfrage, die vom amerikanischen Forschungsinstitut PEW durchgeführt wurde, hat ergeben, dass 48 Prozent der jüdischen Bevölkerung für eine Umsiedlung der palästinensischen Bevölkerung sind, also für eine ethnische Säuberung.

Für Mohammad Zeidan ist die Schlussfolgerung klar: Israel ist »im Kern« keine Demokratie. Er hat auch einen Aufruf gemacht: »Alle Organisationen, die für die Rechte der Palästinenser eintreten, sollten die diskriminierende Lage der Palästinenser, die in Israel leben, nicht vergessen.«

Begegnung mit Bassel Ghattas

In Nazareth hatten wir auch eine Begegnung mit Bassel Ghattas, Mitglied der Balad-Partei. Er erklärte uns, wie es in Israel zur Schaffung einer Einheitspartei der »Araber« gekommen ist. Vor den letzten Wahlen, gab es drei kleine Minoritätsparteien – darunter die Balad-Partei –, die die palästinensische Bevölkerung in der Knesseth vertreten haben. Um sie zu eliminieren, hat das vorige Parlament die Prozenthürde für Parteien von 3,5 auf 5 Prozent erhöht. Von einer Ausscheidung bedroht, sind die drei Parteien eine Koalition eingegangen, die eine Einheitsliste zustande brachte, was nur unter dem Druck der Bevölkerung möglich gewesen sei. »In den palästinensischen Dörfern haben über 90 Prozent für die neue Partei gestimmt. Die Wahlbeteiligung stieg von 50 auf 70 Prozent. Es gelang uns, die Zahl unserer Sitze, bei einer Gesamtzahl von 120, von 11 auf 13 zu erhöhen. So wurden wir zur drittstärksten Kraft in der Knesseth.«

Die gemeinsame Liste hat auch Mitglieder unter den Juden. »Ich bin ein Jude«, verriet uns Bassel Ghattas. Die Liste wird unterstützt von zahlreichen Intellektuellen, die antizionistisch sind, gegen die Siedlungspolitik der Regierung sind und für die Trennung zwischen Religion und Staat eintreten. Die Zweistaatenlösung erscheint ihm kaum noch machbar: »Wir könnten eines Tages zur Lösung des Konfliktes über die Errichtung eines gemeinsamen Staates kommen.«

Bassel Ghattas sah sich im März 2017 genötigt, seinen Sitz in der Knesseth aufzugeben. Er wurde der Beihilfe zum Terrorismus beschuldigt und zu zwei Jahren Haft verurteilt. Ihm wurde vorgeworfen, heimlich Handys an in Israel eingesperrte »Terroristen« geliefert zu haben, die er besuchte. »Ich habe aus humanitären Gründen gehandelt«, rechtfertigt er sich.

Israel, ein rassistischer und faschistischer Staat?

Für Mohammad Zeidan ist Israel vom Rassismus zum Faschismus übergegangen. In der Knesseth sei die Mehrheit radikaler als die Regierung, was der gesellschaftlichen Entwicklung seit etwa zehn Jahren entspreche.

Einer der Gesetzesentwürfe, die die Knesseth prüft, sieht die Trennung zwischen arabischen Frauen und jüdischen Frauen in den Spitälern vor. Ein anderer Entwurf schlägt mit Mehrheitsentscheidung vor, Mitglieder der Knesseth endgültig auszuschließen, die nicht für den »jüdischen und demokratischen« Charakter Israels eintreten. 59 Mitglieder von 120 stimmten nach einer ersten Lesung dafür.

In drei Dörfern im Norden Israels sind Arbeiten in Vorbereitung in Zusammenarbeit mit dem Planungsministerium, um Straßen zu bauen, die ausschließlich von Juden benutzt werden dürfen. Ein anderes Gesetz wurde angenommen, das es verbietet, über die Nakba zu reden, ein weiteres bestraft Aktivitäten, welche die BDS-Bewegung unterstützen. Die Israelis gewöhnen sich an den rassistischen Sprachgebrauch, der banalisiert wird. Mohammad Zeidan äußert die Angst, dass »die Araber« bald Angriffen ausgesetzt sein werden.

Die Abgeordnete Zoabi wurde von der Mitarbeit in der Knesseth suspendiert, weil sie sich 2010 an der Expedition der »Mavi-Marmara«-Hilfsflotte beteiligt hatte. Eine erneute Suspendierung erfolgte, weil sie sich mit den Familien derjenigen solidarisiert hatte, die Angriffe mit Messern verübt hatten. Wie das auch andere Gesprächspartner taten, sprach Bassel Ghattas von dem Fall des israelischen Soldaten, der einen Palästinenser in Hebron tötete, der auf dem Boden lag. Dieser Soldat wurde zum Helden gemacht.

Bassel Ghattas behauptete, dass im vergangenen Jahr eine Tendenz zum Extremismus und zum Faschismus erkennbar wurde. Die Likud-Partei und die »Jewish Home Party« stehen innerhalb der Regierung mehr und mehr unter der Kontrolle der Siedler, die ihre eigene Miliz geschaffen hätten. Die Mehrheit in der Knesseth stehe loyal zu dieser Kraft. Mehrere Minister sind offen faschistisch und rassistisch, wie diejenigen für Erziehung und Justiz. Der Minister für Erziehung, sagte er, sei »jedes Mal stolz, wenn Palästinenser getötet werden«.

Der religiöse Faschismus sei noch erschreckender, da er Morde an Palästinensern rechtfertige, die vermehrt zur brutalen Realität geworden sind. So etwa in der Nähe von Nablus, wo Siedler ein Haus von Palästinensern in Brand gesteckt haben. Bei dem Anschlag kam ein 18 Monate altes Kind ums Leben.

Netanyahu benutze die Bezeichnung »die Araber« zur politischen Hetze. Das habe er am Tag vor den Wahlen gezeigt, als er vor einem massiven Zulauf von »Arabern« bei den Wahlen warnte.

Zwar gebe es Meinungsfreiheit in Israel, sagte uns Michel Warschawski, der ein alternatives Informationszentrum in Jerusalem leitet, aber die Atmosphäre sei vergiftet. Die NGOs, die die Menschenrechte verteidigten, werden mehr und mehr verleumdet und angegriffen. Diejenigen, die sich gegen die Besatzung richteten, würden genauso behandelt. So werden Mitglieder von »Breaking the Silence« als Feinde qualifiziert, ihre Fotos erscheinen in den Medien mit Aufrufen zum Mord.

Das Schlimmste, so Warschawski, sei die Atmosphäre, die graduelle Regimeveränderung, der man beiwohne. Immer offener trete der Rassismus zu Tage. Es gebe mehr und mehr Gewalt, Brutalität und Drohungen und einen Rückzug auf die ethnische Angehörigkeit und in erster Linie auf die Religion.

Als Moshe Jaalon, Verteidigungsminister in der Regierung Netanyahus seinen Rücktritt antreten musste, wurde er von Avigdor Lieberman aus einer rechtsextremen Partei ersetzt. Kurz vor den Wahlen im März 2015 machte dieser den Vorschlag, »untreue Araber« in Israel zu »enthaupten«. Der frühere Premierminister der Labour-Partei Ehud Barak machte in dieser Koalition »Zeichen von Faschismus« aus, berichtete die Zeitung *Le Monde* am 22. Mai 2016.

Bei seinem Rücktritt hat Moshe Jaalon erklärt: »Ich bin sehr traurig darüber, dass extreme und gefährliche Elemente sich Israels bemächtigt haben und besonders meiner Bewegung, der Likud-Partei.

Sie sind im Begriff, unsere Heimstätte zu untergraben und sie drohen, deren Fundamente zu zerstören.«

Sein Rücktritt erfolgte auch, weil er sich weigerte, seinem beigeordneten Stabschef, General Yaïr Golan, zu widersprechen, der am Gedenktag an die Shoah in Israel die israelische Politik mit der Nazideutschlands verglich: »Eine Sache erschreckt mich. Sie besteht darin, auf die abstoßenden Prozesse hinzuweisen, die sich vor 70, 80 und 90 Jahren in Europa im Allgemeinen und in Deutschland im Besonderen abspielten. Und davon Zeichen unter uns in diesem Jahr 2016 zu sehen. Die Shoah muss uns zu einer fundamentalen Überlegung anregen über die Art und Weise, wie man hier und jetzt mit Ausländern, Waisen und Witwen umgeht.«

4 Eine andere Welt ist möglich

Ernährungssouveränität im Baskenland und im Piemont

Im September 2014 hatte ich die Gelegenheit, mich mit meiner Frau Juana an einer Ausbildungsreise über Ernährungssouveränität und organische Landwirtschaft im Baskenland – Euskal Herria – zu beteiligen. Organisiert war diese Tour von Food First, einem kalifornischen Institut, das sich mit Ernährung und Entwicklung beschäftigt. Food First hat dazu mit EHNE zusammengearbeitet, der größten Bauernorganisation im Baskenland und Mitglied von La Via Campesina[1], eine internationale Bewegung von Bauern, Landlosen, Landarbeitern und indigenen Völkern. Diese Reise brachte uns mit etwa zehn Amerikanern aus verschiedenen Gegenden der USA zusammen. In unseren Gesprächen setzten sie sich alle sehr für soziale Gerechtigkeit und Solidarität ein und äußerten sich recht kritisch über das amerikanische Gesellschaftsmodell.

Wir waren nicht in Hotels untergebracht, sondern in ehemaligen Bauernhäusern, die ganz oder zum Teil umgebaut worden waren, um auf sehr persönliche Art und Weise Touristen aufzunehmen und die von Bauernfamilien selbst verwaltet werden. So konnten wir uns auf den verschiedenen Stationen unserer alternativen Tourismusreise – in Ajangiz, Bergara und Urkiola – von den Möglichkeiten einer agroökologischen Landwirtschaft direkt überzeugen. Des Weiteren besuchten wir eine Bauernkooperative in Iparralde, Fischerdörfer am Golf von Biskaya, Winzerfamilien nahe der Weinberge in der Gegend von Rioja, Mondragón und die Städte Gernika, San Sebastián und Bilbao. Daneben erhielten wir bei verschiedenen Veranstaltungen Erklärungen zur politischen Lage im Baskenland.

Sonniges Wetter, das uns fast über die ganze Zeit begleitete, ermöglichte es uns, die Schönheiten des Baskenlandes bewundern und schätzen zu lernen, die Verschiedenheit und die Farben seiner Landschaften mit ihren grünen Bergen und von Wäldern und Wiesen bedeckte Hügeln. Die liebenswürdigen Dörfer in den Tälern, die herrliche Küste und die Felsen bei Mundaka und Bermeo, die fabelhafte Mündung des Okaflusses und zuletzt die Naturreservate der Biosphäre von Urdaibai machten die Reise zu einer einmaligen Erfahrung. Es ist in einer solchen natürlichen Umwelt, in der das baskische Volk im Laufe der Jahrhunderte seine zähe Widerstandsfähigkeit entwickelte und eine eigene Kultur, die von der Sprache – deren Ursprung ungeklärt bleibt –, von der Geschichte und von Bauerntraditionen geprägt wurde.

Im Friedensmuseum von Gernika erlebten wir eine bewegende Ausstellung zu den grausamen Luftangriffen der Nationalsozialisten auf die Zivilbevölkerung während des spanischen Bürgerkriegs im April 1937. Das bekannte Picasso-Gemälde im Museo Reina Sofía in Madrid, das den Namen dieser Stadt trägt, hat diese Erinnerung verewigt. Die während des Bürgerkrieges erlittene Unterdrückung, die Leugnung der baskischen Identität unter der Franco-Diktatur und das Verbot, die baskische Sprache öffentlich zu sprechen, erklären die Hartnäckigkeit, mit der die Basken, vor allem die ländliche Bevölkerung, seit der Wiedereinführung der Demokratie, die Sprache und Kultur erneut beleben. Dies führt zu einem manchmal radikalen Nationalismus, der die Gegensätze zwischen baskischer und spanischer Identität aufflammen lässt. Die Basken kämpfen für das Recht auf Selbstbestimmung, das eine Unabhängigkeit nicht ausschließt. Sie verfolgen also ähnliche Ziele wie Schottland und Katalonien. Das offizielle Ende des bewaffneten Kampfes der ETA vor einem Jahr, hat die politische Lage wesentlich verändert. Sie dürfte die Entwicklung des Tourismus fördern. Städte wie Bilbao und San Sebastián beeindruckten uns durch ihre Harmonie und ihre architektonische Schönheit, ihre Kunstwerke und ihre Monumente. Das Guggenheim-Museum in Bilbao ist ein besonders faszinierendes Meisterwerk.

Doch die Schönheit der Region sollte nicht über die wirtschaftlichen Probleme hinwegtäuschen. Für Paul Nicholson, einem der

EHNE-Vorsitzenden, befindet sich die Landwirtschaft im Baskenland, wie in vielen Teilen der Welt, seit Jahrzehnten in einer Krise. In Spanien leben nur noch fünf Prozent der Bevölkerung von der Landwirtschaft, im Baskenland nur mehr zwei Prozent. Ein wichtiger Bereich in der baskischen Landwirtschaft ist die Schafzucht. Zwar halten 2 000 der insgesamt etwa 5 000 landwirtschaftlichen Betriebe das Siegel der geschützten Ursprungsbezeichnung (AOC) und 500 Betriebe das Bio-Label. Dennoch sind besonders die Milchbauern wegen der sehr niedrigen Milchpreise in ihrer Existenz bedroht. Viele dieser Betriebe sind gezwungen aufzugeben, was die Monopolisierung des Bodens und der Produktionsmittel weiter verstärkt.

Diese Lage der baskischen Landwirtschaft erklärt sich auch durch den hohen Grad der Industrialisierung im Baskenland, von der wir uns ein Bild machen konnten während des Besuches der Mondragon-Gruppe. Es handelt sich um ein sehr großes genossenschaftliches Unternehmen, in dem über 100 000 Personen arbeiten und das in etwa 120 Kooperativen aufgeteilt ist, davon ungefähr dreißig im Ausland.

Angesichts des Prozesses der zunehmenden Monopolisierung bemüht sich der EHNE-Verband mit seinen Mitgliedern, eine alternative Landwirtschaft zu unterstützen, die auf der Agroökologie beruht. Wir konnten uns vor Ort die Hauptmerkmale einer solchen Landwirtschaft ansehen:

- organische und diversifizierte Landwirtschaft, verbunden mit der Produktion von Obst und Gemüse, Getreide, Milch, Fleisch und Honig
- Weiterverarbeitung und damit Wertschöpfung vor Ort durch die Produktion von Käse, Apfelsaft, Wurst und weiterer Lebensmittel
- Direktverkauf vom Produzenten an den Konsumenten

Während unserer Reise wurde deutlich, dass mit solchen landwirtschaftlichen Modellen eine nachhaltige Entwicklung tatsächlich gelingen kann und auch das soziale Zusammenleben auf lokaler und regionaler Ebene verbessert wird. Der EHNE-Verband ist darüber hinaus hilfreich bei der Schaffung von Kooperativen, die mehrere Bauern zusammenbringen, und bei der Förderung von Agrotourismus. Dieses Konzept der Ernährungssouveränität basiert auf der Überzeugung, dass das konventionelle, industrielle Landwirtschaftsmodell mehr und mehr an seine Grenzen stößt und dabei Mensch und Umwelt nachhaltig belastet. Es ist Teil eines globalen Wirtschaftssystems, das sich in einer tiefen Krise befindet.

Während der Etappe, die uns in das französische Baskengebiet führte, hat uns der Bauer Michel erklärt, wie das französische AMAP-System funktioniert, eine Vereinigung für die Erhaltung einer bäuerlichen Landwirtschaft. Es handelt sich um ein Netz von Begegnungsorten in Frankreich, wo Produzenten und Konsumenten zusammenkommen und wo der Verkauf von Nahrungsmitteln ohne Zwischenhandel abläuft. Der Konsument ist bereit, dem Bauern für seine Produkte – es handelt sich in der Regel um Bio-Produkte –, einen gerechten Preis zu zahlen. Daneben ist die Förderung eines Dialogs zwischen Menschen, die sich bisher nicht kannten, und der Aufbau von sozialen Beziehungen, auch von großer Bedeutung.

Die Gleichberechtigung zwischen Mann und Frau wird von EHNE sehr ernst genommen, und so gibt es bei der Organisation viele weibliche Mitglieder in leitender Position. Wir waren beeindruckt von den vielen kompetenten, sehr engagierten und angenehmen Frauen, denen wir begegnet sind – wie Maïte, der früheren Generalsekretärin von EHNE, sowie Gabriela, Esti und Arrancha. Oft waren es Frauen wie sie, die uns empfangen, begleitet und die Gesprächsrunden geführt haben. Einige hatten ein Universitätsstudium absolviert, was sie nicht dazu bewegt hat, ihr Heil außerhalb der Landwirtschaft zu suchen, ganz im Gegenteil.

Sehr engagiert ist man bei La Via Campesina, um auch dort für eine Politik zu werben, die sich von der Ernährungssouveränität inspiriert. Seine Führungskräfte und seine Mitglieder zeigten eine sehr starke Solidarität mit den Kleinbauern in den Entwicklungsländern insbesondere bei ihren Anstrengungen, sich gegen die Importe zu Dumpingpreisen aus den Ländern des Nordens zu schützen, gegen Agrotreibstoffe, Land Grabbing und Bodenspekulation. Sie treten auch für das Recht der Palästinenser ein, einen unabhängigen Staat zu gründen.

Im Oktober 2012 haben wir an einer ähnlichen Tour mit Food First in die Region Piemont im Nordwesten Italiens teilgenommen. Auch hier sollten organische Landwirtschaft und Ernährungssouveränität neben Slow Food zur Geltung kommen. Gegen Ende der Reise hatten wir die Gelegenheit zu einem Austausch mit Eric Holt-Gimenez, dem Direktor von Food First. Eric hat in den 80er Jahren eine längere Zeit in Nicaragua verbracht, als die Sandinisten unter Daniel Ortega dort an der Macht waren und die für viele eine Zeit der Hoffnung war. Er war auch einer der Hauptakteure, die den Bauern dort geholfen haben, die Methode »Campesino a Campesino« zu entwickeln, die Kleinbauern dazu anhält, ihre Erfahrungen und ihr Wissen im Bereich der Agroökologie mit anderen Bauern zu teilen. Diese Praxis hat sich in großen Teilen Zentralamerikas weiterentwickelt; inzwischen sind 10 000 Bauern der Initiative beigetreten.

Wir haben drei Kooperativen besucht, wo wir auch, gemäß der Praxis des Agrotourismus, empfangen und untergebracht wurden: Valli Unite in Costa Vescovato, Terra e Gente in Albugnano, il Frutto Permesso in Bibiana. Zwischen fünf und 30 Personen arbeiten in diesen Kooperativen, die alle mit Erfolg eine strikte biologische Landwirtschaft betreiben und das seit über 20 Jahren. Die Leiter dieser Kooperativen überzeugten durch ihre Kompetenz, ihre Überzeugungskraft und ihr Engagement.

Wie die Landwirte im Baskenland zeigten auch sie uns, wie sie die verschiedenen Stufen der Produktionskette beherrschen – Produktion, Weiterverarbeitung, Vermarktung über den Direktverkauf an den Konsumenten. Diese organische Landwirtschaft im Piemont wird auch durch Forschungszentren unterstützt, die wir besuchen konnten und die sich auch alle für den Erhalt der Biodiversität einsetzen. Gefördert wird sie ebenfalls durch die Universität der Gastronomischen Wissenschaften in Bra, wo die von Carlo Petrini geführte Slow-Food-Bewegung ihren Sitz hat, die unsere Gruppe dort empfing.

In Turin wurden wir zum Markt von Porta Palazzo geführt, einer der zahlreichen freien Märkte in dieser Stadt, der sieben Tage in der Woche geöffnet ist und sehr für seine Preise im Verhältnis zur Qualität geschätzt ist. Dort trafen wir Mitglieder der Vereinigung GAS (Gruppo di Acquisto Solidale), die sich für Solidareinkäufe einsetzt und die Zusammenarbeit zwischen Produzenten und Konsumenten fördert. GAS-Vereinigungen entwickeln sich in verschiedenen Regionen Italiens. Sie sind vergleichbar mit dem, was wir im Baskenland erlebt haben, mit den AMAP in Frankreich, den CSA (Community Based Agriculture) in den USA und den »tekei« in Japan, wie Marie-Monique Robin das in ihrem hervorragenden Dokumentarfilm und ihrem Buch *Les moissons du futur* (zu Deutsch: Die Ernten der Zukunft) darstellt.

In Cissone besuchten wir Agro-Bio, eine Vereinigung, in der sich etwa 1 000 Produzenten aus der organischen und der biodynamischen Landwirtschaft zusammengeschlossen haben. Ivo Bertaina, ihr Präsident, gab uns eine Einführung in biodynamische Landwirtschaft, die sich durch ihre kosmologische Dimension auszeichnet. Sie beruht vor allem auf dem Prinzip, dass sich die Pflanze nicht nur von der Erde und dem Licht der Sonne ernährt, sondern auch von der Strahlung des Mondes und der Sterne. Vergleichbare Organisationen bestehen in anderen Ländern unter anderen auch in Deutschland und in Luxemburg unter dem Namen »Demeter«, der griechischen Gottheit der Fruchtbarkeit der Erde, des Getreides, der Saat und der Jahreszeiten.

Ivo Bertaina erklärte uns, dass in Italien die Zahl der biologischen Produzenten in der Zeit zwischen 2008 und 2010 um zehn Prozent zugenommen hat, was sehr ermutigend ist. Zu gleicher Zeit findet aber auch in der Landwirtschaft Italiens eine starke Konzentrierung statt sowie ein dramatisches Ausscheiden der Kleinbauern. Gab es 1930 noch 35 Millionen Bauern in Italien, bleiben 2012 gerade noch 600 000 bis 700 000. Er schätzt, dass es bis 2030 nur noch 20 000 Bauern geben wird. Für ihn trägt die Gemeinsame Agrarpolitik der EU einen Großteil der Verantwortung für diese beunruhigende Entwicklung.

Bei Terra e Gente, begegneten wir Sarah, der Tochter von Franco Fischetti, einer der Leiter der Kooperative. Sarah ist Tierärztin und Mitglied der solidarischen Organisation CISV (Comunità Impegno Servizio Volontariato), die in verschiedenen Entwicklungsländern in Afrika und in Lateinamerika tätig ist. Sie erklärte uns ihr Engagement für die Gemeinschaft der Fulbe-Hirten im Senegal, die vor allem Milch produzieren. Sie schilderte uns die große Schwierigkeit dieser Bauern, ihre Milch auf dem Markt zu verkaufen, da sie dort nicht gegen die Konkurrenz der Milchpulverimporte aus der Europäischen Union bestehen können, die auf dem senegalesischen Markt zu viel billigeren Preisen angeboten werden. Ein ähnliches Problem stellt sich für Reis, der massiv aus asiatischen Ländern importiert wird. Für die Ernährungssouveränität ist und bleibt die notwendige Regulierung der Märkte der Entwicklungsländer eine große Herausforderung.

Mit verschiedenen Mitgliedern unserer Gruppe haben wir am Ende unserer Tour den »Terra Madre Salone del Gusto« in Turin besucht, eine riesige internationale Biennale des Slow Food. Die Nahrungsmittelproduzenten aus allen Gegenden Italiens und aus etwa hundert Ländern der Welt stellen dort ihre Produkte aus. Während dieser Ausstellung finden auch jeden Tag zahlreiche Konferenzen statt über Themen, die irgendwie mit der Ernährung zusammenhängen, wie Erziehung zu gesunder Ernährung, die indigenen Völker und die Ernährungssouveränität, Zustand und Abholzung der Tropenwälder, Landwirtschaft und Migration, die Ernährung der Städte, Recht auf Ernährung, weltweite Vernetzung der Ernährungsbewegungen (food movements unite), Land Grabbing, Wasserversorgung, Slow Food und vieles mehr. Zum Thema Erziehung zu gesunder Ernährung beispielsweise erklärten irländische und australische Pädagogen und Experten die in ihren Ländern verbreitete Praxis, Kindern ab der Grundschule das Leben auf dem Lande nahezubringen, ihnen die Möglichkeit bieten, sich die Tiere auf dem Bauernhof anzuschauen und sich mit Gemüseanbau bei Gärtenbesuchen vertraut zu machen. Auf diese Art und Weise wird ihnen die Bedeutung einer organischen Produktionsweise für die Gesundheit verdeutlicht.

Agroökologie: Sinn und Entfaltung eines vieldimensionalen Konzeptes

Für die französische Ökonomin und Soziologin Silvia Pérez-Vitoria ist Agroökologie nicht nur die Verbindung zwischen Ökologie und Landwirtschaft, sie hat auch eine soziale, eine wirtschaftliche, eine kulturelle und eine politische Dimension. Sie ist also mehr als nur eine Produktion nach biologischen Methoden. Soziale Zusammenhänge wie Landbesitz, Handel, Machtverhältnisse und die Beziehungen zwischen Stadt und Land sind auch zu berücksichtigen. In dieser Hinsicht dient Agroökologie auch als Instrument sozialer Änderung. Zentral ist die Einsicht, dass es das Wissen der Bauern ist, das im Verlauf der Geschichte der Menschheit erlaubte, die Ökosysteme langfristig zu erhalten. Dieses Wissen der Bauern ist so wichtig wie das der Wissenschaft. Es gilt, es wiederzubeleben und nutzbar zu machen.

Unterstützt und belebt wird Agroökologie auch durch die Organisation der Bauern. Starke Bauernbewegungen wie La Via Campesina sind in den letzten zwanzig Jahren auf Weltebene entstanden und spielen eine wichtige Rolle. Es kommt darauf an, Systeme und Methoden zu begünstigen, die am wenigsten von äußeren Ressourcen abhängig sind. Bedeutend sind kurze Verbindungswege zwischen Produzenten und Konsumenten, wie sie sich beispielsweise über die AMAP-Bewegung in Frankreich entwickeln. Die industrielle Landwirtschaft bringt es nicht fertig, die Menschheit zu ernähren. Eine Milliarde Menschen haben nicht genug zu essen.

Über eine Milliarde Menschen leiden an Übergewicht. Unsere Art, uns zu ernähren, zerstört die Umwelt, die Böden, die Artenvielfalt, verschmutzt das Wasser, trägt zum Klimawandel bei und vieles mehr.

Der dringende Übergang zu einer agroökologischen Landwirtschaft

Die beim Gipfel der Vereinten Nationen im Jahre 2015 angenommene Agenda für nachhaltige Entwicklung gibt einer anderen landwirtschaftlichen Entwicklung einen neuen Impuls. Ein zentrales Ziel der Agenda ist es, den Hunger bis 2030 zu beenden und eine »nachhaltige« Landwirtschaft zu fördern. Die COP21 Konferenz in Paris über den Klimawandel im Dezember 2015 hat gezeigt, dass nun endlich alle Staaten sich dieser globalen Herausforderung bewusst sind und der Dringlichkeit, geeignete Maßnahmen zu treffen. Die konventionelle, industrielle Landwirtschaft ist sowohl Opfer dieses Klimawandels als auch Mitverursacher. Sie ist für einen bedeutenden Anteil der Treibhausgasemissionen verantwortlich. Demnach müsste der sofortige Übergang zu einer Landwirtschaft in Angriff genommen werden, die diese Ausstöße verringert oder sogar eliminiert, das heißt zu einer agroökologischen Landwirtschaft.

Zahlreiche Studien sind in den letzten Jahren über die Welternährungskrise und über Lösungen erschienen.[2] Angesichts der Herausforderungen des Klimawandels heben sie den nicht nachhaltigen Charakter der konventionellen, industriellen Landwirtschaft hervor und die Dringlichkeit eines Übergangs zu einer agroökologischen Landwirtschaft. Eine solche Landwirtschaft sichere bessere Erträge, hätte den Vorteil, die Fruchtbarkeit der Böden zu verbessern und die Produktionskosten zu senken. Sie würde weder synthetische Pestizide noch chemische Dünger, noch GVO-Saatgut einsetzen. Für ein solches Modell wird die kleinbäuerliche und auf dem Familienbetrieb beruhende Landwirtschaft als die am besten geeignete angesehen, auch um das Armuts- und Hungerproblem zu lösen.

Ein wertvolles Instrument im Kampf gegen den Hunger

Schon nach wenigen Jahren kann die Agroökologie die Erträge substantiell verbessern.

Dies scheint mir ein zusätzliches Argument zur Agroökologieförderung zu sein, da die große Mehrheit der Bevölkerung, besonders in Südsahara-Afrika, noch immer auf dem Lande lebt und bei dieser Bevölkerung eine klare Mehrheit derjenigen zu finden ist, die an Hunger und extremer Armut leiden. Für Ullrich Hoffmann, Koordinator des UNCTAD-Berichtes und zuständiger Leiter der UNCTAD-Abteilung für Handel und nachhaltige Entwicklung, ermöglichen biologische Praktiken eine Steigerung der Erträge zwischen 120 und 130 Prozent innerhalb von drei bis zehn Jahren. Für Olivier de Schutter, ehemaliger UN-Sonderberichterstatter für das Recht auf Ernährung, kann Agroökologie zu einer Verdoppelung der Nahrungsmittelproduktion innerhalb von zehn Jahren führen.

Um das Hungerproblem zu lösen, hat Olivier de Schutter am Ende seiner achtjährigen Amtsperiode den Übergang zur Agroökologie als erste Empfehlung aufgestellt. Für ihn hat Agroökologie auch soziale und gesundheitliche Vorteile. Sie ermöglicht eine Lebensmittelproduktion, die ausgeglichener und nahrhafter ist. Sie sollte zur Hauptachse für jede zukünftige Entwicklung werden. Denn diese Nahrung hat keine Pestizid- oder sonstige Rückstände von Pflanzenschutzmitteln, wie sie in konventionell produzierten Produkten wie Obst und Gemüse in erheblichen Mengen zu finden sind.

Agroökologie in Afrika

Einer der Vorreiter der Agroökologie in Afrika, wie auch in Frankreich, ist Pierre Rabhi. Zwischen 1983 und 1987 leitete er ein agroökologisches Ausbildungszentrum in Gorom-Gorom, im Nordosten Burkina Fasos, und wurde dabei vom Präsidenten Thomas Sankara und der Vereinigung Le Point-Mulhouse unterstützt.

Heute gibt es zahlreiche Beispiele von agroökologischen Praktiken in Afrika. Im Februar 2016 kamen etwa hundert Agroökologen und

Entwicklungshelfer aus Burkina Faso, Mali, Niger, Togo und Bénin in Betta, in Burkina Faso, auf Initiative der französischen Organisation Terre et Humanisme zusammen, um ihre Erfahrungen auszutauschen und über Methoden der Verbreitung dieses Modells zu diskutieren. Pierre Rabhi war als Ehrengast eingeladen. Blandine, die Schwester von Thomas Sankara, vertrat die Vereinigung Yelemani, die als Ziel hat, die Bevölkerung zur Ernährungssouveränität zu erziehen, für die sich der frühere Präsident stets stark eingesetzt hatte.

Vorreiter in Äthiopien

Im Verlauf unserer Reise nach Äthiopien Ende Dezember 2012 und Anfang 2013 begegneten wir in Assela, einer guten Autostunde südlich von Addis Abeba, Dr. Getachew Tikubet, einem Äthiopier, der die NGO »Bio-Economy Africa« geschaffen hat und der uns sein 25 Hektar großes Forschungs- und Ausbildungszentrum »Integrated Biofarm« vorstellte, in dem er die organische Landwirtschaft weiterentwickelt. Das Zentrum soll insbesondere der Ausbildung von Bauern dienen, gemäß einer Methode, die er als einen Ansatz »von unten« (»bottom-up«) darstellt und deren Grundlage die Bedürfnisse der Bauern sind. Sechs andere, ähnliche Zentren hat er im Land selbst aufgebaut und weitere in der Demokratischen Republik Kongo sowie der Elfenbeinküste. Er wird vor allem vom UNO-Entwicklungsprogramm UNDP unterstützt. Dr. Getachew erscheint als ein sehr fähiger, überzeugender und engagierter Mann. Wir treffen ihn abermals zwei Wochen später in Mek'ele, der Haupstadt der Region Tigray, diesmal in Begleitung von Mitgliedern des Verwaltungsrates der Schweizer Stiftung Biovision, die einige seiner Ausbildungsprojekte unterstützt. Wir besuchen dort die »Science and Technology Academy«, ein Zentrum, das demjenigen in Assela ähnelt, wo Gebäude errichtet werden für den Empfang und die Unterkunft von auszubildenden Bauern. Ein anderes, bereits fertiggestelltes Gebäude soll Forschungszwecken dienen. Wir begegnen mehreren Bauern und Bäuerinnen, die uns von den Vorteilen dieser Ausbildung erzählen.

Die Schweizer Delegation ist von Hans Herren begleitet, der Mitglied ihrer Stiftung ist und der in Washington das Millennium Institute leitet. Er koordinierte zwischen 2005 und 2008 die Arbeit von 400 Experten, die, auf Einladung der Weltbank und der UNO, den Weltagrarbericht (IAASTD) ausarbeiteten, in dem sie die Notwendigkeit und die Vorteile der Agroökologie insbesondere für Kleinbauern hervorheben.

Das ARFA-Projekt in Burkina Faso

Im Herbst 2013 reiste ich mit zwei Vertretern der Action Solidarité Tiers Monde (ASTM) nach Burkina Faso, um unser Projekt von ARFA (agroökologischer Forschungs- und Ausbildungsverband), der Partnerorganisation von »Brot für die Welt«, zu besichtigen. Wir wurden auch von Anne begleitet, die mit ihrer Kamera Aufnahmen von dem Projekt und unseren Erlebnissen machte, die sie für einen Dokumentarfilm von fünfzehn Minuten verwertete.[3] So konnte dieses Projekt einem breiteren Publikum zugänglich gemacht werden. Dies gilt auch für die Gemeinden, die ARFA innerhalb des Klimabündnisses unterstützen.[4]

Wir wurden von Mathieu Sawodogo und seiner Frau Léontine empfangen und während unseres Besuches begleitet. Mathieu betreut dieses Projekt seit zwanzig Jahren in seiner Heimatgegend Fada N'Gourma im Osten und auch in einigen Dörfern im Norden des Landes zusammen mit etwa zehn Mitarbeitern. Die Begegnung mit diesem freundlichen, bescheidenen, ernsten und kompetenten Menschen hat großen Eindruck auf uns gemacht. In zehn der dreißig Dörfer, in denen das Projekt sich abspielt, konnten wir uns ein Bild über die Lebensbedingungen dieser armen Landbewohner machen und über die Inhalte des Projektes. Burkina Faso zählt zu den ärmsten Ländern Afrikas. Etwa 80 Prozent der Bevölkerung leben auf dem Land und sind von der Landwirtschaft abhängig.

Das Erlernen von Kompostanbau, der Bau und Unterhalt von Brunnen und Gärten, der Aufbau einer Agroforstwirtschaft gehören zu den wichtigsten Bestandteilen dieses Projektes. Des Weiteren werden die Dorfbewohner auch mit der Errichtung von Erd- oder Steinwällen vertraut gemacht, die den Abfluss bei starken Regenfällen bremsen, das Eindringen des Wassers in den Boden fördern und so die Bodenerosion stoppen. Wir konnten uns davon überzeugen, wie auf organisch angebauten Hirse- und Sorghumfeldern ein dichteres Wachstum deutlich bessere Erträge zuließ. ARFA wurde 1995 gegründet und verfügt auch in der Nähe von Fada N'Gourma über eine dreizehn Hektar große Farm, wo Informations- und Ausbildungskurse organisiert werden und die verschiedenen agroökologischen Praktiken vorgeführt und erprobt werden.

ARFA legt Wert auf Programme zur Umwelterziehung für Jugendliche. Die Vereinigung bietet auch sogenannte zweckmäßige Alphabetisierungskurse in lokaler Sprache für diejenigen an, die bisher keine Schule besuchen konnten. In verschiedenen Dörfern arbeiten Männer und Frauen zusammen. Anderswo sind Frauenorganisationen Partner des Projektes. Frauen können so erstmals Obst und Gemüse anbauen und ernten, und das sogar während der trockenen Jahreszeit. So sichert das Projekt ihnen das ganze Jahr über gute Ernten und zusätzliche Einkünfte. Der Zugang ihrer Kinder zu Schulen und zu gesundheitlicher Betreuung wird erleichtert.

Die Vereinigung spielt auch eine wichtige Rolle auf nationaler Ebene im Aufbau eines nationalen Netzwerkes von Biobauern, dem »Conseil National d'Agriculture Biologique« (CN-Bio). Dieser Rat bringt über 40 Produzenten oder Organisationen zusammen und bereitet die Ausarbeitung eines Bio-Labels und eines partizipativen Zertifikationssystems für die Biokommerzialisierung des nationalen Marktes vor.

Zaï, Agroforstwirtschaft und Push-pull

Zaï oder Tassa ist ein System zur Wiederbelebung von Trockengebieten und Erhöhung der Bodenfruchtbarkeit, das in Burkina Faso, aber auch in Niger und im Mali verbreitet ist.

Mit dem Grabstock werden kleine Löcher ausgehoben und mit organischem Material gefüllt. Termiten tragen es in den Boden ein und lockern diesen auf, sodass auch Wasser leichter eindringen kann. Ein außergewöhnlicher mikrobiologischer Prozess der Böden und der Pflanzen nimmt so seinen Lauf. Mit dem Einsetzen der Regenzeit können Feldfrüchte oder Gehölze zur Wiederbegrünung eingesetzt werden. Das Zaï-System hilft, die Ausbreitung der Wüste, die Desertifikation, aufzuhalten.

2010 erschien der Film *The Man Who Stopped the Desert* (zu Deutsch: Der Mann, der die Wüste aufhielt), in dem der Bauer Yacouba Sawadogo aus Burkina Faso porträtiert wird. Dieser hatte seit den 1980er Jahren vor allem mit der Zaï-Methode, die er durch eigene Experimente weiterentwickelte, einen ganzen Landstrich wieder begrünt. Er vergrößerte den Radius der Zaï und legte auch Viehdung in die Kuhlen. Seine Methode zeigte er auch anderen Bauern und förderte die Ausbildung von Bauerngruppen, die die Zaï-Technik verbreiteten und ihre Erfahrungen unter sich austauschten. Mehr Regenwasser und die Anreicherung mit Naturdünger bedeuteten höhere Erträge. Durch das Pflanzen von Bäumen wurde die Feuchtigkeit der Böden erhalten und Forstwirtschaft entwickelt.

Aber das wichtigste Ergebnis hatte er nicht vorausgesehen: Der Dung enthielt auch Baumsamen, sodass zwischen den Hirse- und Sorghumpflanzen winzige Schösslinge aus dem Boden sprossen. Nach einigen Jahren stellte Sawadogo fest, dass die jungen Bäume, die inzwischen Mannshöhe erreicht hatten, die Erträge weiter verbesserten und auch die Fruchtbarkeit der Bodenkrume konservieren halfen. Heute sagt er stolz: »Seit ich diese Technik zur Rehabilitation des vertrockneten Bodens anwende, kann ich meine Familie in guten wie in schlechten Jahren versorgen.«

Sawadogos Leidenschaft für Bäume ist mit der Zeit ständig gewachsen. Heute gleicht sein Anwesen eher einem Waldgebiet als Ackerland. Bäume haben noch andere Vorteile, denn die nachwachsenden Zweige lassen sich abernten und verkaufen. In Afrika ist Holz auf dem Lande nach wie vor die wichtigste Energiequelle.

Die von Sawagodo angewandte Technik wird mittlerweile von Hunderttausenden armer Bauern in der Sahelzone genutzt. Für Olivier de Schutter trug die Arbeit Yacoubas dazu bei, drei Millionen Hektar Land fruchtbar zu machen. »Dies ist wahrscheinlich die bedeutendste Entwicklung in der Sahelzone und vielleicht in ganz Afrika«, meint auch der holländische Geograf Chris Reij, der vor dreißig Jahren eine Aufforstungsbewegung (»Re-Greening«) in der Sahelzone mit in Gang gesetzt hat.

Seit 1985 sind so etwa in Niger 200 Millionen neue Bäume gewachsen. Bauern können mittlerweile fünf Millionen Hektar bewirtschaften – eine Fläche so groß wie Niedersachsen. Im Schatten dieser Bäume gedeihen jährlich bis zu 500 000 Tonnen Nahrungsmittel – genug für 2,5 Millionen Menschen. Die Bäume selbst liefern Feuerholz und Viehfutter, Früchte und traditionelle Arzneimittel.

Eine weitere zukunftsweisende Technologie der Agroökologie nennt sich »Push-pull« und wurde in Kenia erfunden. Sie erlaubt es, die Maiserträge und die Fruchtbarkeit des Bodens ohne den Gebrauch von Dünger, Herbiziden oder chemischen Pestiziden signifikant zu erhöhen. Die Hülsenfrüchtler »Desmodium« und Elefantengras werden mit Erfolg als natürliche Düngemittel zur Unkrautbekämpfung und als Futtermittel eingesetzt. Heute praktizieren in Kenia 50 000 Bauern »Push-pull«. Die Ernährungssicherheit von zehn Millionen Menschen allein in Kenia ist so gesichert, ihre Gesundheit geschützt. Die Methode erlaubt es, die Produktion zu verstärken und gleichzeitig Biodiversität zu erhalten und die Umwelt zu retten.

Agroökologie auf den Philippinen

Anfang August 2017, während unseres Aufenthaltes auf den Philippinen, wurden wir frühmorgens vor unserem Hotel in Manila von einem Minibus abgeholt, den ein Masipag-Team gemietet hatte. Unsere Reise ging nach Norden in die Provinz Nueva Ecija. Ich saß neben Chyto Medina, der seit neun Jahren Hauptkoordinator von Masipag war und eine langjährige Erfahrung auf dem Gebiet der Agroökologie vorweisen konnte.

Nach einer Fahrt von rund zwei Stunden erreichten wir Santa Rosa, wo Masipag eine von Feldern umgebene »Back-up Farm« besitzt mit einem Lager für eine Vielfalt von organischen und nicht-organischen Reissorten. Dort sahen wir eine ganze Wand voller kleiner Holzkästen, in denen diese Sorten in sorgsam beschrifteten Fläschchen aufbewahrt wurden. Neben dem Hauptgebäude verfügt Masipag über Versuchsfelder für verschiedene Reissorten.

Wir setzten uns an einen großen Tisch, wo wir mit Vertretern der Organisation und einigen ihrer Partner zusammenkamen: Bauern aus der Umgebung und Mitgliedern von Frauenorganisationen.

Masipag wurde 1985 gegründet, bildet Bauern aus und berät sie in Bezug auf soziale und wirtschaftliche Fragen. Die Bewirtschaftung des Bodens und die Förderung einer organischen Landwirtschaft stehen im Vordergrund. Masipag ist in verschiedenen Gegenden des Landes vertreten. Es hat ein Zertifizierungssystem in bereits fünf Provinzen eingeführt, in der Form von sogenannten »Participatory Guarantee Systems« (PGS).

Einige Tage zuvor hatten wir in Mindanao, unweit der Hauptstadt Davao, Angelita Masangan getroffen, die vor ihrem Haus zusammen mit einer Gruppe von Frauen auf uns wartete. Sie widmen sich dem organischen Gemüseanbau in ihren Gärten und bringen ihre Produkte jeden Freitag zum Bio-Markt nach Davao. Angelita zeigte uns stolz ein solches PGS-Gütesiegel, ein umfangreiches Dokument, das Masipag ausgearbeitet hat und ihren Mitgliedern zu einem billigen Preis zur Verfügung stellt – für die Konsumenten der Beleg für die organische Qualität ihrer Produkte.

Masipag hat sich gegen IRRI zu behaupten, ein internationales, in den Philippinen angesiedeltes Reisforschungsinstitut, das vor einigen Jahrzehnten die »Grüne Revolution« begleitete und den Einsatz von Hybrid- und GVO-Saatgut, etwa von BT-Reis, sowie von Pestiziden begünstigt wie auch die Ausbreitung großer Bauernhöfe. IRRI ist Teil des CGIAR-Konsortiums (Consultative Group on International Agricultural Research), wird von der Regierung unterstützt wie auch von multinationalen Unternehmen wie Monsanto oder Syngenta.

Für Masipag ist die Arbeit von IRRI nicht im Interesse der Armen. Die Vorgehensweise sei ausschließlich auf die Maximierung des Ertrags gerichtet, während Masipag auch dem sozialen und wirtschaftlichen Umfeld der Bauern Rechnung trägt.

Wir erörtern die Frage des von IRRI entwickelten »Golden Rice«. Golden Rice ist eine genetisch modifizierte Reissorte, welche Beta-Karotin enthält und daher gelb bis orange aussieht. Daraus soll der menschliche Organismus Vitamin A erzeugen können, an dessen Mangel vor allem Kinder leiden. Nach Protesten von Greenpeace gegen den Einsatz des Gen-Reis kam es in den USA zu einer Kampagne gegen die Umweltschützer. In einem offenen Brief warfen etwa 80 Nobelpreisträger dieser Organisation vor, ein Verbrechen gegen die Menschheit begangen zu haben, da sie sich dieser neuen Reissorte widersetzt haben, die das Leben von zahlreichen Kindern retten könnte. Chyto erklärt uns, das sich »Golden Rice« erst in einer Prüfungsphase befindet und noch nicht auf dem Markt zugelassen ist. 2013 hätten 400 Bauern spontan ein Feld südlich von Manila zerstört, wo die Regierung und IRRI »Golden Rice« ausgesät hatten. Masipag war in keinerlei Weise daran beteiligt, wurde aber trotzdem dafür beschuldigt. Schlussendlich hat IRRI den Beschluss gefasst, die Vermarktung vom »Golden Rice« auszusetzen. Die Haltung der Nobelpreisträger basierte auf völlig falschen Annahmen.

Masipag setzt seinen Kampf gegen GVO-Saatgut fort. Am selben Morgen hatte sie eine Protestveranstaltung vor dem Sitz des Landwirtschaftsministeriums in Manila organisiert, um gegen eine kürzlich getroffene Entscheidung des Höchsten Gerichtes zu protestieren, GVO-Saatgut in den Philippinen zuzulassen.

Hindernisse, Veröffentlichungen, Dokumentation

Im März 2015 hat die Zeitschrift *The Ecologist* einen Artikel veröffentlicht mit dem Titel »Agroecology can feed Africa – not agribusiness«[5] (zu Deutsch: Agroökologie kann Afrika ernähren, nicht das Agrobusiness), der auch auf die Vorteile und die Notwendigkeit einer agroökologischen Landwirtschaft eingeht. Dann hebt er jedoch hervor, dass dieses Modell auf den entschiedenen Widerstand der transnationalen Firmen stößt, und auch auf den von ihnen beeinflusster Regierungen, Entwicklungsagenturen und Politiker. Sie alle verdienen an der industriellen Landwirtschaft und geben ihr den Vorrang. Als weitere Hindernisse sieht dieser Artikel ungerechte Handelsregeln, neoliberale Politik, Land Grabbing, ungleicher Zugang zu Land und das Fehlen von Landreformen.[6]

Unterdessen vermehren sich Initiativen von Agronomen, Professoren, Bürgern und Bauernverbänden, über die Vorteile der Agroökologie aufzuklären und diese zu fördern. Eine Reihe guter Bücher wurden zu diesem Thema publiziert, unter anderen von Silvia Pérez-Vitoria, Pierre Rabhi und Felix zu Löwenstein. Mehrere beachtliche Dokumentarfilme wurden gedreht. Besonders in Frankreich erreichte der kürzlich erschienene Dokumentarfilm *Demain*, der von Mélanie Laurent und Cyril Dion realisiert wurde, einen erstaunlichen Publikumserfolg. Ebenso der bereits erwähnte Dokumentarfilm von Marie-Monique Robin *Les moissons du futur* – ein Film, in dem die Regisseurin verdeutlicht, dass eine Landwirtschaft ohne Pestizide möglich ist. Sie zeigt eine Reihe konkreter Anwendungen der agroökologischen Landwirtschaft, auch in Afrika, die dies demonstrieren, ja sogar viel höhere Erträge und bessere Einkommen sichern und zugleich eine effektive Antwort auf den Klimawandel sind. Ihr neuester Film *Qu'est-ce qu'on attend?* (zu Deutsch: »Auf was warten wir?«) zeigt, wie in Ungersheim, einer elsässischen Gemeinde von 2 100 Einwohnern, der Übergang zu einer nachhaltigen Entwicklung in sämtlichen Bereichen des gesellschaftlichen Lebens – kritischer Diskurs, Ernährung, Transport, Energie, Währung – verwirklicht wurde.

Kuba und das Erbe Fidel Castros

Fidel Castro starb Ende November 2016 im Alter von 90 Jahren. Er kam 1959 an die Macht nach einer Siegeskampagne gegen den Diktator Batista, die 1956 von der Sierra Maestra aus durchgeführt wurde. Er hat zehn Präsidenten der Vereinigten Staaten von Amerika (USA) überlebt. 2006 hat er die Macht an seinen Bruder Raúl abgegeben.

Die Politik Fidel Castros kann man nur verstehen und einschätzen im Rahmen der Beziehungen zwischen den USA und Kuba, einem Land, das nur knappe 170 Kilometer von der Küste Floridas entfernt liegt. Nach der Verstaatlichung der Güter von mehreren großen amerikanischen Unternehmen verhängten die USA ein sehr hartes Handelsembargo gegen Kuba, das seit nunmehr 40 Jahren andauert. Die Auswirkungen dieses Embargos auf die politische und wirtschaftliche Entwicklung Kubas waren enorm und machen sich auf verschiedensten Ebenen bemerkbar.[7]

Im April 1961 unternahmen Castro-Gegner einen von den USA unterstützten Invasionsversuch in der Schweinebucht, der fehlschlug. Dieser Angriff und die Entschlossenheit, die Revolution zu verteidigen, führten Fidel Castro dazu, sich zum Marxismus-Leninismus zu bekennen und die Beziehungen mit der Sowjetunion zu verstärken.

Daneben haben die USA einen ständigen ideologischen und Medienkrieg gegen Kuba geführt über mächtige Instrumente, wie Radio Marti oder den Fernsehsender Marti, die beide in Florida angesiedelt sind.

Die USA haben ebenfalls terroristische Tätigkeiten gegen Kuba unternommen, die das Leben von etwa 3 500 Kubanern gekostet und bedeutende Wirtschaftsschäden angerichtet haben. Fidel Castro selbst entging im Laufe seines Lebens mehreren Hundert von Anschlägen. Die ständige Gefahr, der er ausgesetzt war, ist auch der Grund dafür, dass sein Aufenthalt stets geheim gehalten wurde und er über 50 Jahre keinen festen Wohnsitz hatte.[8]

Zwar hat Präsident Obama 2015 die diplomatischen Beziehungen mit Kuba wieder aufgenommen, aber angesichts der Opposition durch den von einer Mehrheit von Republikanern dominierten Kongress, geht die Wirtschaftsblockade weiter. Donald Trump hat diese Blockade wieder verschärft und neue Handels- und Reisebeschränkungen verhängt.

Zu Beginn der Revolution wurden Hunderte von Folterknechten und Anhängern des Batista-Regimes hingerichtet, oft ohne Prozess. Amnesty International hat regelmäßig die Haltung der Regierung kritisiert wegen der Verletzung politischer Freiheiten, besonders der Ausdrucks- und Meinungsfreiheit, und hat darauf verwiesen, dass es in Kuba Tausende von »Meinungshäftlingen« gibt. Diese Lage ist nicht zu rechtfertigen wie auch nicht die Todesstrafe, oder die brutale Repression von Schriftstellern und Homosexuellen. Dennoch: Von physischer Folter in Kuba konnte Amnesty International nicht berichten, auch nicht von ungeklärtem »Verschwinden« Oppositioneller, politischen Ermordungen oder von der Polizei niedergeknüppelten Demonstrationen. Es gab auch nie Meldungen von einem Volksaufstand auf Kuba. In anderen Ländern Lateinamerikas, die als demokratisch angesehen werden, wie Guatemala, Honduras, die Dominikanische Republik, auch Mexiko oder gar Kolumbien, werden immer wieder Gewerkschaftler, Oppositionelle, Journalisten, Priester, Bürgermeister oder zivilgesellschaftliche Aktivisten ermordet, ohne dass diese Verbrechen aufgeklärt werden oder eine besondere Reaktion der internationalen Medien auslösen.

In diesen Staaten wie in der Mehrzahl der Entwicklungsländer werden die wirtschaftlichen, sozialen und kulturellen Menschenrechte von Millionen Bürgern ständig verletzt. Dort gibt es viel Gewalt, Kindersterblichkeit, Analphabetismus, zahlreiche Obdachlose, Arbeitslose, Bettler, Straßenkinder und Opfer des Drogenhandels.

Die kubanische Revolution hingegen hat beachtliche Resultate auf dem Gebiet der gesellschaftlichen Entwicklung erreicht: Beseitigung des Rassismus, Emanzipation der Frau, Beendigung des Analphabetismus, drastische Reduzierung der Kindersterblichkeit und allgemeine Anhebung des Kulturniveaus. Auf allen Gebieten der Gesundheit, der medizinischen Forschung, der Erziehung und des Sports hat Kuba im Vergleich mit anderen Ländern der Region ein äußerst beachtliches Niveau erreicht.

Allerdings gibt es in Kuba auch unverkennbare wirtschaftliche und soziale Schwächen: eine enorme Bürokratie, eine Korruption in kleinerem Maßstab, ineffizienter öffentlicher Transport, Rationierungen, Härte des tagtäglichen Lebens, Einschränkung gewisser Freiheiten. Dennoch bleibt Kuba ein Beispiel für Millionen auf der Welt lebender Armer. Und auch wenn jährlich einige Tausend Kubaner die Insel verlassen, um in die USA auszuwandern, so bleibt die Loyalität einer Mehrheit von Kubanern gegenüber der Revolution eine politische Realität. Diese gründet auf einem Nationalismus, der im Gegensatz zu dem, was in Osteuropa passierte, im Widerstand gegen die imperialistischen Ambitionen der USA wurzelt.

1975 schickte Fidel Castro 30 000 Soldaten nach Angola, um der Befreiungsbewegung MPLA unter Agostinho Neto zu helfen, die von den USA unterstützte UNITA-Bewegung von Jonas Savimbi – und die Apartheid-Armee Südafrikas zurückzudrängen. Kubanische Truppen halfen auch Äthiopien unter Mengistu, um die Offensive somalischer Einheiten zurückzuschlagen. 1988 waren etwa ebenso viele Kubaner an der Seite der Streitkräfte Angolas und Namibias am Sieg gegen die südafrikanische Armee bei der Schlacht von Cuito Cuanavale beteiligt. Sie zeichneten sich auch durch ihr mutiges Vordringen nach Südangola aus. Nelson Mandela betrachtete diese Niederlage Südafrikas als »Wendepunkt in der Befreiung des Kontinents von der Apartheidplage«.

José Marti (1853–1895), der kubanische Schriftsteller und Freiheitskämpfer für die Unabhängigkeit Kubas, blieb eine der wichtigsten Inspirationsquellen für Fidel Castro. Die wissenschaftliche Forschung und medizinischer Fortschritt haben ihn stets fasziniert, und insbesondere eine gute medizinische Versorgung der Kinder lag ihm am Herzen. Sein Charisma, sein Mut, sein Rednertalent, seine Intelligenz, die Kraft seiner Entschlossenheit, seine physische und politische Überlebensfähigkeit wurden sowohl von seinen Freunden wie auch von seinen Feinden anerkannt. Während mehrerer Jahrzehnte war er einer der Hauptinspiratoren und Führer der Emanzipationsbewegungen der Länder der Dritten Welt, besonders in Lateinamerika. Während eines halben Jahrhunderts ist er eine der bedeutendsten Persönlichkeiten auf der internationalen Bühne geblieben trotz einer Lage in seinem Lande, die er sogar selbst bereits 1986 als »chaotisch« darstellte.

Es gibt keinen Personenkult um Fidel Castro auf Kuba, es gibt kein Monument, keine Straße, die seinen Namen trägt, keine Statue, keine Geldmünze, die ihm gewidmet wäre. Und in seinem Vermächtnis bestand er darauf, dass es weiterhin keinerlei Personenkult für ihn zu geben habe.

Der spanische Journalist und Medienwissenschaftler Ignacio Ramonet, früherer Direktor von *Le Monde diplomatique*, schreibt in seiner Einführung zu der Biographie Fidel Castros, die 2006 erschien, Folgendes:

»Als wir beschlossen, das Buch ›Fidel Castro. Biografía a dos voces‹, zu machen, lud er mich an mehreren Tagen zu verschiedenen Rundfahrten ein. Sowohl in Kuba (Santiago, Holguín, Havanna) als auch im Ausland (Ecuador). Im Auto, im Flugzeug, beim Mittag- oder Abendessen sprachen wir lange.(…) So lernte ich Fidel näher kennen. Fast schüchtern. Sehr gebildet. Aufmerksam jedem Gesprächspartner zuhörend. Immer achtsam gegenüber den anderen und vor allem zu seinen Mitarbeitern. Ich habe nie gehört, dass er laut wurde. Oder einen Befehl gab. Mit höflichen Manieren und Gesten. Ein Kavalier. Mit einem großen Sinn für Ehrenhaftigkeit. Der spartanisch lebte. Einfaches Mobiliar, gesundes, einfaches Essen. Eine Lebensweise wie ein Mönch-Soldat. (…)

Fidel setzte zu keinem Zeitpunkt im Verlauf der mehr als hundert Stunden unserer Gespräche irgendeine Grenze, was die zu behandelnden Fragen anging. Als Intellektueller von großem Kaliber, der er war, fürchtete er die Diskussion nicht. Im Gegenteil, er forderte sie, stieß sie an. Immer bereit, sich mit wem auch immer zu streiten. Mit viel Respekt vor dem anderen. Mit viel Sorgfalt. Und er war ein furchterregender Diskutant und Polemiker. Mit Argumenten in rauen Mengen. Den nur die Unredlichkeit und der Hass abstießen.«[9]

(Ramonet schrieb diese Biographie auf der Grundlage von Gesprächen, die zwischen 2003 und 2005 stattfanden.)

Fidel Castro hat seinem Land eine Bedeutung verliehen, die in keinem Verhältnis zu seiner Größe und Bevölkerung steht. Er wurde zum Verfechter der Einigung des lateinamerikanischen Subkontinents. Er entwickelte Überlegungen zu der Außenschuld der Dritten Welt. Er war autoritär, rücksichtslos gegenüber jedem, der sich der Revolution entgegenstellte. Sogar mit Che Guevara hatte er Auseinandersetzungen. Doch die Machthaber, die sich mit solcher Kraft für soziale Gerechtigkeit eingesetzt und für Solidarität mit den Unterdrückten in der Welt gekämpft haben, sind selten. Kein anderer hat ein solches Beispiel von Widerstand gegen den Imperialismus, den Kolonialismus und den Neokolonialismus gegeben.[10]

Die Normalisierung der Beziehungen mit den USA

Am 17. Dezember 2014 verkündeten die Präsidenten Obama und Raúl Castro einen historischen Beschluss: die Wiederaufnahme diplomatischer Beziehungen zwischen ihren beiden Ländern, die seit 1960 unterbrochen waren. Auf diese Ankündigung erfolgte ein erster Besuch der USA auf Ministerebene in Havanna am 22. und 23. Januar 2015.

Für den kubanischen Schriftsteller Leonardo Padura hat der angekündigte Dialog zwischen beiden Ländern die unmittelbare Folge, »uns das Gefühl zu vermitteln, aus einem unendlichen Albtraum aufzuwachen, die Spannungen abzuschwächen, die uns ein halbes Jahrhundert begleitet haben und die Kuba dazu gebracht haben, eine politische Kultur der belagerten Festung zu entwickeln ... Mit diesem neuen Empfinden tauchen die verschiedensten Hoffnungen auf, die die Freude verstärkten, mit der der Beginn des Jahres 2015 begrüßt wurde.«

Ich selbst reiste kurze Zeit nach der historischen Annäherung auf einer Studienfahrt durchs Land, die in Kooperation von Food First und dem haitianischen Institut ITECA organisiert wurde. Unser Reiseführer war Amilcar, 38 Jahre alt, der äußerst kompetent und angenehm war und der ein perfektes Englisch sprach. Während unserer Busreisen in Kuba gab er uns Erklärungen zum politischen, wirtschaftlichen und sozialen System in seinem Land.

Der Tourismus ist der erste Sektor, der von dieser Normalisierung profitieren könnte. Es handelt sich um eines der bedeutendsten Wirtschaftszweige eines Landes, das bereits jedes Jahr drei Millionen Touristen empfängt. Eine Million amerikanischer Touristen könnten schon dieses Jahr nach Kuba kommen, zwei Millionen im folgenden Jahr. Es ist nicht sicher, ob Kuba über die notwendigen Kapazitäten verfügt, um sie alle aufzunehmen. Ob für das Land hierdurch große Umweltbelastungen entstehen werden, bleibt abzuwarten. Die Entwicklung des Tourismus birgt außerdem das Risiko, die Ungleichheiten unter Kubanern zu verstärken.

Die Wirtschaft wäre natürlich gerne bereit, verschiedene Investitionen anzunehmen, die Kuba aufgrund der Blockade der USA lange untersagt waren. Der Ausbau des Hafens von Mariel mit Hilfe Brasiliens, könnte in dieser Hinsicht zu einem ersten Großprojekt werden.

Das Gesundheitssystem

Kuba ist mit gutem Recht stolz auf sein Gesundheitssystem. Das Land hat es geschafft, die medizinische Grundversorgung für alle Kubaner gratis bereitzustellen und weist eine der geringsten Kindersterblichkeiten auf der Welt vor (durchschnittlich 4,2 auf 1 000 Geburten). Ein Erfolg, der Schule macht: Präsident Obama schickte eine Delegation nach Kuba, um das Gesundheitssystem zu studieren.

Es gibt 20 medizinische Hochschulen in Kuba, die in vielen Entwicklungsländern ein hohes Ansehen genießen. Darüber hinaus gibt es auch eine Lateinamerikaschule in Kuba, wo 6 000 Studenten aus Entwicklungsländern ihre Medizinausbildung erhalten. Sie erfolgt binnen zwei Jahren in Havanna, dann in der Provinz.

20 000 kubanische Ärzte, davon 60 Prozent Frauen, sind im Ausland tätig, viele davon in der sogenannten Dritten Welt. Schon 1961 hat Kuba 31 Ärzte nach Algerien entsandt. Seither wurden 108 000 Ärzte in 101 Länder geschickt für eine Dauer von je zwei Jahren.

Die »Operación Milagro«, die im Rahmen des ALBA-Abkommens (Bolivarianische Allianz für Amerika) mit Venezuela vereinbart wurde, sieht die Entsendung kubanischer Ärzte vor, um dort Patienten zu behandeln und zu operieren, die von einem Augenleiden und vor allem vom grauen Star befallen sind. Diese Aktion wurde dann auf 31 Länder ausgebreitet, unter anderem auf Ecuador und Bolivien, aber auch auf die Karibischen Inseln, nach Asien und nach Afrika. So kam es, dass in Bolivien der Unteroffizier, der 1967 Che Guevara getötet hatte, von einem kubanischen Arzt operiert wurde. In verschiedenen dieser Länder wurden Kliniken gebaut mit Hilfe Kubas, um die Ausbildung eines lokalen qualifizierten Personals zu ermöglichen.

»Ins Ausland zu gehen und dort zu helfen, entspricht der Mentalität der Kubaner«, erklärt unser Reiseleiter Amilcar. »Über 400 Ärzte wurden nach Haiti nach dem Erdbeben von 2010 entsandt. Die Niederlande haben uns eine finanzielle Hilfe zukommen lassen, um diese Operation durchführen zu können. Unsere Ärzte haben dort die Cholera-Kranken behandelt. Über 400 Ärzte wurden nach Sierra Leone geschickt, um dort den Opfern der Ebola-Epidemie zu helfen.«

Erziehungssystem, Spezialperiode, Libretta und nachhaltige Entwicklung

Der kubanische Staat stellt 26 Prozent seines Haushaltes für Gesundheit und 24 Prozent für Erziehung bereit. Klassen in der Grundschule zählen im Durchschnitt 20 Schüler, die der Sekundarschule etwa 30. Der Zugang zur Schule ist ab der Vorschule bis zur Universität kostenfrei. Das Universitätsstudium geht über fünf Jahre außer für das Medizinstudium, das sechs Jahre dauert.

Am Ende des Studiums folgt eine soziale Arbeit über drei Jahre, wozu auch der Militärdienst gerechnet werden kann.

Die »Spezialperiode« war eine sehr ernste Krisenzeit. Sie begann 1992/1993 mit dem Zusammenbruch der Sowjetunion und dem abrupten Stopp der Wirtschafts- und Handelsbeziehungen mit dem Land, das 80 Prozent des kubanischen Außenhandels ausmachte.

Nahrungsmittel, insbesondere Fleisch und Reis wurden knapp. Trotzdem sei niemand an Hunger gestorben, so Amilcar. In den Jahren 1994 bis 1995 musste Kuba Millionen Fahrräder importieren, um den Transport seiner Bürger zu gewährleisten. Selbst Fabriken mussten stundenlange Stromausfälle in Kauf nehmen. Infolge der Knappheit begannen viele Kubaner kleine Grundstücke anzulegen und dort Gemüse für den Eigenbedarf anzubauen

Zu Beginn des neuen Jahrtausends verbesserte sich die Lage allmählich, insbesondere, da wieder mehr Touristen ins Land kamen und auch dank der Entwicklung der Beziehungen mit Venezuela unter Hugo Chávez

Das System der Lebensmittelrationierung ist in Kuba immer noch in Kraft. Mit dem sogenannten Libreta de Abastecimiento, dem Bezugsbüchlein, können Kubaner kostengünstig Lebensmittel und die allernötigsten Produkte erwerben. Das Libreta bleibt, angesichts der sehr niedrigen Löhne und der Knappheit vieler Güter, unentbehrlich.

Kuba hat einen ökologischen Fußabdruck, der im Gleichgewicht steht, das heißt, Kuba ist eines der sehr wenigen Länder, die sich tatsächlich nachhaltig entwickeln: Kuba verbraucht nicht mehr natürliche Rohstoffe, als es sie regeneriert.

Die Herausforderung der Zukunft

Für unseren Reiseleiter Amilcar ist der Nachfolger im Präsidentenamt, Raúl Castro, vor allem pragmatischer als sein Bruder Fidel. Nach dem Machtwechsel stehen die Kubaner jetzt vor der Herausforderung, das System zu demokratisieren, ohne in die neoliberale Falle der USA zu tappen. Erste Reformen hat Raúl Castro nach offenen Konsultationen mit gesellschaftlichen und politischen Akteuren bereits angestoßen. Die Geschichte hat gezeigt, dass Unabhängigkeit vom amerikanischen Goliath tatsächlich möglich ist. Der kubanische David leistete langen und schweren Widerstand gegen die Einflussnahme und konnte sich selbst nach dem Verschwinden der Schutzmacht Sowjetunion behaupten.

Die Landwirtschaft in Kuba

Laut Olivier de Schutter hat es Kuba verstanden, auf Grundlage seiner bäuerlichen Landwirtschaft eines der produktivsten und belastbarsten Versorgungssysteme Lateinamerikas zu entwickeln. Der Umbau der Landwirtschaft erfolgte nach der Revolution in mehreren Etappen, erklärt uns Juan José Leon Vega, Vertreter des Landwirtschaftsministeriums, auf unserer Studienreise durchs Land.

1959 hat die neue Regierung den Grundbesitz, der sich in den Händen der multinationalen amerikanischen Firmen befand, verstaatlicht. 1963 kam es zu einer zweiten Welle der Verstaatlichung, im Verlaufe derer jeder Landbesitz, der über 400 Hektar hinausging, verstaatlicht wurde. 80 Prozent des Landes wurden so zum Gemeingut, während 20 Prozent im Privatbesitz der Bauern verblieben.

In den Folgejahren wurde unter Beihilfe der Sowjetunion ein sehr stark zentralisiertes Agrarmodell entwickelt, das von Monokulturen geprägt und hauptsächlich auf den Außenhandel orientiert war. Das führte zur Entwurzelung der Landbevölkerung und zu einer Ernährungslage, die zu 50 Prozent von Importen abhängig war. Vor 1992 musste Kuba jedes Jahr zwei Millionen Tonnen Tierfutter, eine Million Tonnen Kunstdünger, 25 000 Tonnen Pestizide sowie Traktoren, Ersatzteile und dergleichen mehr einführen.

Der Zusammenbruch des Sowjetblocks verursachte eine tiefe Krise des kubanischen Ernährungssystems und zwang das Land zu einem radikalen Umdenken. Dies führte zum Aufbau einer diversifizierten Landwirtschaft, die chemische Düngemittel durch biologische Einsatzstoffe und eine intensivere Nutzung lokaler Ressourcen sowie wissenschaftlicher und überlieferter Kenntnisse, ersetzte. Die Regierung hat diese Landwirtschaft unterstützt, indem sie die Produktionsstrukturen dezentralisiert und die technischen Dienste für eine nachhaltige Landwirtschaft verstärkte.

Die schwache Tragfähigkeit des alten Modells wurde noch verdeutlicht durch die verheerenden Auswirkungen von drei Hurrikans und durch die Dürre im Jahr 2008. Durch diese äußeren Einflüsse wurde die landwirtschaftliche Infrastruktur ernsthaft beschädigt. Die Nutzungsrechte von etwa einer Million Hektar Land, die bis dahin ungenutzt geblieben waren,, wurden an 150 000 Privathöfe verteilt, von denen jeder Beteiligte bis zu 67 Hektar bekommen konnte.

»Wir wollen die Lebenserwartung der Kubaner, die 78,2 Jahre beträgt und eine der längsten in ganz Lateinamerika ist, bis zu 80 Jahren verlängern«, sagte uns Juan Vega. »Für eine gute Gesundheit braucht man eine gute Ernährung und es ist die organische Landwirtschaft, die hierfür eine wichtige Rolle spielt.«

Kuba importiert den größten Teil seines Mais – 712 000 Tonnen in 2011 –, auch wenn die nationale Produktion steigt und 400 000 Tonnen ausmacht. Dennoch bleibt die Produktivität schwach und erreicht nur zwei Tonnen pro Hektar gegenüber zehn bis elf Tonnen in den USA. Mais und Soja werden auch als Viehfutter importiert.

Seinen gesamten Bedarf an Weizen – 806 000 Tonnen in 2011 – muss Kuba durch Importe abdecken, da es nicht möglich ist, dieses Produkt unter subtropischem Klima anzubauen. Ein Teil des Reises, etwa 300 000 Tonnen, kommt aus Vietnam, ein Import, der besonders teuer ist, da der Transportweg 28 Tage in Anspruch nimmt, wohingegen ein Import aus Mississippi nur drei Tage dauern würde.

Das Bestreben, eine größere Unabhängigkeit von Importen zu erreichen, ist vor allem auch wirtschaftlichen Interessen geschuldet, erklärt uns Juan José Leon Vega: »Wir zahlen jedes Jahr zwei Milliarden Dollar für all diese Importe. Deswegen wollen wir hier mehr produzieren, um weniger importieren zu müssen. Es ist aber nicht möglich, alle Lebensmittel organisch herzustellen, was zum Beispiel bei Kartoffeln der Fall ist. Unser Land hat niemals transgenisches Saatgut eingeführt, auch wenn es solchen Mais für Viehfutter in den USA kauft.«

Rohrzucker und Tabak werden in der Hauptsache für den Export produziert und beanspruchen noch immer große Flächen. Mehr als 14 Millionen Tonnen Zucker wurden 2012 hergestellt, davon 98 Prozent von privaten Produzenten. Die Raffinerien befinden sich in Staatsbesitz.

Die urbane Landwirtschaft

Die Regierung traf eine andere wichtige Maßnahme, um die kubanische Spezialperiode in den 90er Jahren zu meistern. Sie rief ein nationales landwirtschaftliches Programm ins Leben, verbunden mit einer neuen Vorstellung der Landwirtschaft.

Dieses Programm beruht auf lokaler Selbstversorgung im Rahmen einer »Munizipalisierung« der Verwaltung und einer nationalen Politik der Dezentralisierung zugunsten einer nachhaltigen, kleinräumigen Landwirtschaft mit geringen externen Produktionsfaktoren und einer hohen Effizienz im Verbrauch lokaler Ressourcen, gemäß den Prinzipien der Agroökologie. Es handelt sich um den sichersten Weg, um eine nachhaltige Nahrungssicherheit zu gewährleisten.

Der städtische Landbau wurde uns bei zwei Besuchen von »Organopónicos«, also Gemüsegärten, vorgestellt, der eine in der Nähe von Sancti Spiritus, einer 138 000 Einwohner zählenden Stadt, der andere in einem Vorort von Havanna. Der Gemüsegarten bei Sancti Spíritus erstreckt sich auf 1 200 m², besteht seit 20 Jahren und ist im Besitz des Staates. Er wird von zwei Männern und einer Frau verwaltet. Die gesamte Produktion ist organisch. 50 verschiedene Sorten werden angebaut. Die Dünger bestehen zu 100 Prozent aus Kompost. Die Gartenprodukte werden an Spitäler, Schulen, Gesundheitszentren und Kindergärten auf Kosten des Gesundheitsministeriums geliefert. Es gibt etwa dreißig solcher Gärten in Sancti Spiritus. Sie bestehen in allen Städten Kubas, etwa 500 an der Zahl.

In Alamar, einem Vorort von Havanna, besuchten wir einen »Organopónico« von zehn Hektar. 170 Arbeiter sind dort beschäftigt, darunter 45 Frauen. Dieser Garten finanziert sich selbst. Alle Ausgaben, darunter die Löhne der Arbeiter, werden durch das Resultat der Verkäufe abgedeckt. Die größeren Entscheidungen werden bei einer Vollversammlung der Arbeiter getroffen. Der Zweck dieses Gartens besteht in der Produktion von Qualitätsgemüse ohne Einsatz von Chemikalien.

Die etwa 100 000 Einwohner von Alamar haben so Zugang zu gesunder Nahrung, die gemäß organischer Methoden produziert wird. 80 Prozent der Produkte werden auf den Märkten von Alamar verkauft, der Rest außerhalb. Es gibt eine Zusammenarbeit mit Kanada, den USA, Bolivien und Venezuela. Zur Produktpalette gehören auch medizinische Pflanzen. Viele Bauern und Privatkunden kommen dorthin, um Setzlinge zu kaufen. Die jährliche Humusproduktion wird auf 80 000 bis 100 000 Tonnen geschätzt.

Die städtische Landwirtschaft in Kuba kann als eine der erfolgreichsten weltweit angesehen werden, behauptet der amerikanische Ökonom Sinan Koont.

Auf Kuba wird organische Landwirtschaft aber erst auf schätzungsweise 20 Prozent der bebaubaren Fläche praktiziert. Kuba exportiert auch Kaffee, Kakao, Honig, Zitrusfrüchte und Zucker, die nach agroökologischen Methoden angebaut werden. Verbesserte Zertifizierungssysteme wären notwendig, um diese Exporte weiterzuentwickeln.

Das Forschungszentrum Hatuey

Seit 1990 wird Agroökologie als Lehrfach an der Universität angeboten. Eines der Vorzeigeinstitute ist das landwirtschaftliche Forschungszentrum Hatuey, das von Fidel Castro gegründet wurde. Es wird vom Staat finanziert und beschäftigt 200 Personen, darunter 46 Forscher. War es anfänglich auf den Wiesenbereich spezialisiert, so ist es heute in allen Produktionslinien tätig.

Die Forschungseinrichtung hat es sich zum Ziel gesetzt, durch die Förderung agroökologischer Methoden zur Stärkung und zur Nachhaltigkeit der Ernährungssicherheit beizutragen. Besonders wichtig sind den Forschern eine enge Zusammenarbeit und der Wissensaustausch mit Landwirten. Beim Besuch im Gemüsegarten des Zentrums zeigt uns Isidor, einer der Forscher, einen Blumenkohl, um dessen gesunde Qualitäten und Nährwerte hervorzuheben. Nicht nur seien die Produkte aus der agroökologischen Landwirtschaft gesünder, sie seien auch ertragreicher als in der konventionellen Landwirtschaft. Trotzdem würden andere Forschungszentren auf Kuba weiter der traditionellen und konventionellen Landwirtschaft anhängen und sogar genmanipuliertes Saatgut gebrauchen.

Andere Initiativen zur Unterstützung der Agroökologie

Wir haben mehrmals Vertreter der ANAP getroffen, der nationalen Vereinigung von Kleinbauern. Die ANAP hat eine entscheidende Rolle bei der Verbreitung agroökologischer Praktiken gespielt, vor allem über die Methode »Campesino a Campensino«: Bauern, die Erfahrung im Bereich der Agroökologie gewonnen haben, teilen diese mit anderen Bauern auch mit der Hilfe von Förderern, die die agroökologische Technik und insbesondere Permakultur, also eine dauerhafte Landwirtschaft unter Achtung der natürlichen Kreisläufe, kultivieren. So haben etwa 100 000 Bauernfamilien es geschafft, mit ihren Produkten in nur 15 Jahren 65 Prozent des Nahrungsbedarfs in Kuba abzudecken.

Nahe Sancti Spiritus haben wir einen Pilotprojekt besucht, das der Vereinigung landwirtschaftlicher und forstwirtschaftlicher Techniker (ACTAF) angehört. Diese Vereinigung arbeitet in jeder der 14 Provinzen Kubas. Sie organisiert Seminare, Ausbildungswerkstätten und Informationsveranstaltungen. Der Modellbetrieb, den wir besuchten, legt besonderen Wert auf die Verbreitung der Permakultur. ACTAF und ANAP kooperieren sowohl auf regionaler Ebene als auch international.

Wir besuchten auch das landwirtschaftliche Innovationsprojekt La Palma (PIAL) im Osten der Insel, nicht weit von Vinales entfernt, in der Provinz Pinar del Rio. Dort wurden wir in der Kooperative Ramonte empfangen. Hier wird auf einer Fläche von vier Hektar eine Vielfalt von Produkten, produziert. Das Besondere an dem Projekt ist der ganzheitliche Ansatz: »Wir lernen und unterrichten«, erklärt uns Augustin Navarro, einer der Verantwortlichen. Mehrere Professoren der Universität Pinar del Rio sind ebenfalls anwesend, die mit dieser Kooperative in vier Themen zusammenarbeiten: Gender, Klimawandel, Jugend und genetische Diversität.

Es folgte ein Besuch eines gemeinschaftlichen Projektes der Nahrungsmittelaufbewahrung in Havanna, wo uns die zwei Mitglieder Hilda und Pepe in einem kleinen Lokal begrüßten. Auf Regalen und unter einer gläsernen Tischplatte sehen wir Einmachgläser unterschiedlicher Größe. An den Wänden hängen einzelne Poster von Che Guevara aus Zeiten der Revolution. »Wir entwickeln eine nationale Technologie zur Aufbewahrung von Lebensmitteln«, erklärt uns Hilda. »Wir arbeiten mit Bauern, Kindern und Förderern zusammen. Wir bilden aus und wollen dazu beitragen, die Ernährungssouveränität für das Land wiederaufzubauen.« Wir unterhielten uns über Ernährung und Gesundheit. »In Kuba«, so Hilda, »sind die Gesundheitsdienste hervorragend. Sie sind gratis, aber bei der Ausbildung der Ärzte fehlt die Frage der gesunden Ernährung. Unser Gesundheitssystem ist sehr orthodox. Aber wir haben einen großen Vorteil: Es gibt keine Werbung, weder über Funk, noch über Fernsehen.«

Nicaragua gestern und heute

Nicaragua hat eine recht junge Bevölkerung von fast sechs Millionen Einwohnern. Von zehn Einwohnern sind vier jünger als 18 Jahre. Drei Viertel der armen Bevölkerung leben auf dem Lande. Jeder dritte Haushalt wird von einer alleinstehenden Frau geführt.

1979 stürzte die sandinistische Revolution die Somoza-Diktatur, die die Bevölkerung über 40 Jahre unterdrückt hatte. Überall auf der Welt wurde diese Revolution mit viel Sympathie, oft mit Begeisterung begleitet. Eine nationale Bildungskampagne senkte die Alphabetisierungsrate von 54 auf zwölf Prozent, und erstmals bekam eine Mehrheit der Bevölkerung Zugang zu einer professionellen Gesundheitsvorsorge. Die Bauern zählten zu den Gewinnern der Revolution, da während der großen Landreform die Ländereien und Güter Somozas und seines Klans verstaatlicht und neu verteilt wurden. Ein in der Geschichte des Landes und ganz Lateinamerikas bisher einmaliger Prozess sozialer Gerechtigkeit und der Basisorganisation des Volkes wurde eingeläutet.

Dann wurde Nicaragua, noch mitten in der Zeit des Kalten Krieges, Opfer grausamer Aggressionen durch konterrevolutionäre Kampfverbände, die von den USA unterstützt wurden. Die »Contras« waren von Honduras auf nicaraguanischen Boden vorgedrungen und begingen dort unter klarer Verletzung des Völkerrechts schlimmste Verbrechen gegen die Zivilbevölkerung. 1986 verurteilte der Internationale Gerichtshof in Den Haag die USA dazu, 17 Milliarden Dollar als Entschädigung zu zahlen – ein Urteil, das von der US-Regierung allerdings nicht anerkannt wurde, die Strafe wurde nie bezahlt.

30 000 Menschen kamen in diesem ungleichen Kampf ums Leben. In einem ruinierten Land ließen völlig erschöpfte Nicaraguaner bei den Wahlen von 1990 die rechten Kräfte an die Macht gelangen, Violeta Chamorro wurde Präsidentin, ihr folgten die Präsidenten Aleman und Bolanos. Während 16 Jahren wurde fortan eine neoliberale Politik verfolgt, die nun ihrerseits das Land ausblutete und zur weiteren Verarmung führte. Etwa 300 kleine Staatsunternehmen wur-

den privatisiert wie auch Elektrizität, Telefon und Wasserversorgung. Die Staatsausgaben wurden drastisch reduziert. Die bereits schwache, nationale Bourgeoisie wurde praktisch eliminiert. Die Landwirtschaft wurde vernachlässigt. Viele von den Sandinisten durchgeführte Reformen wurden rückgängig gemacht.

Daniel Ortega kehrt an die Macht zurück

Bei den Wahlen 2006 wurde Daniel Ortega mit 38 Prozent der Stimmen wieder zum Präsidenten gewählt und dann erneut 2011 mit 62 Prozent der Stimmen. Seine Politik hat zwei wesentliche Komponenten: Einerseits schont er die Interessen des Privatsektors und verwaltet das Land auf eine ziemlich klassische, für Auslandsinvestoren und die internationalen Finanzorganisationen (Weltbank und Internationaler Währungsfonds) recht annehmbare Art und Weise. Er führt die Austeritätspolitik weiter, setzt Strukturanpassungen und zusätzliche Privatisierungen durch und eröffnet »Maquiladoras«, zollfreie Wirtschaftszonen. Die Staatsausgaben wurden weiter gekürzt.

Andererseits unternimmt er tiefgreifende Änderungen im Sozialsektor mit hohen Ausgaben zugunsten der Ärmsten, die die große Mehrheit der Bevölkerung ausmachen. So gibt es zahlreiche Alphabetisierung-, Erziehungs-, Armuts- und Hungerreduzierungsprogramme, sowie eine kostenlose Gesundheitspflege. Kritiker bemängeln den Klientelismus und die Intransparenz, die die Verteilung dieser Mittel durch die sandinistische Partei auszeichnen. Über lange Zeit hat Venezuela einen guten Teil dieser Programme mitfinanziert und dafür bis zu 485 Millionen Dollar pro Jahr zur Verfügung gestellt. Die Europäische Union ist der finanziell wichtigste Entwicklungspartner Nicaraguas. 2007 beschloss Ortega, der »Bolivarianischen Allianz für Amerika« (ALBA) beizutreten und verstärkte damit die Beziehungen mit den Ländern Lateinamerikas.

70 »Maquiladoras«, entstanden in Form von Textilfabriken in der zollfreien Zone. Dort wurden 70 000 Arbeitsplätze geschaffen, vor

allem für Frauen. Manche sehen diese Betriebe als Motoren für die Entwicklung des Landes an, zugleich wurden 2010 in einem Bericht von »Ärzte ohne Grenzen« die desolaten sozialen Bedingungen angeprangert.

Freihandelsabkommen und Armutsbekämpfung

2004 wurde zwischen den Ländern Zentralamerikas und den USA ein Freihandelsabkommen geschlossen. So wurde die Tür geöffnet für eine Steigerung der Importe vor allem von Lebensmitteln aus den USA. Dies auch hier auf Kosten der Kleinbauern, deren Produktivität sehr schwach ist. Weiter verschärft wurden diese ungleichen Wettbewerbspositionen noch durch einen Assoziierungsvertrag mit der EU, der 2013 in Kraft trat. Es gilt, die nach der Revolution begonnene Agrarreform zu Ende zu führen – ein äußerst schwieriges Unterfangen angesichts der aktuellen Situation. Hinzu kommen zahlreiche Konflikte und Streitigkeiten um Landbesitzurkunden.

In Nicaragua nötigen Arbeitslosigkeit, Armut und Hunger viele Jugendlichen, das Land zu verlassen, um Arbeit zu finden. Etwa 500 000 von ihnen leben und arbeiten bereits im Nachbarland Costa Rica und sind oft eine wichtige Stütze ihrer Familien in der Heimat. Um zumindest die schlimmste Armut zu bekämpfen, hat die Regierung 2007 das Programm »Hambre Cero« initiiert. Im Rahmen des Programms werden 75 000 Bauernfamilien »bonos productivos alimentarios« zugeteilt (ein Paket mit Nutztieren und landwirtschaftlichen Produkten – Kühe, Schweine, Hühner, Saatgut und Zutaten). Zudem werden den kleinen und mittleren Produzenten und besonders den Frauen, Kredite zu sehr niedrigen Zinsen angeboten. Doch die Durchführung lässt zu wünschen übrig. Für manche handelt es sich um eine sehr oberflächliche Verteilung und um ein einfaches, nur die Symptome linderndes Hilfsprogramm.

Während Ortega bei den ärmeren Nicaraguanern populär blieb, zeigte sich die Mittelschicht zunehmend enttäuscht über den autoritären und wenig transparenten Regierungsstil der Regierung.

Kritiker bemängelten die Veruntreuung staatlicher Gelder zugunsten von Privatunternehmen, die von der Ortega-Familie und ihren Freunden kontrolliert werden. So gehören seinen Söhnen Maurice, Daniel und Juan Carlos der staatliche TV-Kanal 6 und mehrere Privatsender. Sein Sohn Rafael ist Vorsitzender der staatlichen Erdölgesellschaft.

Nach einer Verfassungsänderung mit Zustimmung der Mehrheit des Parlaments konnte sich Daniel Ortega einer dritten Präsidentschaftswahl im November 2016 stellen. Er gewann diese Wahl mit 72 Prozent der Stimmen zusammen mit seiner Frau Rosario Murillo, die als Vizepräsidentin antrat. Die Opposition blieb gespalten. Die Wahlbeteiligung war viel geringer als bei vorangegangenen Wahlen. Internationale Wahlbeobachter waren nicht zugelassen.

Reise mit Fairtrade

Im Sommer 2014 beteiligte ich mich mit meiner Frau Juana an einer Reise nach Nicaragua, die Fairtrade Luxemburg organisiert hatte und in deren Mittelpunkt der Besuch einer Kaffeekooperative stand, mit der Fairtrade zusammenarbeitet. Mit Isidra, einer Nicaraguanerin, hatte unsere aus vierzehn Personen bestehende Gruppe eine hervorragende, joviale und sehr kompetente Begleiterin. Hinzu kam, dass David Debondt, ein junger und sehr engagierter Luxemburger, uns stets zur Seite stand. Er machte unter Fairtrade einen Freiwilligendienst bei Kaffeekooperativen in der Gegend von Jinotega.

Nicaragua ist ein armes Entwicklungsland, blickt aber auf ein langes kulturelles Erbe zurück. Auf der ausgedehnten Reise konnten wir uns die große Vielfalt von Landschaften und Kulturschätzen ansehen. Nicaragua ist ein Land vieler Vulkane, von denen einige noch aktiv sind und einen mitunter starken Schwefelgeruch verbreiten. Der Nicaraguasee ist nach dem Titicacasee der zweitgrößte See Lateinamerikas. Bewundernswert sind besonders die konischen Silhouetten der zwei Vulkane auf der Insel Ometepe. Überall im Süden des Landes und auch während der Kletterausflüge zu den Vulkangipfeln waren wir stets überwältigt von der üppigen Vegetation, von der reichen Vielfalt von Flora und Fauna.

Wird dieser See bald von einem Kanal durchquert, der den Pazifik mit dem Karibikmeer verbinden soll? In Nicaragua gehört dieses Mammutprojekt seit Jahren zu den wichtigsten politischen Themen. Das Parlament hat das Projekt gebilligt, dessen Bau einem chinesischen Konsortium mit Sitz in Hongkong anvertraut wurde. Die erwarteten Schäden für die Umwelt rufen starke Proteste hervor und so wurde das Projekt bis heute noch nicht richtig in Angriff genommen. Die genauen Pläne und Absichten der chinesischen Firma bleiben indes unklar.

Granada, Managua, Léon, Esteli, Jinotega …

In Granada, einer herrlichen Kolonialstadt, konnten wir uns im Geschichtsmuseum des San-Francisco-Klosters mit der Geschichte des Landes vertraut machen: präkolumbianische Zeit, Kolonialzeit, Militärbesetzungen durch die USA im 19. und 20. Jahrhundert, Somoza-Diktatur, sandinistische Revolution von 1979. In Granada besuchten wir auch eine Werkstatt, wo Hängematten von Taubstummen hergestellt werden, dann die Escuela de la Comedia y el Mimo, eine Artistenschule für Straßenkinder. Unweit von Granada in San Juan de Oriente erklärte uns der Handwerksmeister Julio die Kunst der Keramikproduktion auf Basis von Lehm, der mit Vulkanerde angereichert wird – eine lange Handwerkstradition in der 7000 Einwohner zählenden Stadt. In seinem Geschäft konnten wir uns von der Schönheit und Vielfalt der Keramikwaren überzeugen, die durch ihre unvergleichbar sanften und harmonischen Farben auffallen. Nicht weit entfernt besuchten wir in Niquinohomo das Augusto-Sandino-Museum, das dort in seinem Geburtshaus errichtet wurde. Sandino diente als General in der Armee seines Landes zu Beginn des 20. Jahrhunderts und wurde ein Held im antiimperialistischen Kampf gegen die USA.

Auf dem Weg von Mangua nach Léon änderte sich die Landschaft und wir erlebten die außergewöhnliche Dürre, die hier seit zwei Monaten herrschte. Die Wiesen waren grau und wirkten ausgetrocknet, die Kulturen, wie die der Erdnüsse, wiesen Wachstumsrückstände auf. In der Folge stiegen in Léon die Preise für ein Pfund Bohnen, die zur Basisernährung der Nicaraguaner zählen, von acht auf über dreißig Córdobas – und waren damit unerschwinglich für die meisten Einwohner.

An der Pazifikküste begegneten wir im Nachbardorf von Las Peñitas Fischern, die Fischnetze im Freien herstellten. Die Fischerei ginge zurück, erklärte uns einer von ihnen, vor allem aufgrund des Klimawandels, der die Meerestemperaturen ansteigen ließe und die Fische dazu verleite, in Tiefen abzutauchen, die für die Netze der kleinen Fischerboote nicht mehr erreichbar seien.

In Esteli besuchten wir eine Zigarrenfabrik, wo ich mich mit Frauen unterhielt, die hier für einen Tageslohn von gerade einmal fünf Dollar arbeiteten. Eine erklärte mir, dass ihr Einkommen kaum zum Überleben reiche, obwohl auch ihr Ehemann einen Job habe. Besonders der hohe Preis der Bohnen mache ihrer Familie schwer zu schaffen. Mitglied bei einer Gewerkschaft zu sein sei bei dieser Zigarrenfabrik erlaubt, aber meine Gesprächspartnerinnen zeigten dafür wenig Interesse. Auf die Regierung angesprochen antworten sie mir, nichts hätte sich geändert, sie hätten keine Verbesserung in ihrem Leben erlebt, auch nicht unter Daniel Ortega. Sie fanden es skandalös, dass ein Parlamentarier 4 000 Dollar im Monat verdient: »Da oben, da bereichert man sich.« Immerhin wurde ein Gesetz verabschiedet, das Misshandlungen gegen Frauen strafbar mache – das sei natürlich gut, allerdings noch viel zu wenig.

Die Soppexcca-Kooperative, Partner von Fairtrade

Die Gegend von Jinotega liegt auf einer Höhe von über tausend Metern und beeindruckt vor allem durch die Schönheit seiner grünen Berglandschaften. Das subtropische Klima ist besonders gut geeignet für den Kaffeeanbau, und die größten Plantagen des Landes sind hier angesiedelt. Hier besuchten wir die Soppexcca-Organisation.

Soppexcca ist eine Vereinigung von 16 Kooperativen, denen wiederum 620 kleine Kaffeeproduzenten angehören. Wir durften uns ihre Anlagen ansehen, in denen die Kaffeebohnen getrocknet, gereinigt, enthülst und sortiert werden. Einige wurden mit internationaler Unterstützung finanziert. Ein Laboratorium für die Qualitätskontrolle wurde uns von einem Kaffeespezialisten vorgestellt. Die Qualitätskontrollen seien streng und die Zertifizierung werde durch eine unabhängige Organisation, FLO-Cert, durchgeführt. Abschließend erklärte uns die Direktorin Dona Fatima das Konzept der Soppexcca-Vereinigung. Zu den Grundprinzipien der Kooperative zählten die Gleichstellung zwischen Mann und Frau sowie die Diversifizierung der Produktion ihrer Mitglieder. So fördere sie ebenfalls Honig- und Kakaoproduktion, Viehzucht, Agroforstwirtschaft und Obstbau. Auf ihrem Hauptsitz in Jinotega habe Soppexcca auch eine handwerkliche Schokoladenproduktion begonnen.

Die Zusammenarbeit mit Fairtrade erlaubt es, den Mitgliedskooperativen einen gerechten Preis von 140 Dollar pro Zentner zu zahlen, der zur dieser Zeit 18 Dollar über dem normalen Preis lag. Sollte der Marktpreis über diesen Preis ansteigen, so erhalten die Produzenten den Marktpreis. Hinzu kommt noch die Auszahlung einer Prämie von 20 Dollar pro Zentner, die die Mitgliedskooperativen von Soppexcca für soziale Projekte oder für die Verbesserung der Produktivität nutzen können. Der Einsatz von Pestiziden wird nicht gefördert. Über ein Drittel der Kaffeeproduktion ist organisch und Ziel von Soppexcca ist es, diesen Anteil auf 80 Prozent zu erhöhen. Der Preis für organischen Kaffee liegt dreißig Dollar über dem Basispreis (140 Dollar). Dieser Kaffee wird hauptsächlich von Frauenkooperativen angebaut.

Neben der Beratung seiner Mitglieder führt Soppexcca eine Zahl sozialer Projekte durch, wie die Ausbildung von Jugendlichen, die Bereitstellung von Stipendien, den Bau von Schulen und Gesundheitszentren. In verschiedenen Dörfern, die wir besuchten, hatte

Soppexcca bereits kleine Lebensmittelgeschäfte errichtet, die Basisprodukte zu billigeren Preisen anboten. Für den Unterhalt und die Erneuerung der Kaffeeplantagen bietet die Vereinigung auch günstige Kredite an. Wir konnten uns von den positiven, wirtschaftlichen und sozialen Auswirkungen der Fairtrade-Beziehungen mit ihrem Partner der Soppexcca-Kooperative überzeugen. Die gerechten Preise bieten Kleinbauern und ihren Familien eine Entwicklungsperspektive und eine Verbesserung ihrer Lebensbedingungen auf lokaler und regionaler Ebene, die nicht zu unterschätzen ist.

Was wäre, wenn alle Kaffeeproduzenten solche »gerechten« Preise erhalten würden? Welch ein Fortschritt es erst wäre, wenn auch Lebensmittelproduzenten von Getreide, Reis, Mais, Milch, Gemüse einen angemessenen Lohn für ihre harte Arbeit erhalten würden! Doch anscheinend hält es die Politik noch immer für gerechter, die Preise dem Markt und der Börse zu überlassen, mit dem Resultat, dass diese regelmäßig nicht einmal die Kosten der Herstellung decken können.

Die Philippinen – Duterte: Hoffnungsträger für die Armen?

Mit 107 Millionen Einwohnern haben die Philippinen die zwölftgrößte Bevölkerung der Welt. 15 bis 20 Prozent der Einwohner – etwa 20 Millionen Menschen – zählen zu den einheimischen Völkern. 11,5 Millionen Menschen sind arbeitslos oder unterbeschäftigt, etwa 30 Prozent der Arbeitskräfte. Ungefähr die Hälfte derjenigen, die eine Arbeit haben, verdient weniger als den Mindestlohn, der als ungenügend angesehen wird, um ein menschenwürdiges Leben zu führen.

Die Philippinen sind immer noch ein armes Land. Man schätzt, dass 66 Millionen der Philippinen arm sind und weniger als 2,80 Dollar am Tag verdienen. 24 Millionen Menschen leben in äußerster Armut. Es handelt sich vor allem um Bauern, Fischer, kleine Geschäftsleute, Hausangestellte und andere gering Beschäftigte.

Das Land hatte ein beachtenswertes Wachstum seines Bruttosozialproduktes von jährlich fünf bis sechs Prozent in den Jahren 2005 bis 2015. Die Mehrheit der Philippinen hatte davon allerdings kaum etwas, und nur eine Minderheit, der es schon vorher gut ging, konnte von dem Wachstum profitieren. Vier Jahrzehnte neoliberaler Politik brachte eine immer größere Liberalisierung des Handels und der Finanzbranche, schwächte aber gleichzeitig die Landwirtschaft und die nationale Industrie. So haben sich die Ungleichheiten ständig vergrößert. Das Vermögen der zehn Reichsten ist heute so groß wie das Jahresverdienst der ärmsten 15 Millionen Philippinen.

Im Sommer 2016 bereiste ich die Philippinen auf Einladung zu einer internationalen Konferenz über die Rechte der Völker, die in Davao City stattfand, vierzig Jahre nach der Annahme der diesbezüglichen universellen Erklärung in Algier. Ich reiste zusammen mit Julie Smit, die verantwortlich ist für unsere ASTM-Projekte in diesem Land. Nach dem Machtwechsel an der Spitze des Staates fiel dieser Aufenthalt in einen besonderen politischen Kontext. Der neue Präsident Rodrigo Duterte hatte sein Amt soeben übernommen.

Duterte war zuvor 20 Jahre lang Bürgermeister von Davao, der Hauptstadt Mindanaos, der zweitgrößten Insel der Philippinen, die zu den ärmsten des Landes zählt. Er hatte sich dort einen Namen als »starker Mann« gemacht und wurde bekannt durch seinen gnadenlosen Kampf gegen den Drogenhandel. Aber er verabschiedete auch einen Kodex über die Entwicklung der Frauen und einen weiteren über das Wohl der Kinder. Er traf Maßnahmen gegen die Diskriminierung einheimischer Völker, Homosexueller, von Muslimen und Behinderten.

Als wenig orthodoxer Politiker tat sich Duterte hervor durch seine Offenheit, seine manchmal brutale Sprache und den festen Willen, seine Projekte durchzusetzen. Er behauptet, ein »Sozialist« zu sein, der für das Volk eintritt.

Für den Botschafter Belgiens, Roland Van Remoortele, der uns in Manila empfing, ist der neue Präsident »ein einfacher, sogar bescheidener Mensch, der gute Ideen hat«.

Die Auswanderung

Etwa elf Millionen Philippinen – mehr als zehn Prozent der Bevölkerung – sind ausgewandert. Jeden Tag machen sich knapp 5 000 Philippinen auf die Suche nach einem besseren Leben im Ausland. Es handelt sich einerseits um Krankenschwestern oder um Pflegepersonal – mehrheitlich Frauen, die in westliche Länder abwandern – und andererseits um Bauarbeiter, die Arbeit in den Golfstaaten oder in anderen asiatischen Ländern suchen.

Diese Arbeitsmigranten schicken ihren Familien jedes Jahr Geldsummen, die etwa acht Prozent des Bruttosozialprodukts ausmachen, im Jahr 2000 waren es sogar elf Prozent. Geld, das diese Familien für die alltäglichen Bedürfnisse des Lebens benötigen.

Wenn diese Auswanderung auch positive Auswirkungen auf die Haushalte vieler Familien haben mag, so handelt es sich dennoch um einen ernsten Braindrain, der unter anderem im Gesundheitswesen gravierende Folgen hat.

Duterte hat sofort seine erste Priorität dem Kampf gegen Kriminalität und Drogenhandel gewidmet, der, so der belgische Botschafter, die ganze Gesellschaft zerstört. Seine Methoden sind äußerst brutal. Unter den Drogenabhängigen gab es bereits mehrere Tausende von Todesopfern, von denen ein großer Teil durch die Polizei, die anderen durch private Milizen getötet wurden. In der Folge haben sich bereits über 600 000 Drogenkonsumenten und Händler – eine fast unglaubliche Zahl – der Polizei ergeben.

Amnesty International und Human Rights Watch, aber auch eine Reihe sozialer Organisationen auf den Philippinen haben dieses außergerichtliche Töten heftig kritisiert, das die Regeln eines Rechtsstaates und die Menschenrechte verletzt. Westliche Medien berichteten ausführlich über das Vorgehen des neuen Präsidenten.

Dutertes Reformvorhaben

Es gibt jedoch andere Aktionen und Projekte Dutertes, die es verdienen, erwähnt zu werden. Sie erklären auch, warum 90 Prozent der Philippinen heute Vertrauen in ihren neuen Präsidenten haben. So wurden bereits im August 2016 in Oslo Friedensverhandlungen mit der kommunistischen Partei aufgenommen, die noch immer am militärischen Kampf festhält, und mit der Neuen Demokratischen Front der Philippinen, einer Bewegung von Linkskräften. Beide Seiten sollen sich auch auf ein Programm struktureller Reformen einigen.

Als Bürgermeister von Davao hatte Duterte gute Beziehungen mit der New People's Army, dem bewaffneten Arm der kommunistischen Partei und den fortschrittlichen Verbänden der Zivilgesellschaft. Friedensverhandlungen sollen auch mit den muslimischen Minoritäten (den Moros) von Mindanao geführt werden. Unter Duterte erfuhren die schweren Ungerechtigkeiten, die diese im Verlaufe ihrer Geschichte erlitten haben, staatliche Anerkennung.

Die effektive Durchführung der Landreform ist ein anderes Vorhaben, das Duterte umsetzen will. Zum Beweis seiner Entschlossenheit hat er den Posten des Ministers für Agrarreform Rafaël Mariano anvertraut, einem Bauernführer der KMP – Kilusang Magbubukid ng Pilipinas –, einer Organisation, die sich für eine umfassende Landreform einsetzt. Wir hatten das Privileg, von Mariano in seinem Ministerium empfangen zu werden. Er kannte die ASTM recht gut, da diese seit mehreren Jahren Partner der KMP ist. Um die Durchführung seiner Reform zu erleichtern, hat Mariano verschiedene seiner früheren KMP-Mitarbeiter in seinen Stab aufgenommen wie auch Mitglieder anderer Organisationen, die im Dienste der Bauern stehen, und ebenfalls Partner der ASTM sind.

Mariano machte uns klar, welch große Notwendigkeit und Bedeutung der Landreform zukommt. Allen Bestrebungen, den Bauern weiteres Land zu nehmen, soll ein sofortiges Ende gesetzt werden. Mariano unterstrich, seine Aktion könne nur Erfolg haben, wenn die Zivilgesellschaft ihren Druck aufrechterhalte – ein Hinweis auf das schwierige Verhältnis zu den konservativen Kräften im Land. Unterdessen hatte er bereits die Verteilung von 358 Hektar Land beschlossen, die vormals der Familie eines Großgrundbesitzers gehörten.

Um sein soziales Engagement zu verdeutlichen, hat Duterte zwei weitere Mitglieder der Zivilgesellschaft in sein Kabinett aufgenommen. Das Ministerium für sozialen Wohlstand wurde Judy Taguiwalo anvertraut, die sich besonders für die Stellung von Frauen und Lehrer einsetzt. Joel Maglungsod, ein Gewerkschaftsaktivist, wurde zum Staatssekretär für Arbeit ernannt.

Die Marginalisierung und Unterdrückung der Kleinbauern

Die Landwirtschaft bleibt in den Philippinen ein sehr wichtiger sozialer Sektor, in dem ein Drittel der Philippinen ihren Unterhalt verdienen. Er trägt aber nur zwölf Prozent zum Bruttosozialprodukt bei.

Nur drei von zehn Bauern sind im Besitz des Landes, das sie bebauen, die anderen sind auf Landpacht angewiesen. Sie arbeiten auf einer Fläche von weniger als drei Hektar. Ähnlich der Entwicklung in den meisten Ländern Lateinamerikas, sind seit der spanischen Kolonialzeit die Haziendas, die großen Betriebe und Plantagen bis heute im Besitz der Oligarchen und Latifundisten verblieben. Diese verfügen sowohl auf lokaler wie auf nationaler Ebene über einen bedeutenden politischen Einfluss. Als Beispiel wird sehr oft die »Hacienda Luisita« erwähnt, die sich über 6000 Hektar erstreckt und der Familie des früheren Präsidenten Aquino gehört. Dessen Regierung verweigerte die Durchführung der Landreform für diese Hazienda trotz einer diesbezüglichen Entscheidung des obersten Gerichtes.

Bereits im Jahr 1988 wurde ein Gesetz über eine Landreform erlassen, das eine Neuverteilung aller Landbesitze von über fünf Hektar anstrebte. Eigentlich sollte die Reform innerhalb von zehn Jahren umgesetzt werden, aber die Mitglieder des Kongresses, die selbst in der Mehrheit große Landbesitzer waren, verstanden es, sich der Durchführung der wichtigsten Aspekte dieses Gesetzes zu widersetzen. Infolgedessen wurde die Laufzeit der Reform verlängert, wartet aber noch immer auf ihre Umsetzung. Dies soll nun unter Präsident Duterte erfolgen.

Die Durchführung dieser Reform wurde besonders dadurch gehemmt, dass die Bauern meistens nicht in der Lage waren, die Abschreibungskosten für das Land zu bezahlen, das ihnen angeboten wurde. Weniger als ein Zehntel der Bauern konnte die notwendigen finanziellen Mittel aufbringen. Aufgrund der gescheiterten Reform hat sich die Zahl der Bauern, die Land pachten müssen, mehr als verdoppelt und ist seit dem Jahr 1988 auf über eine Million gestiegen. Heute arbeitet die Mehrheit der philippinischen Bauern als Pächter und zahlt die Pachtgebühren durch Abgabe eines großen Teils ihrer Ernten an den Landbesitzer.

Die Komplizenschaft zwischen Führungselite, Regierung und multinationalen Konzernen hat das Land fest im Griff. Auch dies erklärt, warum die Landreform nicht weitergekommen ist und warum es im Gegenteil zu einer neuen Konzentrierung des Besitzes kommen konnte, welche das Elend der Kleinbauern weiter verschlimmerte. Sehr oft werden die Bauern ihres Landes, das sie bebauen, mit Gewalt beraubt, zugunsten von Großgrundbesitzern und multinationalen Unternehmen, die für den Export arbeiten (Rohrzucker, Kautschuk, Ananas, Bananen, Palmöl und so weiter), Minen ausbeuten oder Infrastrukturprojekte durchführen wollen.

Diese ungleiche Verteilung des Landes, das Ausbleiben jeglicher Unterstützung durch die Regierung und rudimentäre Arbeitsmethoden erklären die geringe landwirtschaftliche Produktivität und die Unterentwicklung auf dem Lande. Die Bauern waren von der jahrzehntelangen Verarmung am stärksten betroffen. Sie stehen am Rand der Gesellschaft und sind den Repressionen durch die Polizeikräfte, die Armee und paramilitärische Einheiten, die im Dienste von Oligarchen und Latifundisten stehen, hilflos ausgesetzt. Sie arbeiten unterdessen in feudalen oder halbfeudalen Verhältnissen unter Bedingungen, die die Grundbesitzer bestimmen. Auf ihnen lasten unzureichende Preise, Ausbeutungslöhne und Wucher.

Für den belgischen Botschafter erklärt die Vernachlässigung der

Landwirtschaft die massive Landflucht und die Tatsache, dass das Durchschnittsalter eines philippinischen Bauern 57 Jahre beträgt. Die Elendsviertel in der Hauptstadt Manila sind riesig. Dabei verfügt die Landwirtschaft über ein enormes Produktionspotential, sagte er uns. Die Philippinen könnten zur Kornkammer der ganzen Gegend werden. Das Land könnte sämtlichen Reis, das Basisprodukt der Bevölkerung, selbst produzieren, anstatt einen bedeutenden Teil (20 Prozent) einführen zu müssen.

Eine starke Anfälligkeit für den Klimawandel

Die Philippinen haben ein tropisches Klima. Das Land ist eines der drei Länder, die am stärksten vom Klimawandel betroffen sind. Es wird von immer zahlreicheren und stärkeren tropischen Wirbelstürmen, Regenfällen, Überschwemmungen und Dürren geplagt. Jedes Jahr fegen etwa 20 schwere Stürme über das Land, und regelmäßig fallen Menschen der Naturgewalt zum Opfer. 2013 starben allein durch den Taifun Yolanda über 6000 Menschen. Vor Ort erfuhren wir, dass im Land seit einem Jahr eine Dürre herrschte, die auf das Phänomen El Niño zurückzuführen sei. Die Nahrungsmittel wurden knapp, und in vielen Gegenden drohte sogar eine Hungersnot, insbesondere auf der Insel Mindanao war die Lage katastrophal.

Die Philippinen selbst tragen gerade einmal 0,3 Prozent zu den weltweiten Treibhausemissionen bei – und das, obwohl ihre Bevölkerung 1,3 Prozent der Weltbevölkerung ausmacht. Dieses Entwicklungsland ist also, mehr als andere Opfer des unverantwortlichen Verhaltens der Industriestaaten, die im Laufe der Zeit den größten Teil dieser Emissionen ausgestoßen haben. Werden sie jemals bereits sein, Verantwortung zu übernehmen und Entschädigungen an Bevölkerungen, wie die der Philippinen, zu zahlen?

Eine unabhängige Außenpolitik

Bereits als Bürgermeister von Davao hat Duterte den Einsatz von Drohnen durch die USA auf dem alten Flughafen seiner Stadt nicht erlaubt. Er stellte sich auch gegen die Durchführung von Militärmanövern der USA innerhalb des Stadtgebietes.

Präsident Duterte hat bereits klargestellt, dass er eine unabhängigere Außenpolitik verfolgen wird, insbesondere gegenüber den USA. Vor allem versucht er sich mit China zu verständigen. Das Land stand über vier Jahrhunderte unter der Kolonialherrschaft der Spanier und wurde dann, ab dem Ende des 19. Jahrhunderts, von den USA für militärische und wirtschaftliche Zwecke vereinnahmt. 127 000 amerikanische Soldaten landeten damals, um den Widerstand gegen die Besatzung niederzuschlagen. 400 000 philippinische »Aufständische« verloren ihr Leben im Kugelhagel amerikanischer Soldaten, und eine Million Zivilisten starben infolge schlechter Behandlungen, Massentötung und der Taktik der verbrannten Erde.[11]

Sogar nach seiner Unabhängigkeit im Jahre 1948 erlebten die Philippinen weiterhin eine starke Einmischung der USA, die fünf Militärbasen im Lande unterhalten und mit den vorigen Regierungen mehrere Abkommen in den Bereichen militärische Zusammenarbeit und Spionageabwehr abgeschlossen haben. Auch auf wirtschaftlichem Gebiet bleibt ihre Präsenz weiterhin sehr stark; amerikanische Unternehmen, gefolgt von Japan, sind die größten Investoren im Land. Multinationale Konzerne wie Del Monte oder Dole betreiben auf riesigen Plantagen den Bananen- oder Ananasanbau. Westliche Supermarkt- und Fastfoodketten, wie McDonalds und das philippinische Pendant Jollibee sind überall stark verbreitet.

Ungeklärt bleibt die Frage, welche Wirtschaftspolitik Duterte durchführen will. Er steht den Linkskräften nahe, wenn es sich um soziale Reformfragen handelt, aber er hat noch keine Absicht erkennen lassen, die neoliberale Wirtschaftspolitik seiner Vorgänger grundlegend zu ändern. Für viele soziale Bewegungen oder auch

Forschungsinstitute wie die IBON Foundation könnte nur eine Reform, geprägt von einem Neuaufbau der Landwirtschaft und der nationalen Industrie, die Gesellschaft von Grund auf verändern. Es gilt vor allem, die Ursachen der Armut und der Unterentwicklung anzugehen und die Ungleichheiten in der Verteilung des nationalen Reichtums abbauen.

Duterte scheint es ernst zu meinen mit seiner sozialen Agenda. So hat er eine stärkere Umsetzung des Gesetzes über verantwortliche Elternschaft und reproduktive Gesundheit angekündigt, kostenlosen Zugang zu Gesundheitspflege, eine Erhöhung der Pensionen und einen beitragsfreien Zugang zur Bewässerung für die Bauern. Er ist gegen Tabak- und öffentlichen Alkoholkonsum, und er hat bereits ein Verbot für den Verkauf von Feuerwerkskörpern erlassen.

Einseitige Berichterstattung

André Vltchek ist Philosoph, Schriftsteller, Filmregisseur und investigativer Journalist, der Ende 2016 eine Serie von vier Artikeln veröffentlichte, in denen er die Medienberichterstattung auf den Philippinen stark kritisiert.[12] Wie zur Zeit Hugo Chávez in Venezuela, schreibt er dort, hat die Presse auf den Philippinen, die fast immer im Besitz reaktionärer Magnaten und prowestlicher Mitarbeiter ist, heute ein unglaubliches Niveau von Verleumdungen und Beleidigungen gegenüber dem Präsidenten erreicht, erfindet Geschichten und verbreitet Gerüchte. In einem Land wie dem Vereinigten Königreich wäre ein solches Vorgehen aufgrund der Gesetze gegen Diffamierung undenkbar.

Seine Bilanz ist klar: Die Mehrheit der Philippinen, vor allem die Armen, haben Vertrauen in ihren Präsidenten. In den Vereinigten Arabischen Emiraten befragte er eine Gruppe von eingewanderten philippinischen Arbeiterinnen zu ihrer Meinung über ihren neuen Präsidenten. Ohne Zögern lautete die Antwort: »Er hat uns unsere Würde zurückgegeben … Er befreit uns, er befreit unser Land.« Der Westen habe dieses Volk über Jahrhunderte dezimiert, ausgeplündert und erniedrigt. Wenn man den Philippinen Glauben schenken will, ist das, was auf den Philippinen derzeit stattfindet, eine Art Revolution.

Sozialer Fortschritt in Davao

In der Stadt Davao, wo Duterte 22 Jahre Bürgermeister gewesen ist, sei der soziale Fortschritt offensichtlich, schreibt André Vltchek. Was früher eine Hölle war, ein Königreich des Verbrechens, ist heute eine moderne Stadt, zukunftsorientiert, mit sozialen Diensten, die ziemlich gut sind und mit Infrastrukturen, die sich dauerhaft entwickeln – ausgedehnte öffentliche Gärten und Grünflächen, seien ebenfalls Teil des Konzepts. »So viel läuft hier jetzt besser für die Armen«, erklärt ein Taxifahrer. »Nach knapp zwei Jahrzehnten ist diese Stadt nicht mehr wiederzuerkennen. Wir sind stolz, hier leben zu können.«

Viele Wohnungen in ehemaligen Elendsquartieren wurden für Arme und Obdachlose instandgesetzt und für die Rebellen, die sich vor kurzem ergeben haben, wurden öffentliche Wohnstätten bereitgestellt. In Krankenhäusern sprechen Ärzte und Krankenschwestern stolz über die neuen Impfpläne, die Gratisbetreuung für Diabetes und Bluthochdruck, die Behandlung von Tuberkulose und die Zentren für Familienplanung.

Erfolge der Zivilbevölkerung

Wir beteiligten uns an zwei Konferenzen, auf denen wir zahlreiche Begegnungen und Gespräche hatten, die uns eine Vorstellung von der Lebendigkeit und der Dynamik der organisierten Zivilgesellschaft auf den Philippinen gaben. Die sozialen Bewegungen haben sich fortlaufend verstärkt, behauptet und entwickelt, haben immer größeren Einfluss gewonnen und sich durch erfolgreiche Aktionen hervorgetan. Sie haben die auf sie ausgeübte Repression und Angriffe aufeinanderfolgender Regierungen, der Polizeikräfte, der Armeeeinheiten und der paramilitärischen Kräfte, überlebt. Sie verstanden es, ihre radikale Integrität innerhalb zahlreicher zivilgesellschaftlicher Organisationen zu bewahren. Der soziale Einfluss und das politische Gewicht dieser Massenbewegungen sind beispiellos. Millionen Menschen kommen überall im ganzen Land in Organisationen von Bauern, Fischern, Arbeitern, Elendsviertelbewohnern, Frauen, Jugendlichen, Menschenrechtsverteidigern, Ökologen, Wissenschaftlern und Kleinhändlern zusammen.

Unter der Präsidentschaft Aquinos hat die Verwaltung auf diese Massenbewegungen stets mit einer immer stärkeren politischen Repression reagiert. Karapatan, eine Menschenrechtsorganisation, hat in einer Zeit von sechs Jahren 318 außergerichtliche Tötungen, 30 Entführungen mit unbekanntem Ausgang und 11 461 illegale Festnahmen festgestellt und dokumentiert.

Unter Duterte hat sich die politische Situation grundlegend geändert: Am Tag, als er seine Antrittsrede zur Lage der Nation hielt, konnten 30 000 Menschen, die teils eine Anreise von mehreren Tagen in Kauf genommen hatten, friedlich durch die Straßen von Manila ziehen, um ihren Forderungen für eine gerechtere Politik Nachdruck zu verleihen.

Rückschläge im Jahre 2017

Das Jahr 2017 wurde überschattet von der Besetzung der 200 000 Einwohner zählenden Stadt Marawi auf der Insel Mindanao durch dem IS nahestehende islamistische Kräfte. Erst nach fünf Monaten konnte die Armee, mit der Unterstützung der USA, die Stadt nach massiven Zerstörungen zurückerobern. Duterte erklärte den Ausnahmezustand für Mindanao. Diese Ereignisse wie auch der Besuch Donald Trumps führten zu verbesserten Beziehungen mit den USA.

Zweifel traten auf über die genauen Absichten Dutertes zu den Friedensverhandlungen mit der kommunistischen Partei und der Neuen Demokratischen Front der Philippinen, als er mehrmals Termine für weitere Verhandlungen absagte.

Eine Kongresskommission weigerte sich, die drei Minister, die aus der Zivilgesellschaft kamen, wie Rafaël Mariano, in ihrem Amt zu bestätigen. Sie mussten nach einem Jahr zurücktreten.

Die Menschenrechtsorganisation Karapatan verweist weiter auf eine steigende Zahl von Menschenrechtsverletzungen, denen Verteidiger dieser Rechte und Zivilisten ausgesetzt sind und auch öfters mit ihrem Leben bezahlen.

Dennoch, ein Jahr nach seinem Amtsantritt, drückten noch über 80 Prozent der Filipinos ihrem Präsidenten ihr Vertrauen aus.

Papst Franziskus: Eine andere Welt ist möglich

In einer Welt, die durch eine Vielzahl von Konflikten und Krisen geschüttelt wird, erhebt sich eine Stimme. Es ist Papst Franziskus, der die bestehende Weltordnung in Frage stellt, der Hoffnung aufkommen lässt und inspiriert.

Vor der Vollversammlung der Vereinten Nationen forderte er im September 2015 die Vertreter der 193 Mitgliedstaaten auf, Ungleichheiten, Umweltschäden und Kriege zu bekämpfen. Er mahnte, *wirkungsvoll* zu sein und sich nicht mit Reden zu begnügen, auch nicht mit »feierlich eingegangenen Bekenntnissen«, die oft nur »Erklärungen sind, die darauf abzielen, das Gewissen zu beruhigen«.

Er erinnerte an seine Enzyklika *Laudato si'*, ein leidenschaftliches Plädoyer gegen die systematische Zerstörung der Umwelt und den unbarmherzigen Prozess der Ausgrenzung, der diese begleitet: »In der Tat, der egoistische und grenzenlose Durst nach Macht und Wohlstand führen ebenso sehr dazu, die bestehenden materiellen Ressourcen zu missbrauchen, wie die Armen auszuschließen … Jeder müsste Zugang zum Allernötigsten haben, zu einem Dach, einer Arbeit und zu Land.« Die bevorstehende Konferenz COP21 müsse zu einem wirklichen Abkommen gelangen, denn die ökologische Krise könne »die Existenz der Menschheit gefährden«. In seiner Enzyklika gemahnt er an »eine dringende Einladung zu einem neuen Dialog über die Art und Weise, wie wir die Zukunft des Planeten aufbauen«. Er rief jeden, gläubig oder nicht gläubig, zu einer Revolution des Benehmens auf und kritisierte ein »System der Handelsbeziehungen und der Besitzverhältnisse, das strukturell pervers ist«.

In seiner Homilie im September 2015 im Madison Square Garden in New York warnte er dass wir, mitten in der rastlosen Stadt keinen Blick mehr haben für »den Fremden, das Kind ohne Ausbildung, diejenigen, die keine Krankenversicherung haben, die Obdachlosen, den alleingelassenen Alten. Diese Menschen stehen an den Rändern unserer Straßen, auf unseren Gehwegen, in einer ohrenbetäubenden Anonymität.«

Laudato si'

Einen äußerst wertvollen und nachhaltigen Beitrag zur Umwelt- und Klimadebatte lieferte Papst Franziskus über seine Enzyklika *Laudato si'*. In dieser Enzyklika spricht er sich gegen die aktuelle Lebensweise der Menschheit aus, die er als »selbstmörderisch« bezeichnet. Niemals zuvor habe die Menschheit die Umwelt derart schlecht behandelt, die Erde scheine sich zu einer »unermesslichen Mülldeponie« zu entwickeln. Insbesondere die globale Erwärmung sei »eine der wichtigsten aktuellen Herausforderungen an die Menschheit«, weswegen es von großer Bedeutung sei, den Treibhausgasausstoß »drastisch« zu reduzieren und aus der Verbrennung fossiler Energieträger auszusteigen. Der Papst fordert eine sogenannte Dekarbonisierung der Weltwirtschaft und einen Erdöl- und Kohleausstieg. Ebenfalls kritisiert der Papst den Konsumismus. Der »Rhythmus des Konsums, der Verschwendung und der Veränderung der Umwelt hat die Kapazität des Planeten derart überschritten, dass der gegenwärtige Lebensstil nur in Katastrophen enden« könne. Ausdrücklich erklärt Franziskus den Zugang zu sauberem Trinkwasser zu einem universalen Menschenrecht, das wirtschaftlichem Profitstreben enthoben sein sollte. Auch auf den Verlust der biologischen Vielfalt geht die Enzyklika ein.

Weiterhin kritisiert der Papst die Dominanz der Wirtschaft, insbesondere der Finanzwirtschaft gegenüber der Politik, die einen wirksamen Umweltschutz verhindere. Die Unterwerfung der Politik unter die Technologie und das Finanzwesen zeige sich in der Erfolglosigkeit der Weltgipfel über Umweltfragen. Damit einher gingen auch große sozialpolitische Verwerfungen. So verursache der Reichtum in den reichen Staaten unmittelbar die Armut in anderen Staaten, weswegen in Industriestaaten eine Wachstumsverlangsamung geboten sei, um armen Staaten mehr Entwicklungschancen zu bieten. Es sei unvertretbar, dass einige mehr und mehr konsumierten und zerstörten, während andere noch nicht entsprechend ihrer Menschenwürde leben könnten.[13]

Diese Enzyklika wurde von vielen Persönlichkeiten aus Kirchen, Wissenschaft, Politik und aus dem Umweltbereich ausdrücklich begrüßt und gelobt. Hervorgehoben wird, dass sie den naturwissenschaftlichen Stand der Forschung zur Umwelt- und Klimathematik korrekt wiedergibt. Was Wissenschaftler hingegen nicht bewertet haben, sind Aussagen zu ökonomischen, politischen oder moralischen Implikationen des Klimawandels. Des Weiteren ist der Papst bemüht, die Welt der Religion und die Welt der Wissenschaft zusammenzubringen und zur Zusammenarbeit aufzufordern.

Anfang Juli 2015 kritisierte er in Santa Cruz, Bolivien, die bestehende Wirtschaftsordnung scharf und insbesondere die rücksichtslose Begierde des Geldes, das zum »Idol« gemacht werde. »Diese Wirtschaft tötet« – ein Satz seiner Rede, der in Erinnerung blieb und bleiben muss. Papst Franziskus rief zur Mobilisierung auf gegen die »subtile Diktatur« des Kapitals, die den Beigeschmack von »Teufelsmist« habe.

So hat der Papst im Verlaufe seiner Reisen immer schärfere Reden über den Zustand der Welt gehalten, über die Zerstörung der Umwelt und der sozialen Verhältnisse. Mit starken Worten hat er den Neoliberalismus kritisiert, den Technozentrismus, die Gleichschaltung der Kulturen und die »Globalisierung der Gleichgültigkeit«.

Er bricht Tabus, tritt heftig in den Ameisenhaufen, ohne übermäßig Rücksicht zu nehmen, stellt ein französischer Diplomat fest.

In seiner Weihnachtsansprache 2014 hat der Papst ebenfalls Missstände der römischen Kurie gegeißelt – insbesondere ein »spirituelles Alzheimer« und die Gewohnheit, »sich unentbehrlich zu glauben«.

Franziskus kritisierte, viele Kirchenführer verlören die notwendige menschliche Empathie und würden anderen Menschen gegenüber gleichgültig. All jene, die Titel und Auszeichnung suchten und nur an sich selbst glaubten, litten an der »Krankheit der Rivalität und Eitelkeit«. Auch die »Schizophrenie« derjenigen seiner Untergebenen, die ein Doppelleben führten, prangerte der Pontifex in seiner Ansprache an.

Dieser Papst hat sich für eine »besondere Stellungnahme auf der Seite der Armen« entschieden, für die »Kleinen«, und das sind für ihn »der Lumpensammler«, »der Müllsammler«, »der Straßenhändler«, »der Transporteur«, »der ausgeschlossene Arbeiter«, »der bedrohte Bauer«, »der unterdrückte Einheimische«, »der verfolgte Migrant«, »der Fischer, der kaum in der Lage ist, sich der Bedrohung durch Konzerne zu widersetzen«.

Wir haben einen Papst, so die Meinung von *Le Monde Diplomatique* im September 2014, der versichert, »dass eine andere Welt möglich ist, nicht erst beim Letzten Gericht, sondern hier unten und jetzt«.

Stéphane Hessel und die Botschaft der Hoffnung

Stéphane Hessel starb am 27. März 2013. Geboren wurde er in Berlin im Jahre 1917. 1925 wanderte er mit seiner Mutter nach Frankreich aus, wo er 1937 die französische Staatsbürgerschaft erhält. Während des Zweiten Weltkriegs beteiligte er sich an der französischen Résistance und schließt sich General de Gaulle in London an. 1944 wurde er während einer Geheimmission in Paris verhaftet und ins Konzentrationslager Buchenwald verschleppt, danach nach Mittelbau-Dora. Es gelang ihm, im Januar 1945 aus einem Zug, der ihn nach Bergen-Belsen bringen sollte, zu entfliehen und am Ende des Krieges nach Frankreich zurückzukehren. Er wurde Diplomat und 1947 privilegierter Zeuge bei der Ausarbeitung der Allgemeinen Erklärung der Menschenrechte durch Persönlichkeiten wie René Cassin und Eleanor Roosevelt. Während seines ganzen Lebens hat Stéphane Hessel sich stets als Verteidiger der Menschenrechte und der UN-Charta hervorgetan.

Er hat sich besonders für Entwicklungsfragen interessiert und wurde so 1970, zwei Jahre lang beigeordneter Administrator des UN-Programms für Entwicklung. 1979 wurde er Botschafter Frankreichs bei den Vereinten Nationen in Genf. Zu den Themen, die Stéphane Hessel besonders am Herzen lagen, zählten die Entwicklung Afrikas und die Armutsbekämpfung. Er machte Präsident Mitterand den Vorschlag, einen Hohen Rat für internationale Zusammenarbeit ins Leben zu rufen. 1999 griff Premierminister Jospin diesen Vorschlag auf und setzte den Rat mit Stéphane Hessel als Mitglied ein.

Einmal im Ruhestand, wurde Stéphane Hessel bekannt durch seinen Einsatz für die Menschen ohne Papiere in Frankreich und besonders durch seine Vermittlung bei der Besetzung der Saint-Bernard-Kirche durch Migranten ohne Papiere im Sommer 1996. 2002 beteiligte er sich an der Gründung eines internationalen ethischen, wissenschaftlichen und politischen Kollegiums unter der Leitung des slowenischen Präsidenten Milan Kučan zusammen mit Michel Rocard, früherer französischer Premierminister, und einer großen Zahl internationaler Persönlichkeiten.

Empört Euch!

2010 wurde Hessel mit seinem Buch *Empört Euch!* weltweit bekannt. Die gerade einmal 30 Seiten umfassende Streitschrift hatte eine Erstauflage von 8 000 Exemplaren und wurde zunächst an verschiedenen Hochschulen verteilt. Das Buch traf einen Nerv und wurde schließlich mit vier Millionen verkauften Exemplaren zu einem weltweiten Erfolg. Im Buch erinnert Hessel an das Programm, das vom Nationalen Rat der Résistence in Frankreich ausgearbeitet wurde. Er ermutigt seine Leser, Widerstand zu leisten, ihrer Wut Ausdruck zu verleihen, angesichts der Krisen und der Ungerechtigkeiten in der Welt. In viele Sprachen übersetzt, inspirierte diese Veröffentlichung durch einen 94 Jahre alten Mann Jugendliche in zahlreichen Ländern. Die spanische Jugend etwa, die in Madrid während der Krise gegen die herrschenden politischen Verhältnisse protestierte, übernahm den Namen »Indignados« (zu Deutsch: Empörte) für ihre Bewegung. Stéphane Hessel mahnte, dass es wichtig sei, sich zu empören, doch das allein genüge nicht, man müsse sich auch engagieren.

Für die Anerkennung der Rechte der Palästinenser

Stéphane Hessel wurde zum Symbol der Kämpfe gegen die Ungerechtigkeiten in unserer Welt. Kaum ein Einsatz hat ihn jedoch so stark mobilisiert wie die palästinensische Sache. Geboren in einer jüdischen Familie, hat er sich stets für das Existenzrecht Israels ausgesprochen. »Ich erkläre mich solidarisch mit den Juden Israels und denen der Diaspora, weil ich weiß, was es bedeutet, ein Jude zu sein«, so Stéphane Hessel. Die mehrfachen Besuche, die er seit den 1990er Jahren mit seiner Ehefrau Christiane in den besetzten palästinensischen Gebieten und in Gaza unternommen hat, bewegten ihn jedoch, sich für die Rechte der Palästinenser auf der Grundlage des Völkerrechtes und der Menschenrechte einzusetzen. Die ständige Ausbreitung der Siedlungen in den besetzten Gebieten durch die Regierung Netanyahus verurteilte er scharf und bezeichnete sie als einen Verstoß gegen das Völkerrecht. Als Ehrenpräsident nahm er an den vier Sitzungen des Russell-Tribunals teil, in dem die Verletzungen des Völkerrechtes durch die israelische Regierung in den besetzten palästinensischen Gebieten geprüft und die Komplizenschaft westlicher Regierungen und Unternehmen untersucht wurde. Ihm wurde zunehmend klar, dass Israel stets die Absicht hatte, Palästina so wenige Rechte wie nur möglich zuzugestehen und die Palästinenser in kleine Gebiete abzudrängen. Wenn man nachhaltigen Frieden in der Region schaffen wolle, könne dieser Weg zu keiner Lösung führen.

Der einzuschlagende Weg – Edgar Morin: La Voie

Eine enge Beziehung verband Stéphane Hessel mit Edgar Morin. Bei einem Gespräch 2011 mit dem 90 Jahre alten Soziologen in Avignon hob Stéphane Hessel sein starkes Vertrauen in die Bedeutung der Zivilgesellschaft und den Einfluss ihrer Arbeit hervor. »Wir befinden uns in einer Phase, in der die Wirtschafts- und Finanzoligarchien die Staaten dominieren, die sich nicht mehr einzeln aus dieser Beherrschung befreien können.« »Wir brauchen,« fügte er hinzu, »zahlreiche und solide Nichtregierungsorganisationen, die in der Lage sind, Druck auf die internationalen Instanzen auszuüben und sie daran zu hindern, der Diktatur der Finanzoligarchien zu erliegen.«

Stéphane Hessel verwies oft auf Edgar Morins Buch *La Voie* – Der Weg –, in dem er den Weg aufzeigt, den es zu beschreiten gilt. »Meiner Ansicht nach«, so Edgar Morin in diesem Gespräch, »müssen wir die Globalisierung beibehalten in dem Bereich, wo sie eine Solidarität unter den Völkern aufbaut, aber wir müssen das Lokale und das Regionale gegen den Übergriff der Konzerne schützen.« Morin nahm Stellung gegen das Land Grabbing in Afrika durch transnationale Unternehmen, die neue Hungersnöte verursachten. Er trat für Ernährungssouveränität ein: »Jede Nation soll ihre Ernährungsautonomie haben. Es ist an den Staaten, an der Öffentlichkeit und den Bürgern, diese mit aller Kraft durchzusetzen.« Darüber hinaus, bemerkte er weiter, sehe man schon das Entstehen einer Sozial- und Solidarwirtschaft mit Sparbanken, lokalen Währungen und Mikrokrediten. Fairer Handel und biologische Landwirtschaft schalten den rücksichtlosen Zwischenhandel aus und drängen die industrielle Landwirtschaft zurück, die die Umwelt verschmutzt und die Böden zerstört. Es komme darauf an, Nahrungsautonomie in Bürgernähe zu schaffen, die wir unbedingt in Zeiten der Krisen und Desaster brauchen. Dies sind zahlreiche Schritte, die zeigen, dass über Wachstumszahlen hinaus eine andere Politik möglich ist.

Stéphane Hessel verstand es, Menschen im Gespräch zu höheren Zielen zu inspirieren. Bei seinen Besuchen in Luxemburg konnte er das Publikum in Staunen versetzen, indem er aus einem schier unerschöpflichen Poesieschatz schöpfte und Rilke, Hölderlin, Goethe, Baudelaire oder Shakespeare zitierte. Neben seinem Einsatz für Gerechtigkeit, die Schwachen, die Armen, seiner systematischen Denunzierung jeder Ungerechtigkeit, jeder Menschenrechtsverletzung beeindruckte Stéphane Hessel auch durch seinen Optimismus, seine Gutherzigkeit und seine Empathie. Er war eine außergewöhnliche Persönlichkeit, ein Humanist, ein Aktivist und ein Poet.

Hugo Chávez: Einsatz für eine strukturelle Bekämpfung der Armut

Hugo Chávez wurde 1998 zum Präsidenten Venezuelas gewählt. Er starb 2013 an einem Krebsleiden im Alter von 58 Jahren. Es gibt wenige Staatschefs, die so viele Kommentare und Kontroversen provoziert haben. Aber alle zivilgesellschaftlichen Organisationen und alle Menschen, die sich für größere Gerechtigkeit und Solidarität zugunsten der Armen auf unserem Planeten einsetzen, sollten ein Interesse daran haben, sich eingehend mit dem Leben und der Politik von Hugo Chávez zu befassen. Die wichtigsten westlichen Medien haben immer versucht, Hugo Chávez zu diffamieren und zu verteufeln, indem sie ihn wahlweise als Populisten, als Autokraten oder gar als Diktator bezeichneten. In Wahrheit hat sich Hugo Chávez nach seiner Machtübernahme innerhalb von vierzehn Jahren ganze dreizehn Mal einer Wahl gestellt – nur eine einzige Wahl hat er verloren –, und das unter Anerkennung der demokratischen

Rechtmäßigkeit seitens der UNO, der Europäischen Union, der Organisation Amerikanischer Staaten und des Carter Center.

Ende 2007 verbrachten meine Frau und ich einige Tage in Venezuela. Das Land mit 28 Millionen Einwohnern ist zwei Mal so groß wie Frankreich. Auf der Straße ist uns vor allem aufgefallen, wie jung die Bevölkerung ist, die sich stets durch eine rege Migration ausgebreitet hatte. Wir wollten herausfinden, ob die Presse- und Meinungsfreiheit in Venezuela tatsächlich so eingeschränkt ist, wie konservative Kommentatoren regelmäßig glauben machen wollten. Wir betraten einige Buchläden und erwarteten, dort nur regierungskonforme Literatur zu finden. Zu unserer Überraschung war eher das Gegenteil der Fall: In den angebotenen Büchern und Zeitschriften waren überwiegend kritische oder gar feindlich gesinnte Beiträge zu Hugo Chávez zu finden. Ein wiederkehrendes Thema der Kritik waren etwa die Umstände des Staatsstreiches von 2002.

Wir trafen auch Thierry Delonne, einen jungen Belgier, der Vize-Direktor des neuen Fernsehsenders ViVe. In den Redaktionsräumen erlebten wir eine angenehme, recht entspannte und freundliche Atmosphäre. Dieser Kanal stelle sich in den Dienst der verschiedenen Gemeinschaften, die in Venezuela leben, einschließlich der einheimischen Völker, erklärte Delonne uns. Er funktioniere auf äußerst partizipativer Basis – weg vom Konsumdenken, keine Werbung, keine Telenovelas, die aus dem Ausland importiert werden, Quotengarant der meisten anderen privaten Fernsehsender dieses Landes und der anderen lateinamerikanischen Länder. 80 Prozent der Medien blieben in privaten Händen, erklärte uns Thierry Delonne. Die Pressefreiheit kenne keine Einschränkungen. Die zwei einflussreichsten Tageszeitungen – *El Universal* und *El Nacional* – haben eine regierungsfeindliche Einstellung. Von 111 Fernsehsendern sind derer heute 61 privat, 37 gemeinschaftlich und 13 öffentlich.

Im Dienst der Armen

Ignacio Ramonet, früherer Direktor von *Le Monde Diplomatique,* und Jean-Luc Mélenchon, europäischer Parlamentarier der Linksfront, schreiben, dass vor der Machtübernahme durch Hugo Chávez, »die Führungseliten und die multinationalen Konzerne fast alle Reichtümer Venezuelas für sich in Anspruch genommen haben. Bis 1999 erhielt das Volk kaum etwas davon. Aufeinanderfolgende Regierungen, Christdemokraten und Sozialdemokraten waren korrupt, fügten sich den Ansprüchen des Marktes und haben systematisch privatisiert. Mehr als zwei Drittel der Venezolaner lebten unter der Armutsgrenze. Mit Chávez hat der politische Wille die Führung übernommen. Er verwies die Märkte in ihre Grenzen, stoppte die neoliberale Offensive und erlaubte es dem Staat, mit Unterstützung des Volkes, die Kontrolle über die strategischen Sektoren der Wirtschaft wieder zu übernehmen. Venezuela gewann seine nationale Souveränität zurück. Hugo Chávez hat danach eine Umverteilung des nationalen Reichtums zugunsten der öffentlichen Dienste und der Zurückgelassenen vorgenommen.«[14]

Die gute Bilanz von Hugo Chávez ist vor allem auf dem Gebiet der Sozialpolitik zu sehen. Hugo Chávez hat die ergiebigen Ölreichtümer des Landes in den Dienst der Armutsbekämpfung gestellt. Dazu hat er eine Reihe von Diensten gegründet, von denen ein Teil mit der Förderung der Erziehung der Ärmsten betraut wurden, ein anderer Teil mit der Gesundheitspflege, die mit Hilfe mehrerer Tausend kubanischer Ärzte und Krankenschwestern in den am meisten benachteiligten Vierteln angeboten wurde. Wir sind einigen kubanischen Krankenschwestern im Spital Che Guevara begegnet, das sich nicht in einem Armenviertel von Caracas befindet, sondern in einem Viertel der Mittelschicht. Da die Hälfte der Bevölkerung in ärmlichen Verhältnissen in den »barrios« wohnt, wurde die »Misión Vivienda« geschaffen und damit beauftragt, bis 2018 zwei Millionen Häuser und Wohnungen zu bauen.

Eine außergewöhnliche soziale Bilanz

Die Regierung von Hugo Chávez hat über 40 Prozent des Haushaltes für soziale Bereiche verwendet. Während der dreizehn Jahre, die Hugo Chávez an der Macht war, hat die staatliche Ölgesellschaft PDVSA 123,7 Milliarden Dollar für soziale Programme zur Verfügung gestellt. Allein im Jahre 2011 erhielten diese Programme 39,6 Milliarden Dollar, also mehr als das Sozialprogramm »Bolsa Familia«[15] in Brasilien, einem Land, in dem sechs Mal mehr Einwohner leben.

Resultat: Die Kindersterblichkeitsrate wurde halbiert, vor allem dank des Schulernährungsprogramms, das ein kostenloses Frühstück, Mittagessen und Verpflegung in öffentlichen Schulen bereitstellte und dem Netzwerk von »Mercal«-Geschäften, das subventionierte Nahrungsmittel anbietet. Die Preise für lebensnotwendige Güter wurden klar geregelt. Der Analphabetismus wurde so gut wie beseitigt. Die Zahl der Lehrer und Professoren wurde verfünffacht (von 65 000 auf 350 000). Laut Gini-Koeffizient[16] wurden gesellschaftliche Ungleichheiten effektiv verringert auf eines der niedrigsten Levels in ganz Lateinamerika.

Der französischen Wochenzeitung *Politis* zufolge, wurde die Arbeitswoche von 44 auf 40 Stunden gekürzt, es gab vier neue freie Arbeitstage, der Mutterschaftsurlaub wurde von viereinhalb auf sechseinhalb Monate verlängert, Entlassungen sind für Unternehmer teurer geworden. Die Entschädigungen am Ende eines Arbeitsvertrages sind auf der Basis des letzten Lohnes zu berechnen. Die Zahl der Menschen, die Sozialleistungen in Anspruch nehmen können, vor allem im Alter und aufgrund von Behinderung, stieg zwischen 1998 und 2008 von 1,7 auf 4,4 Millionen. Der Mindestlohn wurde mehrmals erhöht.

In seinem Bericht von Januar 2012 hält die UNO-Wirtschaftskommission für Lateinamerika und die Karibik (CEPAL) fest, dass Venezuela neben Ecuador, die Armut zwischen 1996 und 2010 am meisten verringert hat. Der Armutsindex ist von 49 Prozent im Jahre 1998 auf 27 Prozent im Jahre 2011 gefallen. Die Anzahl derer, die in extremer Armut leben, ist von 20,3 im Jahre 1998 auf 7 Prozent im Jahre 2011 gefallen.

Hugo Chávez verstand es, den Ärmsten in der Gesellschaft demokratische Teilhabe und ein Gefühl der Würde zurückzugeben. Das Vertrauen in die Demokratie, schreibt die französische Zeitung *Le Monde*, sei weiter fortgeschritten als anderswo in Lateinamerika.

Für Ramonet und Mélenchon war Chávez, neben Sozialpolitik, öffentlichen Investitionen, Verstaatlichung, Agrarreform, Vollbeschäftigung, sozialem Mindestlohn und ökologischen Programmen vor allem darum bemüht, einen modernen Staat aufzubauen. Er hat eine ehrgeizige Raumentwicklung gefördert, hat Straßen, Eisenbahnlinien, Häfen, Dämme, Gas- und Ölleitungen gebaut.

Dennoch beschränkte Hugo Chávez seine Politik für Gerechtigkeit und soziale Solidarität nicht auf die Venezolaner. Im Rahmen der Initiative »Petrocaribe«, hat er Öl zum Vorzugspreis an eine bedeutende Zahl von Ländern in der Nachbarschaft geliefert, darunter Kuba, Honduras, Guatemala, Nicaragua, El Salvador und etwa zehn Inseln der Karibik. Er erlaubte sich sogar den Luxus, billigeres Öl den ärmsten Bevölkerungsschichten einzelner nordamerikanischer Gegenden zur Verfügung zu stellen. Gleichzeitig ließ er weiterhin Öl in die USA und auch erstmals nach China exportieren.

Eduardo Galeano: »Die offenen Adern Lateinamerikas«

Der uruguayische Journalist, Essayist und Schriftsteller Eduardo Galeano ist im April 2015 im Alter von 74 Jahren in seiner Heimatstadt Montevideo gestorben. Er ist der Autor des Klassikers *Die offenen Adern Lateinamerikas*, der im Jahre 1971 erschien. Dieses Buch wurde stets als Nachschlagewerk für all jene angesehen, die sich mit der Geschichte Lateinamerikas vertraut machen wollten. Am Rande des Amerika-Gipfels im Jahre 2009 hat Hugo Chávez, Präsident Venezuelas, ein Exemplar dieses Buches dem amerikanischen Präsidenten Barack Obama angeboten mit der Widmung »Für Obama, in aller Freundlichkeit«. Für die Zeitung *Le Monde* wurde Eduardo Galeano zur Symbolfigur der lateinamerikanischen Linken. Der *Guardian* schreibt: »Er war einer der großen Autoren Lateinamerikas, sein ungewöhnliches Werk half, über die Geschichte und die Politik des ganzen Kontinents aufzuklären. Er hatte ein enzyklopädisches Wissen.« Er war zu gleicher Zeit radikaler Journalist, Poet, Künstler und brillanter Schriftsteller. Dieses Hauptwerk wurde in zwanzig Sprachen übersetzt und erschien ständig in Neuauflagen. Eduardo Galeano war auch als Chronist aktiv, war an den Emanzipationskämpfen beteiligt, die sich auf dem südamerikanischen Kontinent in dem letzten Viertel des 20. Jahrhunderts abgespielt haben.

In dem Buch *Die offenen Adern Lateinamerikas* geht Eduardo Galeano auf die Plünderung der materiellen und menschlichen Reichtümer der Nationen Zentral- und Südamerikas während fünf Jahrhunderten ein. Er beschreibt die Geschichte seines Kontinents aus der Perspektive der unterdrückten wie der der ausgebeuteten, einheimischen Völker, aber auch derer, die bestrebt sind, einen autonomen Kontinent aufzubauen auf der Basis seiner eigenen Ressourcen.

Ich habe das Buch nochmals gelesen und bin zur Schlussfolgerung gelangt, dass es noch immer sehr aktuell ist. Im ersten Teil beschreibt Galeano die Eroberungszüge durch Christoph Kolumbus und seine Armeen, die Zerstörung der Kulturen und der lokalen Wirtschaften, die Anhäufung fabelhafter Reichtümer durch die Europäer, die etwa große Mengen Silber in der bolivianischen Minenstadt Potosi abbauten und dank eines blühenden Sklavenhandels Rohrzucker und Kaffee in Brasilien und in der Karibik anbauen konnten. Zwischen 1492 und 1640 schrumpfte die Bevölkerung Lateinamerikas von ungefähr

70 auf drei Millionen. Galeano zeigt auch, dass es Spanien nicht verstand, diese Reichtümer zu nutzen, um seine eigene Industrie zu fördern und sie stattdessen gebrauchte, um seine Vasallen zu bereichern und um seine Schulden an die holländischen Gläubiger zurückzuzahlen. Er erläutert, wie der Kapitalismus und seine wirtschaftlichen Mechanismen funktionieren, die zur Aneignung der Reichtümer zuerst durch Spanien, dann durch England und schlussendlich durch die USA geführt haben.

Im zweiten Teil des Buches hat mich besonders eine Dimension beeindruckt, die noch immer recht aktuell ist. Es geht um den Gegensatz und den oft erbitterten Kampf zwischen zwei Lagern in der Wirtschaftspolitik, wobei die einen für Freihandel eintraten, die anderen für Protektionismus. So zeigt er, wie die USA seit ihrer Gründung im 19. Jahrhundert eine protektionistische Politik förderten – im Gegensatz zu England, das entschlossen den Freihandel verteidigte. Kämpfe zwischen Vertretern beider Wirtschaftskonzepte fanden in mehreren Ländern Lateinamerikas statt, die meistens zugunsten eines offenen Marktes von Oligarchen und Latifundisten gewonnen wurden, die sich zu Komplizen mächtiger ausländischer Interessen, multinationaler Unternehmen und Banken machten. Letztere verstanden es immer wieder, die lateinamerikanischen Eliten zu bestechen und sie für ihre Belange zu gewinnen.

Die Integrationsförderung Lateinamerikas

Inspiriert vom venezolanischen Unabhängigkeitshelden Simon Bolivar, hat Hugo Chávez einen bedeutenden Beitrag zur Einigung und Integration Lateinamerikas geleistet. Lula, früherer Präsident Brasiliens, beschrieb dies folgendermaßen in einem Artikel, den die *New York Times* am 6. März 2013 druckte:

»Chávez war aktiv am Vertrag beteiligt, der die Union der Nationen Südamerikas (UNASUR) gründete, eine Organisation von zwölf Staaten, durch die der Kontinent sich eines Tages nach dem Modell der Europäischen Union weiterentwickeln könnte. Im Jahre 2010 entstand mit der Gemeinschaft der Staaten Lateinamerikas und der Karibik ein politisches Forum, das die USA und Kanada nicht einschließt, wie das bei der Organisation amerikanischer Staaten (OAS) der Fall ist, die ihren Sitz in Washington hat. Die Bank des Südens, die unabhängig von der Weltbank und der interamerikanischen Entwicklungsbank ist, hätte ohne die Führungsrolle von Hugo Chávez nicht geschaffen werden können.«

Mit Kuba, Nicaragua, Bolivien und Ecuador sowie vier kleinen Staaten der Karibik hat Venezuela unter Hugo Chávez zudem die Bolivarische Allianz für Amerika (ALBA) gegründet, die auf den Prinzipien der Zusammenarbeit und der Solidarität beruht.

So wird Hugo Chávez in die lateinamerikanische Geschichte eingehen als jemand, der einen entscheidenden Beitrag zur drastischen Einflussbeschränkung der USA und der Entkolonisierung geleistet hat. Auch die Freihandelszone Amerikas (FTAA, im Spanischen ALCA), die einen großen Markt zwischen Alaska und dem Feuerland vorsah und die Präsident Bush weiterbringen wollte, wurde gestoppt, auch wenn einzelne lateinamerikanische Staaten ein Freihandelsabkommen mit den USA unterschrieben haben. Trotz des Übergewichtes der amerikanischen Wirtschaft entspricht die Produktion der USA nämlich 78 Prozent aller lateinamerikanischen Staaten.

Chávez, hob Lula hervor, sei eine starke, dynamische und unvergessliche Persönlichkeit gewesen, dessen Ideen noch Jahrzehnte an Universitäten, in Gewerkschaften, politischen Parteien und überall dort diskutiert werden, wo sich Menschen für soziale Gerechtigkeit interessieren, für Elendsbekämpfung und eine gerechtere Verteilung der Macht unter den Völkern der Welt.

Der Staatsstreich gegen Chávez

Wichtige Teile der Führungseliten, die sich als rechtmäßige Besitzer des Landes ansahen, fühlten sich durch die Reformen Hugo Chávez' verraten. Zusammen mit ihren Beschützern aus Washington finanzierten sie große Diffamierungskampagnen gegen den neuen Präsidenten. Der Hass seiner Widersacher schlug ihm daraufhin geballt entgegen und gipfelte am 11. April 2002 in einem inszenierten Staatsstreich, bei dem die Medienhetze gegen Chávez eine wesentliche Rolle spielte. Hugo Chávez wurde abgesetzt und auf eine Insel verschleppt. Pedro Carmona, Präsident der Handelskammer, ließ sich zum Interimspräsidenten ernennen und wurde von den USA, Spanien und Kolumbien umgehend anerkannt. Dabei wurde die Verfassung, über die Chávez zwei Jahre zuvor hatte abstimmen lassen und die als eine der demokratischsten in ganz Lateinamerika galt, eindeutig verletzt. Der Putsch schlug bereits am zweiten Tag fehl. Ausschlaggebend war das Militär, das Hugo Chávez treu geblieben war und ein spontane Volksmobilisierung, die ihn unterstützte. Recht unverständlich ist, dass die Europäische Union es unterließ, diesen Staatsstreich zu verurteilen, obwohl sie das aufgrund ihrer eigenen demokratischen Werte hätte tun müssen.

Das Erbe von Hugo Chávez

Nicht alles ist positiv in der politischen Bilanz von Hugo Chávez. Der französischen Tageszeitung *Le Monde* zufolge kam es zu einer Personalisierung der Macht, zu einer Politisierung der Institutionen und zu einer Korruption, die das Funktionieren des Staates lähmten. Wir konnten uns auch vor Ort davon überzeugen, wie schnell die Konsumgesellschaft sich entwickelt hatte. Der Import neuer Autos schlug alle Rekorde und eine Tankfüllung kostete weniger als einen Euro. Eine Wirtschaft, die zu 96 Prozent von einem Wirtschaftszweig abhängig ist, kann nicht nachhaltig sein. Mit 16 000 Morden im Jahre 2012 bleibt die Gewaltrate auf sehr hohem Niveau. Kaum zu verstehen waren die Allianzen, die Hugo Chávez mit Ahmadinedschad, Lukaschenka und Gaddafi eingegangen war.

Auf dem Gebiet der Landwirtschaft und der Ernährung hatte sich Venezuela zwar dem Prinzip der Ernährungssouveränität verschrieben. Die Regierung verbot den Anbau von gentechnisch veränderten Organismen und richtete eine staatliche Saatgutbank ein. Die landwirtschaftliche Produktion konnte stark gesteigert werden, doch aufgrund einer immer stärkeren Kaufkraft ist der Konsum noch schneller gestiegen – mit dem Resultat, dass das Land immer noch mehr als zwei Drittel seiner Nahrungsmittel importieren muss. Periodisch gibt es sogar Engpässe für gewisse Lebensmittel, wie für Mehl, Zucker und Öl. Alte Strukturen sind nicht leicht zu überwinden. Der größte Teil der landwirtschaftlichen Flächen befindet sich im Besitz einer kleinen, aber sehr reichen Gruppe. Einige von ihnen wurden enteignet. Auch die Migration vom Land in die Städte ging weiter voran und von vier Einwohnern leben drei in den Städten. Die Bauern machen kaum zehn Prozent der Bevölkerung aus und drei Viertel der Bauern sind arm und verfügen über nur sechs Prozent des Landes.

Trotzdem tut sich Venezuela als erfolgreiches Vorbild in Bezug auf wirtschaftliche und soziale Demokratie hervor. Der Staat fördert diese Entwicklung durch Gesetze, Kredite und technische Hilfe. Daraus hat sich ein massives und lebendiges System von Kooperativen entwickelt. All dies ist Bestandteil der Bolivarischen Revolution. Von 2000 im Jahre 2001 ist die Zahl dieser Kooperativen auf etwa 70000 gewachsen mit 1,5 Millionen Mitgliedern, die ein breites Spektrum von Sektoren abdecken: industrielle Produktion, Landwirtschaft, Handel, Transport und vieles mehr. Hinzu kommt der Ausbau der partizipativen Demokratie auf Gemeindeebene mit der Schaffung von Gemeinderäten – insgesamt 16000 an der Zahl. Doch diese Bewegung ist noch jung und die Herausforderung der Nachhaltigkeit steht noch bevor.

Hugo Chávez hat sein Land und den lateinamerikanischen Kontinent dauerhaft verändert. In Chile unter Salvador Allende und in Nicaragua unter den Sandinisten hatte das Volk das Nachsehen gegenüber dem Imperialismus und dem amerikanischen Kapitalismus. In Venezuela hat Hugo Chávez das Kräfteverhältnis entscheidend verändert. Er hat die Armut beseitigt und dem Volk seine Würde zurückgegeben. Er hat der Demokratie und der partizipativen Wirtschaft neue Perspektiven eröffnet. Strukturmängel, wie das Fehlen einer Wirtschaftsdiversifizierung und einer nachhaltigen Entwicklung, blieben allerdings bestehen. Dennoch hat er einen tiefgreifenden Integrationsprozess in Lateinamerika in Gang gesetzt. Viele seiner Errungenschaften hat die westliche, hauptsächlich angelsächsische Presse verschwiegen, indem sie sich überwiegend in den Dienst von Privatinteressen gestellt hat.

Krise unter Präsident Maduro

Nach dem Tod Hugo Chávez', wurde sein früherer Außenminister und Vizepräsident Nicolás Maduro zu seinem Nachfolger ernannt. Er siegte bei den Präsidentschaftswahlen Anfang 2014, wenn auch nur knapp, gegen Henrique Capriles Radonski. Bei den Parlamentswahlen 2015 erreichten die Oppositionskräfte eine Mehrheit. Maduros Präsidentschaft wird durch eine tiefe, wirtschaftliche, soziale und politische Krise gekennzeichnet, die durch den starken Zerfall des Ölpreises auf den Weltmärkten eingeleitet wurde. Es kam zu großen Versorgungsengpässen von Grundnahrungsmitteln und Medikamenten und zu langen Warteschlangen vor oft leeren Geschäften. Die Inflation nahm nie gekannte Ausmaße an. Anfang 2017 ging die Opposition auf die Straße und forderte den Rücktritt des Präsidenten. Gewaltige Straßenschlachten mit der Polizei kosteten 125 Menschen das Leben. Nicht alle Opfer gingen auf das Konto der Ordnungshüter. Auch chavistische Anhänger wurden durch Privatmilizen getötet – eine Tatsache, die westliche Medien oft verschweigen.

Maduro griff zu einer verfassungskonformen Initiative. Er ließ Wahlen zu einer neuen verfassungsgebenden Vollversammlung durchführen, an denen sich acht Millionen Menschen beteiligten. Diese Versammlung hat seither ihre Arbeiten aufgenommen. Die Initiative wurde von vielen westlichen Regierungen und Medien als undemokratisch angesehen und abgelehnt. Maduro wurde autoritäres, ja sogar diktatorisches Verhalten vorgeworfen. Wie das bereits Obama getan hatte, ließ Donald Trump Venezuela als eine Gefahr für die Sicherheit der USA erklären und harte Sanktionen insbesondere im Finanzbereich gegen das Land verhängen. Die EU erließ ein Waffenembargo gegen Venezuela.

Bei Regionalwahlen im Herbst 2017 gewannen Maduros Anhänger 18 von 23 Gouverneursposten. Der Präsident strebte auch eine Neuverhandlung der hohen Auslandsschulden an. In der Dominikanischen Republik begannen Gespräche zwischen seinen Unterhändlern und Vertretern des Oppositionsbündnisses der demokratischen Einheit ((MUD). Teile der gespaltenen Opposition lehnten es ab, sich an ihnen zu beteiligen.

Schlussfolgerungen

Artikel 1 der Menschenrechtserklärung besagt: »Alle Menschen sind frei und gleich an Würde und Rechten geboren. Sie sind mit Vernunft und Gewissen begabt und sollen einander im Geist der Brüderlichkeit begegnen.«

Artikel 2: »Jeder hat Anspruch auf die in dieser Erklärung verkündeten Rechte und Freiheiten ohne irgendeinen Unterschied, etwa nach Rasse, Hautfarbe, Geschlecht, Sprache, Religion, politischer oder sonstiger Überzeugung, nationaler oder sozialer Herkunft, Vermögen, Geburt oder sonstigem Stand.«

Artikel 3: »Jeder hat das Recht auf Leben, Freiheit und Sicherheit der Person.«

Artikel 25: »Jeder hat das Recht auf einen Lebensstandard, der seine und seiner Familie Gesundheit und Wohl gewährleistet, einschließlich Nahrung, Kleidung, Wohnung, ärztliche Versorgung und notwendige soziale Leistungen, sowie das Recht auf Sicherheit im Falle von Arbeitslosigkeit, Krankheit, Invalidität oder Verwitwung, im Alter sowie bei anderweitigem Verlust seiner Unterhaltsmittel durch unverschuldete Umstände.«

Drei Jahre nach dem Ende der Hölle des Zweiten Weltkrieges wurde die Allgemeine Erklärung der Menschenrechte zur Grundlage für eine neue Weltordnung. Wo bleibt die Umsetzung dieser Erklärung und dieser Artikel, wenn jeden Tag 25 000 Menschen, hauptsächlich Kinder, an Hunger und Unterernährung sterben, eine Milliarde Menschen auf unserem Planeten jeden Tag an Hunger leiden, jedes Jahr immer noch rund eine Million Menschen an AIDS/HIV sterben, 445 000 an Malaria und mehr als 500 000 Frauen während oder nach der Geburt ihr Leben verlieren? Selten waren Rassismus und Intoleranz so weit verbreitet.

Wo bleibt die Umsetzung des Rechtes des palästinensischen Volkes auf Selbstbestimmung, ein Recht, das im ersten Artikel sowohl des Internationalen Paktes über bürgerliche und politische Rechte wie im Internationalen Pakt über wirtschaftliche, soziale und kulturelle Rechte verankert ist? Warum schweigen wir, wenn in Gaza eine ganze Bevölkerung in einem Gefängnis unter freiem Himmel von extremer Armut bedroht ist und keinen Zugang mehr zu sauberem Trinkwasser und anderen Grundnahrungsmitteln hat? Was ist mit der Würde jener Menschen in Griechenland, die in Mülltonnen herumstöbern müssen, um das Allernotwendigste zum Überleben zu finden? Wie können die unerbittlichen, erfolglosen Austeritätsprogramme in Griechenland noch länger hingenommen werden?

Es ist an der Zeit, die Kultur der Menschenrechte in den westlichen Staaten zu überdenken und den wirtschaftlichen, sozialen und kulturellen Menschenrechten dieselbe Bedeutung beizumessen wie den zivilen und politischen. Der Kampf gegen jede Form von Folter, für Presse- und Meinungsfreiheit bleibt unerlässlich. Aber warum wird es so still im Westen, wenn es darum geht, die Achtung des Rechtes auf Leben, auf Ernährung, auf Gesundheit, auf Erziehung von Millionen von Mitmenschen einzufordern?

Der Stellenwert der Menschenrechte gegenüber den Rechten der multinationalen Unternehmen ist neu zu bestimmen, wie es auch die Richter des Internationalen Tribunals gegen Monsanto verlangen. Konzerne haben Verantwortung zu übernehmen für die Achtung der Menschenrechte. Das ist nicht auf freiwilliger Basis zu erreichen. Verträge sind auszuarbeiten, die der Straflosigkeit der multinationalen Unternehmen bei der Verletzung der Menschenrechte ein Ende setzen. Genau dies entspricht dem Auftrag einer in Genf vom Menschenrechtsrat eingesetzten Arbeitsgruppe, die eine weltweite Bürgerinitiative voll unterstützt.

Nicht nur die Achtung der Menschenrechte, auch soziale Werte, wie Gerechtigkeit und Solidarität sind in der Gesellschaft stärker zur Geltung zu bringen. Das Bruttoinlandsprodukt als oberster Maßstab der Wirtschafts- und Sozialpolitik ist durch einen Fächer von Indikatoren, die für Lebensqualität stehen, zu ersetzen – ein Perspektivwechsel, für den es auch in Deutschland eine klare Mehrheit geben sollte.

Wir leben auf einem gefährlichen Planeten, der von einer Vielzahl von Krisen bedroht ist: Finanzkrise, Eurokrise, Hungerkrisen, Klimakrise, Flüchtlings- und Migrantenkrise, Terrorismus, Energiekrise und Militarismus.

Die Ausgaben für Waffen steigen Jahr für Jahr, 2016 erreichten sie 1 686 Milliarden Dollar, davon entfielen 611 Milliarden allein auf die USA, während für Entwicklungshilfe nur knappe 143 Milliarden aufgeboten wurden. Es ist an der Zeit, dass alle Industriestaaten ihren in der UNO und in der EU vorgesehenen Verpflichtungen nachkommen und wenigstens 0,7 Prozent ihres nationalen Reichtums für Entwicklungshilfe bereitstellen. Und die EU-Staaten müssen endlich die Politikkohärenz, die in Artikel 208 des Vertrages von Lissabon vorgesehen ist, ernst nehmen und aufhören, mit einer Hand zwei-, dreimal wegzunehmen, was sie mit der anderen im Entwicklungsbereich geben.

Europa muss endlich dem Neoliberalismus im Finanz- und Handelsbereich eine klare Absage erteilen. Der Staat hat prioritär die Interessen der Gesellschaft durchzusetzen, nicht die der Konzerne. Für viele Experten ist die Finanzkrise von 2008 noch lange nicht überwunden. Die getroffenen Regulierungsmaßnahmen werden als weitgehend unzureichend angesehen. Wir leben in einem System, in dem tagtäglich 98 Prozent aller Transaktionen im Finanzsektor getätigt werden und nur zwei Prozent in der Realwirtschaft. Neue Finanzblasen können jeden Moment entstehen und auf einmal platzen. Effektive Regulierungsmaßnahmen sind einzuführen: Banken müssten Einlage- und Kreditgeschäfte streng von allen Investitions- und Spekulationsgeschäften trennen, Hedgefonds und Handel mit Derivativen sind zu unterbinden, wie auch jede Spekulation mit Agrarrohstoffen.

Steuerparadiese sind zu beseitigen. Es wäre zweifelslos im Interesse jedes Landes, jedes Staates und aller Bürger und Bürgerinnen, wenn die Konzerne und Kapitalbesitzer überall einen gerechten Steueranteil bezahlen würden. Die Umsetzung neuer EU-Besteuerungsdirektiven für multinationale Unternehmen ist aufmerksam zu verfolgen, auch um mögliche Schlupflöcher aufzudecken. Steuerverwaltungen sind zu verstärken. Konzerne wie auch die Finanz- und Fondsindustrie haben ihre Gewinne, die sie in Entwicklungsländern erwirtschaftet haben, auch dort zu versteuern und dürfen diesen Ländern nicht ihre Steuersubstanz entziehen und so die Resultate der öffentlichen Entwicklungshilfe wieder vernichten.

Wie vom Collectif Tax Justice Lëtzebuerg verlangt, soll offen und transparent geklärt werden, wer vom Steuersystem profitiert, wie viel, wo und durch wen. Das Steuergeheimnis großer Konzerne darf nicht als Vorwand dienen, um Aufklärung zu verhindern. Diese Aufklärungsarbeit sollte einem parlamentarischen Untersuchungsausschuss anvertraut werden, dessen Einsetzung bisher ergebnislos nur von einer Partei, Die Linke (Déi Lénk), gefordert wurde.

Wir brauchen völlig andere Handelsregeln. Wie es über hundert Universitätsprofessoren fordern, sind Verhandlungen über Handelsverträge in voller Transparenz zu führen und sowohl die Parlamente wie auch die Bürger sind bei der Vorbereitung von Verhandlungsmandaten einzubinden. Beide Seiten haben klare Verpflichtungen gegen den Klimawandel und die Treibhausgasemissionen einzugehen wie auch im Bereich der Besteuerung multinationaler Konzerne. Handelsverträge haben nachhaltiges Wirtschaften zu begünstigen. Der ökologische Fußabdruck muss verringert werden. Die Menschenrechte und die ILO-Arbeitsnormen sind voll zu respektieren.

Von größter Wichtigkeit sind gerechtere Beziehungen und Handelsspielregeln gegenüber den Entwicklungsländern. Anstatt eine noch stärkere Liberalisierung ihrer Wirtschaften einzufordern, anstatt wirtschaftliche Partnerschaftsabkommen aufzuzwingen und ratifizieren zu lassen, wäre es für die EU notwendig und sinnvoll, eine neue Entwicklungs-, Handels- und Landwirtschaftspolitik einzuführen. Diese müsste den enormen Produktivitätsunterschieden in Industrie und Landwirtschaft Rechnung tragen, Exporte zu Dumpingpreisen stoppen und das Prinzip der Nichtreziprozität wieder zur Anwendung bringen. Schluss muss sein mit der skandalösen Doppelmoral einer EU, die die Entwicklungsländer zu mehr Liberalisierungsmaßnahmen nötigt, zugleich aber den eigenen Agrarmarkt schützt und hohe Zölle auf die Importe sensibler Agrarprodukte erhebt!

Technologietransfer ist zu begünstigen, Subventionen und Schutzzölle als legitime Politikinstrumente für Entwicklungsländer zu erlauben. Die EU müsste Partner für arme Entwicklungsländer werden beim Aufbau neuer Produktions- und Handelskapazitäten in Industrie und Landwirtschaft. Die Importsubstitution, das heißt das Ersetzen von Importen durch Eigenproduktion wäre zu fördern. Dies wäre auch im Sinne des Abbaus der Transportwege und der Reduzierung der Treibhausgasemissionen. Das Prinzip des lokalen und regionalen Produzierens und Konsumierens ist in die Realität umzusetzen.

Nur so haben Produzenten und Kleinbauern im Süden eine Chance, ihre Produkte zu gerechten Preisen auf den Märkten zu verkaufen und ein Einkommen zu erzielen, das ihnen eine sichere Zukunftsperspektive bieten kann. Die Industrienationen müssen bereit sein, diesen Preis zu zahlen, wenn sie die Fluchtursachen der Afrikaner ernsthaft bekämpfen wollen.

Ein Ausweg aus der Eurokrise ist verbunden mit einer Steigerung der Nachfrage, gekoppelt mit massiven, nachhaltigen Investitionen. Hierzu könnte Deutschland einen entscheidenden Beitrag leisten. Es müsste seinen über die vereinbarte Grenze hinweggehenden Handelsüberschuss abbauen, einer stärkeren Lohnverbesserung, vor allem für die Ärmsten, zustimmen und in ein Investitionsprogramm einwilligen. Damit könnte Deutschlands Wirtschaft belebt werden und indirekt auch die der anderen Länder der Eurozone. Die Einführung des Mindestlohns in Deutschland ist ein Fortschritt, aber ungenügend. Dies gilt auch für den Juncker-Plan, der die Investitionen in den EU-Ländern zwar ankurbelt, aber in einem zu zaghaften Ausmaß. Andere, konstruktive Vorschläge für eine Investitionssteigerung über neue EU-Instrumente liegen vor. Es bleibt abzuwarten, ob eine Wirtschaftsbelebung in der Eurozone mit dem neuen französischen Präsidenten Macron gelingen wird. Voraussetzung dafür ist ein Umdenken der deutschen Bundesregierung. Ein engstirniges Festhalten an den Stabilitätsprogrammen wird nicht weiterhelfen. Überfällig wäre auch eine ernsthafte Diskussion über bekannte währungspolitische Konstruktionsmängel des Maastrichter Vertrages. Die soziale Dimension Europas muss verstärkt und glaubhaft zum Ausdruck kommen.

In der Welt der Globalisierung zeigt es sich, dass die Politik, die Regierungen, die Parteien den Herausforderungen, denen die Menschheit ausgesetzt ist, nicht mehr gewachsen sind. Parteien haben allzu sehr nur den Zugang zur Macht, die Machterhaltung oder die Interessen der Konzerne im Blick. Lösungen, die langfristiger Natur sind, werden verschoben. Umso wichtiger ist es, dass sich mehr und mehr Bürger in unseren Demokratien zusammenfinden, sich organisieren, mobilisieren, Widerstand leisten, klare Analysen zu Gesellschaftsproblemen vorlegen, alternative Lösungen ausarbeiten, Bürgerinitiativen gründen, neue Lebensweisen ausprobieren und verbreiten.

In den USA prangerte die Protestbewegung Occupy Wall Street die Geldgier der Finanzoligarchie und die durch sie hervorgebrachten sozialen Ungleichheiten an, in Spanien protestierte die Bewegung der Indignados, der »Empörten«, gegen die Austeritätsprogramme und führte zur Gründung der Partei Podemos, die die politische Parteienlandschaft in Spanien wesentlich veränderte. Über die BDS-Kampagne leistet die palästinensische Zivilgesellschaft Widerstand gegen die Besetzung und die Errichtung der Siedlungen, die für den Weltsicherheitsrat einen flagranten Verstoß gegen das Völkerrecht darstellt. Europa hat Wirtschaftssanktionen gegen 30 Staaten, auch gegen Russland, wegen Verletzungen des Völkerrechtes verhängt. Wann nimmt Europa endlich auch solche Sanktionen gegen Israel an und gegen diese über 50 Jahre andauernden Siedlungstätigkeiten?

Organisationen wie Attac, Greenpeace, Bund/Friends of the Earth, Corporate Europe Observatory, rütteln mit seriösen Analysen und mutigen Initiativen auf und ermuntern zur Gegenwehr. Einen ungeahnten Erfolg haben in ganz Europa Bürger-Plattformen gegen TTIP und CETA zu verzeichnen, die unzählige Initiativen ergriffen und eine erstaunliche Mobilisierungsfähigkeit der Bürger bewiesen.

Noch nie haben sich so viele Europäer um die Rettung von Flüchtlingen und Migranten im Mittelmeer bekümmert, noch nie haben so viele Bürger sich bemüht, ihre Aufnahme und Integration in unsere Gesellschaften zu erleichtern. Zugleich legen EU-Mitgliedstaaten eine bedauernswerte Zurückhaltung und viel Egoismus zum Thema Rettung und Aufnahme von Flüchtlingen und Migranten an den Tag.

Digitale Zeitungen bieten kritischere und stärker fundierte Analysen zum Zeitgeschehen an, zeigen strukturelle Probleme auf, fördern kritisches Denken, widersetzen sich dem Neoliberalismus.

Die Sozial- und Solidarwirtschaft beschäftigt immer größere Zahlen von Menschen, die sich in den Dienst der Gesellschaft, der Gesundheitspflege, sozialer, kultureller oder sportlicher Aktivitäten stellen. Sparbanken, lokale Währungen entstehen, fördern wirtschaftliche Entwicklung und schaffen Arbeitsplätze auf regionaler Ebene.

Eine andere, gerechtere Handelsbeziehung mit Produzenten in Entwicklungsländern zeigen die Fair-Trade-Organisationen, die ihren Partnern in Kooperativen für ihre Produkte gerechte Preise zahlen auf der Basis der Einhaltung sozialer und ökologischer Standards. Über das Klimabündnis vereinigen und vernetzen sich Tausende von Gemeinden und Städten und führen konkrete Projekte durch, die Treibhausgasemissionen reduzieren, Tropenwälder schonen und indigene Völker gegen Konzerne schützen. Die AMAP-Bewegung in Frankreich bringt in vielen Orten Produzenten und Konsumenten zusammen, schaltet den Zwischenhandel aus und erlaubt den Verkauf von Qualitätsprodukten zu fairen Preisen. Menschen kommen zusammen, kommunizieren, es entsteht eine gegenseitige bereichernde

Verbindung, die auf Vertrauen beruht und Beziehungen eine soziale Dimension verleiht. Ähnlich funktioniert in den USA und in Kanada das System der Community Supported Agriculture (CSA).

In 420 Kommunen in über 30 Ländern haben Bürgerinnen und Bürger »Transition Town«-Bewegungen gegründet. Sie wollen in Städten Ressourcen und Umwelt schonen, Nachhaltigkeit, soziale Gerechtigkeit, gesellschaftliche Teilhabe und postfossile Entwicklung fördern, Gemeinschaftsgärten anlegen. Unzählige Initiativen und Anstöße gegen den Klimawandel breiten sich so aus, setzen Themen wie Arbeitszeitumverteilung, Einschränkung der Werbung und des Fleischkonsums, Flächenmoratorien, Haussanierung, Dekarbonisierung der Wirtschaft, Suffizienz und ethisches Konsumverhalten auf die Tagesordnung. Mehr und mehr Bürger bemühen sich, global zu denken und lokal zu handeln.

Die von Christian Felber, Politikwissenschaftler und Attac-Mitbegründer in Österreich, entwickelte Gemeinwohl-Ökonomie ist eine vollständige, alternative Wirtschaftsordnung. In Deutschland, Österreich, Italien, der Schweiz, Luxemburg, Spanien und Kolumbien haben Hunderte von Unternehmen sich dieser Ökonomie verschrieben und machen ihre Betriebsführung auf der Basis nicht mehr von Gewinnstreben und Konkurrenz, sondern der Gemeinwohl-Matrix, das heißt der Menschenwürde, der Solidarität, der ökologischen Nachhaltigkeit, der sozialen Gerechtigkeit und der demokratischen Mitbestimmung.

Der partizipativen Demokratie wird zu neuem Leben verholfen entsprechend Artikel 21 der Menschenrechtserklärung, nach dem »der Wille des Volkes die Grundlage für die Autorität der öffentlichen Gewalt bildet«.

Immer mehr wird Agroökologie, trotz starker Hindernisse, unterstützt als nachhaltiges und soziales Landwirtschaftsmodell anstatt der im Interesse von Agrarkonzernen stehenden, konventionellen, industriellen Landwirtschaft. Wir können auch ohne den Einsatz von Pestiziden und gentechnisch modifizierte Organismen ausreichende Nahrung für alle Menschen produzieren. Mit den Ideen aus der Agroökologie ist eine Landwirtschaft möglich, die unabhängig ist von Energieimporten und gleichzeitig Produktion und Einkommen steigert. Am besten ließe sich dies mit einer kleinbäuerlichen und auf dem Familienbetrieb beruhenden Landwirtschaft umsetzen, vor allem in den Entwicklungsländern.

Ermutigend ist, wie im Süden die Hauptbetroffenen von Hunger und Armut, Landwirte, Landfrauen, Kleinbäuerinnen und -bauern, indigene Gemeinschaften, Landjugendliche und Landarbeiter sich immer mehr und aktiver in lokalen, regionalen und nationalen Kooperativen organisieren. Sie fordern das Recht auf Ernährung, Ernährungssouveränität, agroökologische Landwirtschaft, Zugang zu Boden, Wasser und eigenem Saatgut. Sie lehnen sich gegen die Dominanz der Nahrungsmittelkonzerne und gegen ein umweltschädliches und ungerechtes Welternährungssystem auf.

ROPPA ist eine Plattform von Bauernverbänden in Westafrika, La Via Campesina bringt 55 Kleinbauernorganisationen aus 36 Ländern Lateinamerikas, Asiens, Afrikas und Europas zusammen, die sich für Ernährungssouveränität einsetzen. Die brasilianische Landlosenbewegung MST, Ekta Parishad in Indien und KMP in den Philippinen kämpfen für eine Landreform. Europäische NGOs verbinden sich immer stärker mit solchen Organisationen. ASTM unterstützt Kleinbauern über seine Partnerschaften mit Bauernorganisationen in Burkina Faso, in Guatemala und den Philippinen. SOS Faim steht Kleinbauern in der Demokratischen Republik Kongo, in Äthiopien, in Mali und in Burkina Faso zur Seite. Die Verbreitung agroökologischer Praktiken und der Ernährungssouveränität wie auch die Durchführung der Landreform sind Hauptziele dieser Zusammenarbeit.

Krisenzeiten bieten die Gelegenheit, die bestehende kapitalistische Weltordnung, Individualismus und Konsumismus mehr denn je in Frage zu stellen. Zugleich vergrößert sich von Tag zu Tag die Zahl und Vielfalt von alternativen Gesellschaftsmodellen und -praktiken. Noch nie haben sich so viele Menschen für eine andere, gerechtere Welt engagiert. Einsatz für Demokratie und Menschenrechte, gegen ungerechte Gesellschaftsstrukturen, Empathie, Solidarität mit den benachteiligten Mitmenschen in Nord und Süd und mit den Unterdrückten zählen zu den höchsten Werten in unserer Gesellschaft und sind eine Bereicherung für jeden, der sich dazu bekennt und in seinem tagtäglichen Leben praktiziert.

Abkürzungsverzeichnis

AATIF	Africa Agriculture and Trade Investment Fund (Öffentlich-private Partnerschaft mit Beteiligung des Entwicklungsministeriums und der Deutschen Bank in Afrika)
ACAD	Arab Center for Agricultural Development (NGO für landwirtschaftliche Entwicklung in Palästina)
ACTAF	Asociación Cubana de Técnicos Agrícolas y Forestales (kubanische Vereinigung für Techniker der Agrar- und Forstwirtschaft)
AGRA	Alliance for a Green Revolution in Africa (Entwicklungshilfeorganisation der Bill-und-Melinda-Gates-Stiftung und der Rockefeller-Stiftung)
AIPAC	American Israel Public Affairs Committee (proisraelische Lobby in den USA)
AKP-Staaten	79 Staaten Afrikas (48), der Karibik (16) und des Pazifiks (15)
ALBA	Alianza Bolivariana para los Pueblos de Nuestra América (wirtschaftliches und politisches Bündnis von elf Staaten Lateinamerikas und der Karibik)
AMAP	Association pour le maintien d'une agriculture paysanne (Vereinigung in Frankreich, die den Erhalt einer bäuerlichen Landwirtschaft zum Ziel hat)
ANAP	Asociación Nacional de Agricultores Pequeños (nationale Vereinigung von Kleinbauern in Kuba)
AOC	Appellation d'Origine Contrôlée (Schutzsiegel für bestimmte landwirtschaftliche Erzeugnisse aus Frankreich und der Schweiz)
ARFA	Association pour la Recherche et la Formation en Agroécologie (NGO in Burkina Faso)
ARPASO	Association des Riziculteurs de la Plaine Aménagée de San Ouest (Vereinigung der Reisproduzenten in Mali)
ASTM	Action Solidarité Tiers Monde (NGO in Luxemburg)
ATA	Agricultural Transformation Agency (landwirtschaftlicher Think-Tank in Äthiopien)
BDS	Boycott, Divestment and Sanctions (Boykott, Desinvestitionen und Sanktionen, Israelkritisches Netzwerk)

BEPS	Base Erosion and Profit Shifting (geplante Senkung der steuerlichen Bemessungsgrundlage und Gewinnverlagerung mit dem Ziel der Steuervermeidung)
BfR	Bundesinstitut für Risikobewertung (wissenschaftliche Einrichtung im Geschäftsbereich des Bundesministeriums für Ernährung, Landwirtschaft und Verbraucherschutz)
CEPAL	Comisión Económica para América Latina y el Caribe (UN-Wirtschaftskommission für Lateinamerika und die Karibik)
CETA	Comprehensive Economic and Trade Agreement (Freihandelsabkommen zwischen Europa und Kanada)
CGIAR	Consultative Group of International Agricultural Research (internationales Netzwerk, das von der Rockefeller- und der Ford-Stiftung gegründet wurde)
CISV	Comunità Impegno Servizio Volontariato (italienische Organisation im Bereich der Entwicklungshilfe)
CONCORD	European NGO Confederation for Relief and Development (europäischer Dachverband entwicklungspolitischer NGOs)
CPJPO	Comité pour une Paix Juste au Proche-Orient (luxemburgisches Palästinakomitee)
CSA	Community Based Agriculture (Solidarische Landwirtschaft)
DGA	Direction Générale de l'Armement (französische wehrtechnische Behörde)
ECHA	European Chemicals Agency (Europäische Agentur für chemische Produkte)
ECOSOC	Economic and Social Council (Wirtschafts- und Sozialrat der Vereinten Nationen)
EFSA	European Food Safety Authority (Europäische Behörde für Lebensmittelsicherheit)
EHNE	Euskal Herriko Nekazarien Elkartea (Verband der Bauern des Baskenlandes)
Eurodad	European Network on Debt and Development (Zusammenschluss von 46 NGOs zur Unterstützung einer nachhaltigen wirtschaftlichen und finanziellen Entwicklung in Afrika)
FAO	Food and Agriculture Organization (Ernährungs- und Landwirtschaftsorganisation der Vereinten Nationen)
FDRPE	Revolutionäre Demokratische Front der Äthiopischen Völker (Regierungspartei der Tigray in Äthiopien)
FTAA	Free Trade Area of the Americas (amerikanische Freihandelszone)
GAS	Gruppo di Acquisto Solidale (italienische Verbrauchervereinigung)

GATT	General Agreement on Tariffs and Trade (Allgemeines Zoll- und Handelsabkommen, Vorläufer der WTO)
HUNDEE	landwirtschaftliche Nichtregierungsorganisation in Oromia, Äthiopien
IAASTD	International Assessment of Agricultural Knowledge, Science and Technology for Development (Weltagrarbericht, der 2008 vom Weltagrarrat veröffentlicht wurde)
IARC	International Agency for Research on Cancer (Krebsforschungsagentur der WHO)
ILO	International Labour Organization (Internationale Arbeitsorganisation)
ILSI	International Life Sciences Institute (Lobbyorganisation im Lebensmittelbereich)
IRPAD	Institut de recherche et de promotion des alternatives en développement, (Institut für Forschung und Förderung von Entwicklungsalternativen in Mali)
IRRI	International Rice Research Institute (Reisforschungsinstitut in den Philippinen)
ITECA	Institut de technologie et d'animation (NGO für landwirtschaftliche Entwicklung in Haiti)
ITUC	International Trade Union Confederation (Internationaler Gewerkschaftsbund)
KESSFF	Kenia Small Scale Farmers Forum (Bauernorganisation in Kenia)
LVC	La Via Campesina (internationale Bewegung von Kleinbauern und Landarbeitern)
MASIPAG	Magsasaka at Siyentipiko para sa Pag-unlad ng Agrikultura (internationaler Dachverband von Bauernverbänden, NGOs und Wissenschaftlern mit Sitz in den Philippinen)
MINUSMA	United Nations Multidimensional Integrated Stabilization Mission in Mali (Friedensmission der Vereinten Nationen in Mali)
OAS	Organization of American States (Organisation amerikanischer Staaten)
OHCHR	United Nations High Commissioner for Human Rights (Hoher Kommissar der Vereinten Nationen für Menschenrechte)
OWINFS	Our World Is Not for Sale (Netzwerk von Aktivisten gegen Neoliberalismus)
PDVSA	Petróleos de Venezuela S.A. (größte Erdölgesellschaft Lateinamerikas und Venezuelas größter Exporteur)
PIAL	Programa de Innovación Agraria Local (kubanisches Programm für landwirtschaftliche Entwicklung)

ROPPA	Réseau des Organisations Paysannes et des Producteurs Agricoles de L'Afrique de L'Ouest (Bauernorganisation in Ostafrika)
SEATINI	Southern and Eastern African Trade Information and Negotiations Institute (NGO für Handelsbeziehungen in Südostafrika)
TISA	Trade in Services Agreement (Abkommen über den Handel mit Dienstleistungen, das in Genf unter 23 Staaten, darunter die EU und die USA, verhandelt wird.)
UJFP	Union juive française pour la paix (Friedensbewegung jüdischer Jugendlicher in Frankreich für Israel und Palästina)
UNCTAD	United Nations Trade and Development Conference (Konferenz der Vereinten Nationen für Handel und Entwicklung)
UNDP	United Nations Development Programme (Entwicklungsprogramm der Vereinten Nationen)
WFP	World Food Programme (Welternähungsprogramm der Vereinten Nationen)
WHO	World Health Organization (Weltgesundheitsorganisation)
WPA	Wirtschaftspartnerschaftsabkommen (Abkommen zum Freihandel zwischen der EU und den 78 AKP-Staaten)
WTO	World Trade Organization (Welthandelsorganisation)

Anmerkungen

1 Neoliberalismus und Ausbeutung der Dritten Welt

1 ARD, Monitor vom 30.04.2015: »Flüchtlingsdrama im Mittelmeer: Wie die EU Fluchtursachen schafft, statt sie zu bekämpfen«, online unter: http://www1.wdr.de/daserste/monitor/sendungen/fluechtlingsdrama-im-mittelmeer-100.html [1.12.2017]
2 Gemeinsame Erklärung der Zivilgesellschaft Westafrikas, Oktober 2015, Mailand.
3 Diese beiden Länder gehören nicht zu der Gruppe der am wenigsten entwickelten Staaten und können deshalb nicht in den Genuss des Handelsregimes »Alles außer Waffen« kommen, der einen freien Zugang zum EU-Markt gewährleistet.
4 CONCORD 2015: »A qui profite l'Accord departenariat économique entre l'Afrique de l'Ouest et l'Union européenne?«, online unter: https://www.alcid.org/qui-profite-accord-partenariat-economique-entre-afrique-ouest-union-europeenne.html [1.12.2017]
5 CONCORD 2015, S. 1
6 Ebd., S. 4
7 Ebd., S. 7
8 Ebd., S.7
9 Yash Tandon : *Trade Is War. The West's War Against the World*, New York 2015.
10 Tom Burgis: *Der Fluch des Reichtums. Warlords, Konzerne, Schmuggler und die Plünderung Afrikas*, Westend 2016.
11 Horand Knaup, Christoph Schult: »Schicksalhaft verbunden«, in: *Der Spiegel* 3/2017.
12 Die sehenswerte Reportage »Der Irrsinn mit der Milch« (ZDF zoom) finden Sie hier: https://www.youtube.com/watch?v=jAvW7XQ6jfY [9.11.2017].
13 Vgl. Tobias Reichert: *Destruktive Offensive*, in: *Der kritische Agrarbericht 2016*, S. 101–104.
14 Marian Blasberg, Bartholomäus Grill und Jan Puhl: »Bleibt weg«, in: *Der Spiegel* 48/2015, S. 103 ff.
15 La Coopération luxembourgeoise, Rapport annuel 2014, online unter : http://www.gouvernement.lu/5111541/27-cooperation-rapport [18.12.2017].

16 Jean Ziegler: *Chemins d'espérance. Ces combats gagnés, parfois perdus mais que nous remporterons ensemble,* Seuil 2016, S. 35.
17 Bundesministerium für wirtschaftliche Entwicklung und Zusammenarbeit, 05-06/2017.
18 »Das große Missverständnis«, in: *Der Spiegel* 28/2017
19 Oxfam France: *Agriculture africaine: l'impasse des pôles de croissance agricoles,* Paris 2017.
20 Internationales Forschungsinstitut, das sich für den Aufbau eines gerechten, demokratischen und nachhaltigen Planeten einsetzt: www.tni.org/en
21 Mamadou Goïta machte diese Aussagen in einer Arbeitsgruppe über diese neue Allianz beim Sozialen Weltforum Ende März 2015 in Tunis.
22 Valentin Thurn und Caroline Nokel: »Konzerne als Retter? – Das Geschäft mit der Entwicklungshilfe«, online verfügbar unter: https://www.youtube.com/watch?v=GI9OWiq_h8k, [15.11.2017]
23 Dessalegn Rahmato: *The Peasant and the State: Studies In Agrarian Change In Ethiopia 1950s – 2000s,* Addis Abeba University Press, 2009
24 Dessalegn Rahmato: *Land to Investors – Large-Scale Transfers in Ethiopia,* in: Forum for Social Studies, Policy Debates Series, no.1/2011
25 Siehe www.landgovernance.org
26 Grain: *Karaturi, the iconic landgrabber, flops,* 14.Februar 2014, online unter: https://www.grain.org/article/entries/4885-karuturi-the-iconic-landgrabber-flops [18-12-2017].
27 Ebd.
28 Eine Pro-Hektar-Produktion von 800 Kilogramm ist sehr gering. Sie stellt nur ein Zehntel derjenigen in Westeuropa dar, die 7000 bis 8000 Kilogramm pro Hektar beträgt.
29 Äthiopien ist unter allen AKP-Staaten der größte Empfänger von Hilfsgeldern der EU. 644 Millionen Euro wurden für die Periode 2008–2013 vereinbart, davon 130 Millionen – also 20 Prozent – für ländliche Entwicklung und die Ernährungssicherheit.

2 Aushöhlung von Demokratie und Rechtsstaatlichkeit

1 Proprium: »Attac kritisiert SPD-Spitze: »Ein bisschen CETA gibt es nicht!«, online unter: http://www.sinn-schaffen.de/1609/attac-kritisiert-spd-spitze-ein-bisschen-ceta-gibt-es-nicht/ [18.12.2017]
2 Vgl. Mehr Demokratie e.V.: »Regulatorische Kooperation«, online unter: https://www.mehr-demokratie.de/fileadmin/pdf/RegKoop-Faktenblatt.pdf [18.12.2017]
3 Caritas Luxemburg, 2017.

4 Attac: Was ist CETA?, online unter: http://www.attac.de/kampagnen/freihandelsfalle-ttip/hintergrund/ceta/ [18.12.2017]

5 Ebd.

6 Dieses Prinzip sieht vor, dass ein Produkt nur dann auf dem Markt zugelassen wird, wenn das Unternehmen seine Unschädlichkeit für Mensch und Natur nachgewiesen hat.

7 Mehr Demokratie e.V., 15.02.2017

8 Ebd.

9 *Le Monde*, 15. September 2017.

10 Siehe declarationdenamur.eu; *Le Monde*, 13.01.2017

11 Jayati Gosh: *Das deutsche Diktat in Griechenland ...*, online unter: https://www.weltwirtschaft-und-entwicklung.org/printable/wearchiv/042ae6a4d80b23c1a.php [19.12.2017]

12 Siehe *Le Monde Diplomatique*, Juli 2016.

13 OHCHR: *Report of the Independent Expert on the effects of foreign debt ...* (A/HRC/31/60/Add2), 29.02.2016, online verfügbar unter: www.ohchr.org [19.12.2017]

14 François-Xavier Verschave: *Noir silence. Qui arrêtera la Françafrique?* Ed. Les Arènes, 2000.

15 Vgl. u. a.: Tagesschau vom 07.09.2016: »Hundertfacher Ruf nach Whistleblower-Schutz«; Informationsbriefe für Wirtschaft und Entwicklung 06/2016; *Der Spiegel* 38/2015; *Tageblatt Letzebuerg*, 27.10.2015, 08.12.2016, 22.02.2017; *Luxemburger Wort*, 05.01.2017; *D'Lëtzebuerger Land*, No 45/2015; *Le Monde*, 05.01 2017, 07.01.2017; Bertrand Badie, Dominique Vidal: *Un monde d'inégalités, L'état du monde 2016*, La Découverte 2015; Nicolas Sersiron: *Dette et extractivisme: la résistible ascension d'un duo destructeur*, les éditions Utopia, 2014; Chambre des Députés: *Compte rendu*, Séance 12, 8.12.2016.

16 *Der Spiegel*, 41/2017

17 Die »Berner Erklärung« ist eine unabhängige Schweizer Organisation, die sich für eine gerechtere Globalisierung einsetzt. Neben der Lobbyarbeit arbeitet die Organisation mit regelmäßigen Kampagnen, um Einfluss auf entwicklungspolitische Fragen zu nehmen.

18 Vgl. u. a.: *Le Monde*, 17.03.2017, 19/20.03.2017; Glyphosate.news [18.12.2017]; Pestizid Aktions-Netzwerk e.V.: http://www.pan-germany.org [18.12.2017]

19 Wird ein zuvor GVO-freies Ackerland durch ein Nachbarfeld kontaminiert, wächst danach dort oft eine bedeutende Menge GVO-Saatgut mit. Monsanto erlaubt sich auf Basis seiner Patentrechte, bei Landwirten, deren Felder mit GVO-Pflanzen kontaminiert wurden, Lizenzgebühren einzufordern.

20 Zusammenfassung des Rechtsgutachtens des Internationalen Monsanto-Tribunals am 18. April 2017: www.monsanto-tribunal.org [18.12.2017]

3 Krieg, Unterdrückung und Terror

1 Als Dreyfus-Affäre bezeichnet man die Verurteilung des jüdisch-französischen Artillerie-Hauptmanns Alfred Dreyfus 1894 durch ein Kriegsgericht in Paris wegen angeblichen Landesverrats zugunsten des Deutschen Kaiserreichs und die dadurch ausgelösten, sich über Jahre hinziehenden öffentlichen Auseinandersetzungen und weiteren Gerichtsverfahren.

2 *Le Monde*, 23.03.2016.

3 Vgl.: Hamed Abdel-Samad: *Der islamische Faschismus: Eine Analyse*, Droemer 2014; Gilles Kepel: *La Fracture*, Gallimard, France Culture 2016; Olivier Roy: *Le djihad et la mort*, Ed. Seuil 2016; Boualem Sansal: *Gouverner au nom d'Allah*, 2013; Ayaan Hirsi Ali: *Reformiert Euch!*, Penguin Verlag 2016; Carlo Degli Abbati: *Les mouvements radicaux au nom de l'Islam*, Les Editions Persée 2014; *Der Spiegel*, 7/2016, 11/2016; *Le Monde*, 23.03.2016.

4 Ilan Pappe : *Le nettoyage ethnique de la Palestine*, Fayard 2006.

5 Ebd., S. 121

6 Laut Wikipedia, hatte Jaffa 1945 101 580 Einwohner, davon waren 53 930 Muslime, 30 820 Juden und 16 800 Christen.

7 Izzat Tannous: *The Palestinians*, M.D. IGT. Co 1988, S. 519.

8 Le nettoyage ethnique de la Palestine, S. 92

9 Ebd., S. 110

10 The Palestinians, S. 521

11 Le nettoyage ethnique de la Palestine, S. 143

12 Le nettoyage ethnique de la Palestine, S. 323

4 Eine andere Welt ist möglich

1 La Via Campesina Organisation (LVC) wurde im Jahr 1993 gegründet. Es handelt sich um eine internationale Bewegung von Landwirten, kleinen und mittleren Agrarproduzenten, landlosen Bauern, Landfrauen, indigenen Gemeinschaften, Jungbauern und Landarbeitern. Gegenwärtig gehören ihr 164 Organisationen aus 73 Staaten an, die mehr als 200 Millionen Bauern aus allen Kontinenten vertreten. Ihr Leitprinzip ist die Nahrungsmittelsouveränität.

2 Nennenswert ist zum Beispiel der IASSTD-Bericht *International Assessment of Agricultural Science and Technology for Development*, der zwischen 2005 und 2008 von rund 400 Experten im Auftrag der UNO und der Weltbank hin angefertigt wurde. In ihm wird ein anderes Agrarmodell, aufbauend auf der Agrarökologie, empfohlen. Zugänglich ist er über den *Weltagrarbericht, Wege aus der Hungerkrise*. Gleichermaßen relevant ist der »Trade and Environment Report 2013« der UNCTAD mit dem Titel *Wake Up Before It Is Too Late*.

3 Anne Schiltz: *L'agriculture biologique au Burkina Faso – La meilleure réponse aux effets du changement climatique*. 2013 (Video), online unter: www.youtube.com/watch?v=XgpX5_WhL9Q [17.12.2017]

4 Das Klimabündnis vereinigt und vernetzt Tausende von Städten und Gemeinden, die konkrete Projekte in den Bereichen Reduzierung der CO_2-Emissionen, Schutz der tropischen Regenwälder und Solidarität mit indigenen Partnern durchführen.

5 Ian Fitzpatrick: *Agroecology can feed Africa – not agribusiness*, in: *The Ecologist*, März 2015.

6 Vgl. Jean Feyder: *Mordshunger. Wer profitiert vom Elend der armen Länder?* Westend 2014, S. 182–196.

7 In der Fernsehsendung Panorama der ARD am 1. Dezember 2016 erklärte ein junger Geschäftsmann, wie er seine Produkte über das Internet verkauft und die finanziellen Transaktionen über Paypal ablaufen lässt. Als er kubanischen Kaffee in die Liste seiner Produkte aufnehmen will, gibt ihm Paypal zu verstehen, keine Geldtransfers nach Kuba durchführen zu können wegen des bestehenden Handelsembargos. Der deutsche Geschäftsmann sieht sich daraufhin veranlasst, den kubanischen Kaffee aus seiner Produktpalette herauszunehmen.

8 Philip Agee: *Les États-Unis en guerre de basse intensité contre Cuba*, auf voltairenet.org.; Salim Lamrani: *Un demi-siècle de terrorisme états-unis contre Cuba*, auf voltairenet.org [18.12.2017]

9 Ignacio Ramonet: *Fidel Castro, biografia a dos voces*, Debate 2006.

10 Vgl.: Dossier Fidel Castro 1926–2016, in: *Le Monde* 28./29.11.2016.

11 Vgl.: Niklas Reese und Rainer Werning: *Handbuch Philippinen*, Angermünde 2012.

12 Andre Vltchek; *President Duarte of the Philippines for Dummies*, in: CounterPunch 2016, online unter: https://www.counterpunch.org/2016/12/23/president-duterte-of-the-philippines-for-dummies/ [18.12.2017]

13 Vgl. *Laudato si'* in Wikipedia

14 Le Monde, 4.10.2012

15 Unter Präsident Lula eingeführtes Unterstützungsprogramm für Familien, die unter der Armutsschwelle leben

16 Der Gini-Koeffizient beschreibt das Maß der Ungleichheit in einer Gesellschaft.